零基础过经济师系列 全新版

全国经济专业技术资格考试用书

精选章节习题集

建筑与房地产经济专业知识与实务

环球网校经济师考试研究院 编

中级

图书在版编目（CIP）数据

建筑与房地产经济专业知识与实务：中级/环球网校经济师考试研究院编．—北京：中国石化出版社，2021.8

ISBN 978-7-5114-6419-4

Ⅰ.①建… Ⅱ.①环… Ⅲ.①房地产经济学—资格考试—自学参考资料 Ⅳ.①F293.30

中国版本图书馆 CIP 数据核字（2021）第 155865 号

中国石化出版社出版发行

地址：北京市东城区安定门外大街 58 号

邮编：100011　电话：（010）57512500

发行部电话：（010）57512575

http://www.sinopec-press.com

E-mail：press@sinopec.com

三河市中晟雅豪印务有限公司印刷

全国各地新华书店经销

*

787×1092 毫米 16 开本 14 印张 355 千字

2021 年 8 月第 1 版　2021 年 8 月第 1 次印刷

定价：50.00 元

环球君带你学经济师

中级经济师是一个中级职称。获得这个职称，有三种好处：一是薪酬待遇能够提升，加薪晋级时，大部分单位将优先考虑有职称的优秀人才，有的单位将职称作为晋升的硬性条件（建议考生和本单位人事部门确认具体实施制度）；二是通过中级经济师考试并获得相应职称，在一些一线城市有积分落户的优惠政策，比如上海、广州、北京等地；三是中级经济师职称是评高级经济师职称的必要条件。

中级经济师实行机考，按专业分四个批次考核，每个批次 3 小时，总共考核两个科目，即《经济基础知识》和《专业知识与实务》。每个科目的考试时间为 1.5 小时，两门考试中间有 40 分钟休息时间。

如果备考经济师是一场战役，那么考前 60 天一定是决定战役能否胜利的关键节点。如何更好地利用考前 60 天呢？除了要学习重要的知识点外，还要进行刷题训练，通过做题提升学习效率，保持做题的题感。

环球网校经济师教研组的老师们对中级经济师考试进行了系统地研究分析，结合历年辅导大批学员的经验，编写了这套《60 天过经济师》丛书，期望能够帮助大家顺利通过考试。本书分为三大部分：

第一部分：刷题练习。本部分按照章节顺序呈现习题，旨在让读者能够对每个常考知识点都能以习题形式进行练习。该部分的每道题都是环球网校经济师教研组的老师根据考试频率和知识点的考查方向精挑细选出来的，便于读者复习，打好扎实的知识基础。

第二部分：章节思维导图。本部分以思维导图的形式展现了各章的重点内容，便于读者直观明了、高效快捷地掌握知识体系。

第三部分：全仿真机考套卷。精做章节练习题、掌握全书知识脉络后，一定要做套卷进行模拟考试。本部分旨在让学员在仿真机考环境中进行模拟练习，进而胸有成竹地参加考试。

在做题过程中，考生应当注意对错题进行整理和分析，从而完善自身的知识体系。建议考生针对每一道错题都问自己以下问题：

（1）这道题考查的知识点是什么？

（2）知识点的内容是什么？

（3）这道题是怎么运用相关知识点解决问题的？

（4）这道题的解题过程是什么？

（5）为什么我做错了这道题？

（6）这道题还有其他做法吗？

上述问题可以帮助考生分析错误的知识原因、能力原因、解题习惯等，从而有针对性地进行复习，高效备考。

本套书每天分配了10道左右的题目，几乎所有考生都能毫不费力地完成这些题目。如果在做题中遇到了自己研究不明白的题目，可以扫描二维码听老师讲解该知识点。在每一章任务结束后都有学习笔记，考生可以记录在学习中遇到的难点、雷点，从而准确地找到自己的薄弱点，然后想办法去攻克它。

学习是日积月累、循序渐进的过程，要系统、全面地掌握知识，就要用有效的方法，坚持不懈、持之以恒地学习。希望通过这60天的学习，大家能够养成良好的学习习惯，顺利通过经济师考试，为以后的职业发展奠定良好的基础。

环球网校经济师考试研究院

目录

第 1 章　建筑与房地产市场

学习指导

本章为中级建筑与房地产经济开篇章节，为新增内容。内容相对来说比较简单，考试的重点也比较突出。要求考生理解建筑与房地产市场运行机制，辨别市场运行机制要素，制定应对市场变化的策略及措施；了解建筑与房地产市场监管，开展诚信体系建设；按照工程建设程序进行投资决策、建设实施和竣工验收；依照房地产开发流程进行房地产投资决策、前期准备和开发建设。

建议大家在学习本章内容时，根据常识理解性记忆市场供求，分清工程建设领域诚信体系建设及个人诚信体系建设的有关内容。

日期	考点
Day 1	➢建筑市场运行机制 ➢房地产市场运行机制
Day 2	➢市场监管与诚信体系建设 ➢（工程建设程序）投资决策
Day 3	➢（工程建设程序）建设实施 ➢（工程建设程序）竣工验收 ➢（房地产开发流程）投资决策
Day 4	➢（房地产开发流程）前期准备 ➢（房地产开发流程）开发建设

扫码听课

Day 1

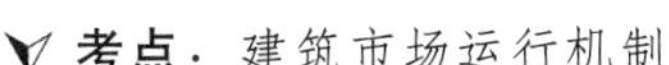

考点：建筑市场运行机制

1. ［单选］建筑市场需求者是业主，在工程建设实践中常称为建设单位，下列选项中不属于常见业主类型的是（　　）。

A. 政府　　B. 企事业单位

C. 社会团体　　D. 个人

2. ［单选］从建筑产品需求者角度看，建筑市场的风险表现不包括（　　）。

A. 价格与质量的矛盾

B. 生产风险

C. 价格与交货时间的矛盾

D. 预付款风险

3. ［多选］下列属于建筑市场供给者的有（　　）。

A. 建设单位　　B. 工程勘察单位

C. 工程设计单位　　D. 工程施工单位

E. 监理单位

4. ［单选］每项工程都有特定的目的和用途，有不同的结构、造型和装饰，产生不同的规模和体积，不同地区条件自然环境风俗习惯的差异，施工时采用不同的工艺设备、建筑材料和工艺方案，这些都会影响建设工程计价，这体现了建筑产品的（　　）的计价特点。

A. 单件计价　　B. 多次计价

C. 多样计价　　D. 分部组合计价

5. ［单选］下列不属于建筑产品计价特点的是（　　）。

A. 单件计价　　B. 多次计价

C. 分部组合计价　　D. 单次计价

6. ［多选］建筑市场运行特点包括（　　）。

A. 交易持续时间短　　B. 供方市场竞争激烈

C. 交易计价方式独特　　D. 以投标竞价方式为主

E. 供求关系平衡

考点：房地产市场运行机制

7. ［单选］下列不属于房地产需求的是（　　）。

A. 生产性需求　　B. 竞争性需求

C. 投资性需求　　D. 消费性需求

8. ［单选］人们购置房地产不是为了直接用于生产经营和消费，而是将房地产作为一种价值形式储存，在合适的时候再出售或出租，以达到保值增值的目的，这是房地产需求中的（　　）。

A. 生产性需求　　B. 消费性需求

C. 规则性需求　　D. 投资性需求

9. ［单选］国民经济发展水平对房地产需求的影响主要取决于投资规模和国民收入水平两方面，房地产需求与国民经济发展水平呈一种（　　）关系。

A. 正相关　　B. 不均衡

C. 不相关　　D. 负相关

10. ［单选］下列不属于通过增加房地产供给量的因素是（　　）。

A. 此类房地产的开发技术水平提高

B. 该地房地产价格水平较低

C. 此类房地产的开发建设水平提高

D. 此类房地产的开发利润增加

11. ［多选］下列房地产交易价格的影响因素中，属于区域社会因素中文化因素的有（　　）。

A. 人口的数量　　B. 风俗习惯

C. 大众心理趋势　　　　D. 区域收入水平

E. 文化氛围

12. ［多选］房地产市场风险大。下列属于房地产市场风险来源的有（　　）。

A. 政策性风险

B. 在预售情况下按期交房的风险

C. 财务风险

D. 结构性供求均衡的风险

E. 开发建设周期长引起的内外风险

学习笔记

Day 2

✔ 考点：市场监管与诚信体系建设

1. ［多选］为了避免工程建设市场的不均衡和市场波动造成的负面影响，政府对于工程建设市场监管的主要内容和手段包括（　　）。

   A. 市场准入管理　　B. 工程项目审批管理

   C. 加强个人诚信教育　　D. “双随机一公开”监管

   E. 完善个人守信激励和失信惩戒机制

2. ［单选］下列关于政府对于工程建设市场监管的主要内容和手段中实行联合审图和联合验收的说法，错误的是（　　）。

   A. 制定施工图设计文件联合审查和联合竣工验收管理办法

   B. 将消防、人防、技防等技术审查并入施工图设计文件审查，但相关部门仍需再进行技术审查

   C. 实行规划、土地、消防、人防、档案等事项限时联合验收，统一竣工验收图纸和验收标准，统一出具验收意见

   D. 对于验收涉及的测绘工作，实行“一次委托、联合测绘、成果共享”

3. ［多选］为避免工程建设市场的负面影响，一方面需要强化政府对市场的调控和监管，另一方面需要加强市场诚信体系建设。下列属于个人诚信建设的主要内容的有（　　）。

   A. 加强个人诚信教育

   B. 推进个人信用记录建设

   C. “双随机一公开”监管

   D. 规范推进个人信用信息共享使用

   E. 企业资质和专业人员资格管理

4. ［多选］下列属于工程建设领域诚信体系建设内容的有（　　）。

   A. 建筑市场各方主体和从业人员信用标准制定

   B. 工程建设市场信用法规制度建设

   C. 推进个人信用记录建设

   D. 开展工程质量诚信建设

   E. 加强个人诚信教育

✔ 考点：（工程建设程序）投资决策

5. ［单选］非政府投资建设的项目，政府仅对重大项目和限制类项目从维护社会公共利益角度进行核准，其他项目无论规模大小均改为（　　）。

   A. 核准制　　B. 审核制

   C. 备案制　　D. 审批制

6. ［单选］关系国家安全、涉及生产力重大布局、战略性资源开发和重大公共利益的不使用政府资金投资建设的项目，应实行（　　）。

   A. 审批制　　B. 核准制

   C. 备案制　　D. 审核制

7. ［单选］（　　）的主要作用是推荐一个拟建项目，论述其建设的必要性、建设条件的可行性和获利的可能性，供政府投资主管部门或其他有关部门选择并确定是否进行下一步工作。

A. 可行性研究报告　　B. 项目建议书

C. 建设用地申请报告　　D. 设计说明书

8. ［多选］下列政府投资项目中，可以按照国家有关规定简化需要报批的文件和审批程序的有（　　）。

A. 应对事故灾害需要紧急建设的项目

B. 技术方案复杂的项目

C. 应对公共卫生事件等突发事件需要紧急建设的项目

D. 建设内容单一的政府项目

E. 投资规模较小的政府项目

学习笔记

Day 3

✔ 考点：（工程建设程序）建设实施

1. ［单选］下列工作中，不属于建设实施阶段的主要工作内容的是（　　）。

A. 竣工验收　　B. 勘察设计

C. 建设准备　　D. 施工安装

2. ［单选］下列不属于施工图审查机构对施工图审查的内容的是（　　）。

A. 是否符合工程建设强制性标准

B. 经济上是否可行

C. 地基基础和主体结构的安全性

D. 是否符合民用建筑节能强制性标准

3. ［多选］重大工程和技术复杂工程的工程设计工作可划分为（　　）阶段。

A. 初步设计

B. 技术设计

C. 施工图设计

D. 总说明设计

E. 规划设计

4. ［多选］工程项目在开工建设前要切实做好各项准备工作，主要内容包括（　　）。

A. 制定生产管理有关制度和规定

B. 完成施工用水、用电、通信、交通等准备工作

C. 组织招标，选择工程监理单位、施工单位及设备、材料供应商

D. 办理工程质量监督和施工许可手续

E. 征地、拆迁和场地平整

5. ［多选］下列属于申请领取施工许可证应当具备的条件的有（　　）。

A. 已经确定建筑施工企业

B. 已办理建筑工程用地批准手续

C. 建设资金已落实

D. 依法应当办理建设工程规划许可证的，已经取得建设工程规划许可证

E. 有保证工程质量和安全的具体措施

6. ［单选］对于政府投资的项目，当初步设计提出的总概算超过可行性研究报告投资估算的（　　）的，项目单位应当向投资主管部门或者其他有关部门报告。

A. 5%　　B. 10%

C. 15%　　D. 20%

7. ［单选］下列属于建设单位在办理工程质量监督注册手续时需提供资料的是（　　）。

A. 投标文件

B. 专项施工方案

C. 施工组织设计

D. 招标文件

✔ 考点：（工程建设程序）竣工验收

8. ［单选］建设工程按设计文件规定的内容和标准全部完成，并按规定将施工现场清理完毕后，达到竣工验收标准时，（　　）组织工程竣工验收。

A. 施工单位　　B. 建设单位

C. 设计单位　　D. 咨询单位

9. ［单选］建设工程的保修期自（　　）之日起计算。

A. 工程交付使用　　B. 竣工审计通过

C. 工程价款结清　　D. 竣工验收合格

10. ［单选］下列关于工程竣工验收的说法，错误的是（　　）。

A. 达到竣工验收标准时建设单位即可组织工程竣工验收

B. 工程勘察、设计、施工、监理等单位应参与

C. 工程质量保修期内发现存在工程质量缺陷的，应及时修复，费用由承包单位负责

D. 不合格的工程不予验收

✔ 考点：（房地产开发流程）投资决策

11. ［单选］房地产开发机会是宏观与微观相结合的思路。下列关于房地产开发机会选择的说法，错误的是（　　）。

A. 房地产开发投资机会选择的思路一般是从微观逐步聚焦到宏观

B. 要从宏观角度选定投资区域

C. 要从中观角度确定投资地区及具体城市

D. 要从微观层面选择投资开发的房地产类型和区位，并搜集可供开发的房地产项目和可利用的资源

12. ［多选］下列属于房地产开发项目决策的内容的有（　　）

A. 房地产开发机会研究　　B. 市场分析

C. 财务评价　　D. 项目决策

E. 经济评价

学习笔记

Day 4

考点：（房地产开发流程）前期准备

1. ［多选］前期准备是指房地产投资决策后至开发建设前需要完成的一些准备工作，主要包括（　　）。
   A. 取得建设用地使用权
   B. 委托场地勘察和规划设计
   C. 申请建设工程规划许可
   D. 项目申请报告
   E. 申请施工许可

2. ［单选］（　　）是指县级以上人民政府依法批准，在土地使用者缴纳补偿、安置等费用后将该幅土地交付其使用的行为。
   A. 土地使用权转让
   B. 土地使用权出让
   C. 土地使用权划拨
   D. 土地使用权拍卖

3. ［单选］下列属于获取建设用地使用权方式的是（　　）。
   A. 租赁　　B. 出让
   C. 转让　　D. 流转

4. ［单选］下列土地使用权可以通过划拨方式取得的是（　　）。
   A. 旅游用地
   B. 邮政用地
   C. 工业用地
   D. 娱乐商场

5. ［单选］下列关于建设用地预审与选址的说法，错误的是（　　）。
   A. 建设项目用地预审与选址意见书有效期为5年，自批准之日起计算
   B. 使用已经依法批准的建设用地进行建设的项目，不再办理用地预审
   C. 需要办理规划选址的，由地方自然资源主管部门对规划选址情况进行审查
   D. 需要办理规划选址的，由地方自然资源主管部门核发建设项目用地预审与选址意见书

6. ［单选］（　　）是指项目规划建设用地范围内总建筑面积与规划建设用地面积的比例。
   A. 建筑间距　　B. 容积率
   C. 居民人口密度　　D. 绿地率

7. ［单选］下列不属于组织建筑设计要求的是（　　）。
   A. 合理确定层高和层数
   B. 正确设计房屋的长和宽
   C. 合理确定户型和居住面积
   D. 合理安排施工时间

8. ［多选］房地产开发企业依法取得开发建设用地后，应委托勘察单位进行场地勘察，其勘

察的内容包括（　　）。

A. 地形测量　　　　B. 工程勘察

C. 施工图测量　　　　D. 地下水勘察

E. 气象调查

9. ［单选］下列关于申请规划设计方案（建设项目方案）审查的说法，错误的是（　　）。

A. 房地产开发企业委托规划设计单位完成规划设计方案（或称建设项目方案、设计方案）后，应向自然资源主管部门申请方案审查

B. 根据各专项审查及方案审查意见，自然资源主管部门决定是否同意设计方案

C. 审查同意的，应附相关批准文书；审查不同意的，无须告知原因

D. 审查意见可供房地产开发企业作为委托设计单位绘制施工图的依据

10. ［单选］房地产开发企业应向（　　）申领建设工程规划许可证。

A. 建设主管部门

B. 政府主管部门

C. 自然资源主管部门

D. 城市规划主管部门

考点：（房地产开发流程）开发建设

11. ［单选］申请商品房预售许可证需要具备的基本条件之一是：按提供预售的房屋计算，投入开发建设的资金达到工程建设总投资的（　　）以上，并已经确定施工进度和竣工交付日期。

A. 15%　　　　B. 20%

C. 25%　　　　D. 30%

12. ［单选］下列关于房地产开发企业在项目施工阶段中进行的施工管理的说法，错误的是（　　）。

A. 所有隐蔽工程验收记录必须经项目监理机构等有关验收单位签字认可后，方可组织下道工序施工

B. 施工阶段投资控制的关键是对工程变更、签证实行有效控制

C. 监理单位要对施工索赔做到事前把关、主动监控，严格审核工程变更，计算各项变更对总投资的影响

D. 建设单位管理人员对施工进度的检查与进度计划的贯彻实施是融汇在一起的

13. ［多选］房地产开发企业进行商品房预售，应当向房地产管理部门申请预售许可。下列属于申请商品房预售许可证需具备的基本条件的有（　　）。

A. 取得土地使用权证书

B. 持有建设工程规划许可证

C. 按提供预售的房屋计算，投入开发建设的资金达到工程建设总投资的15%以上，并已经确定施工进度和竣工交付日期

D. 各地根据情况要求的其他条件

E. 向市级以上人民政府房产管理部门办理预售登记，取得商品房预售许可证明

14. ［单选］房地产开发企业应当自工程竣工验收合格之日起（　　）日内，报建设行政主管部门或其他有关部门备案。

A. 16　　B. 15

C. 11　　D. 10

学习笔记

本章学习检查表

知识点名称	初次学习		第一次复习		第二次复习	
	做对题目数/总题目数	学习日期	做对题目数/总题目数	复习日期	做对题目数/总题目数	复习日期
建筑市场运行机制						
房地产市场运行机制						
市场监管与诚信体系建设						
（工程建设程序）投资决策						
（工程建设程序）建设实施						
（工程建设程序）竣工验收						
（房地产开发流程）投资决策						
（房地产开发流程）前期准备						
（房地产开发流程）开发建设						

填写建议：

“做对题目数/总题目数”记录该知识点自己做题的情况，比如该知识点总题目数 10 题，做对了其中 7 题，记录为 7/10。

“学习日期”记录自己学习该知识点时的日期，建议把下一次进行复习的日期也写上。

备忘录

参考答案及解析

Day 1

1. C［解析］在建筑市场中，业主主要有以下三种类型：政府、企事业单位和个人。

2. B［解析］建筑市场风险大。从建筑产品供给者角度看，风险表现在：①定价风险；②生产风险。从建筑产品需求者角度看，风险表现在：①价格与质量的矛盾；②价格与交货时间的矛盾；③预付款风险。

3. BCD［解析］建筑市场供给者是建筑产品的生产者，即提供建筑产品某一阶段或全过程的生产，主要包括工程勘察单位、工程设计单位和工程施工单位。

4. A［解析］建筑产品计价特点包括单件计价、多次计价、分部组合计价。其中，建筑产品单件计价的特点：建筑产品的多样性决定了每项工程都必须单独计算造价。每项工程都有特定的目的和用途，有不同的结构、造型和装饰，产生不同的规模和体积，不同地区条件、自然环境、风俗习惯的差异，施工时采用不同的工艺设备、建筑材料和工艺方案，这些都会影响建设工程计价。因此，每项工程只能单独设计、单独施工、单独计价。

5. D［解析］建筑产品计价特点包括单件计价、多次计价、分部组合计价。

●考点再现

Q $_{4-5}$ 建筑产品计价特点包括单件计价、多次计价、分部组合计价。

（1）单件计价。建筑产品的多样性决定了每项工程都必须单独计算造价。

（2）多次计价。为适应工程造价管理要求，需要按照勘察设计、招标投标、施工安装程序进行多次计价。

（3）分部组合计价。工程造价计算是通过分部组合而成的。建设项目可逐层分解为单项工程、单位工程、分部工程和分项工程。在确定工程设计概算和施工图预算时，则需按工程构成由下而上分部组合计价，在工程施工招标投标及施工过程中，也需要按照分部分项工程进行组合计价。

6. BCD［解析］建筑市场运行特点包括：①建筑产品由需求者向供给者进行预先订货式交易；②建筑产品交易持续时间长；③建筑市场存在显著地区性；④市场竞争较为激烈；⑤竞争方式以投标竞争为主；⑥供求不均衡普遍存在；⑦交易计价方式独特；⑧建筑市场风险大。

7. B［解析］房地产市场需求是指在特定时期内、一定价格水平上，愿意购买且能够购买的房地产商品量。房地产需求包括三类，即生产性需求、消费性需求、投资性需求。

8. D［解析］房地产需求包括生产性需求、消费性需求和投资性需求。其中，投资性需求是指人们购置房地产不是为了直接用于生产经营和消费，而是将房地产作为一种价值形式储存，在合适的时候再出售或出租，以达到保值增值的目的。

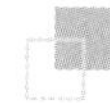

●考点再现

Q_{7-8} 房地产需求包括生产性需求、消费性需求、投资性需求。

(1) 生产性需求。物质生产部门和服务部门为满足生产经营需要而形成的房地产商品需求，其需求主体是各类企事业单位和个体工商业者。如企业厂房、商店商铺、办公用房、服务行业用房及其他生产经营性用房等产生的需求。这类需求直接与社会生产经营活动有关，是房地产作为生产要素存在而形成的需求。

(2) 消费性需求。由人们的居住需要而形成的房地产需求，主要是居住房地产需求，其需求主体是居民家庭。这类需求具有广泛性和普遍性。按住宅分类，居住消费需求又可分为花园别墅需求、高层住宅需求、多层住宅需求等不同档次的居住房地产需求。

(3) 投资性需求。投资性需求是由房地产的保值增值属性引起的，本质上属于获利性投资行为，房屋转售是为了获取差价收入，房屋出租是为了获得租金收入。投资性房地产需求的存在对房地产市场有双重作用。积极的一面是可以调节房地产市场供求关系，消极的一面是可能增加房地产市场需求泡沫。国际上通行的适度量化标准是，投资性购房量控制在房地产交易总量的20%以下。

9. A［**解析**］国民经济发展水平对房地产需求的影响主要取决于两大方面：①投资规模，反映生产者对厂房、办公楼等的需求水平；②国民收入水平，反映国民对住宅、娱乐设施、科教文卫等房地产的需求。国民经济发展水平与房地产需求呈正相关关系。

10. B［**解析**］房地产市场价格越高，房地产市场供给越大，B 项错误。

11. BCE［**解析**］影响房地产价格的区域社会因素包括区域人口、家庭状况、城市发展、城市化程度、社会治安、文化等。其中，人口因素包括人口的数量、密度、结构（如文化结构、职业结构、收入水平结构等)，家庭因素是指家庭数量、家庭构成状况等，文化因素主要是指文化氛围、风俗习惯、大众心理趋势等。

12. ABCE［**解析**］房地产市场风险来自：①政策性风险，是指因政府的产业政策、经济政策及某些干预措施而导致的不确定性，这种风险对供给方和需求方都产生影响；②在预售情况下按期交房的风险，这种风险对供给和需求双方均存在；③财务风险，包括生产供应商财务状况恶化、资金链断裂的风险，买方由于情况变化引起的支付能力风险；④结构性供求不均衡的风险，如住宅市场、商业地产市场结构性供求不均衡带来的风险，这种风险主要存在于供给方；⑤开发建设周期长引起的内外风险，包括不可抗力风险等。

Day 2

1. ABD［**解析**］政府对于工程建设市场监管的主要内容和手段包括市场准入管理、工程项目审批管理、政府投资项目（公共工程）管理、企业资质和专业人员资格管理、“双随机一公开”监管、实行联合审图和联合验收。

2. B［**解析**］将消防、人防、技防等技术审查并入施工图设计文件审查，相关部门不再进行技术审查，B 项错误。

3. ABD［**解析**］个人诚信建设的主要内容可概括为以下五个方面：①加强个人诚信教育；②推进个人信用记录建设；③建立个人信息安全、隐私保护与信用修复机制；④规范推进个人信用信息共享使用；⑤完善个人守信激励和失信惩戒机制。

4. ABD［**解析**］工程建设领域诚信体系建设内容有：①工程建设市场信用法规制度建设；②建筑市场各方主体和从业人员信用标准制定；③推进工程建设领域项目信息公开，设立项目信息和信用信息公开共享专栏或网站，集中公开工程建设项目信息和信用信息，或者推动建设全国性综合检索平台，实现工程建设项目信息和信用信息公开共享的“一站式”综合检索服务；④开展工程质量诚信建设；⑤建立企业和从业人员信用评价结果与资质审批、执业资格注册、资质资格取消等审批审核事项的关联管理机制；⑥建立科学、有效的建设领域从业人员信用评价机制和失信责任追溯制度，将肢解发包、转包、违法分包、拖欠工程款和农民工工资等列入失信责任追究范围。

●考点再现

Q 3-4 诚信体系建设包括工程建设领域诚信体系建设和个人诚信建设。需要区分二者内容的不同，个人诚信建设带有“个人”字样。

5. C［**解析**］非政府投资建设的项目，一律不再实行审批制，但区别不同情况实行核准制或备案制。其中，政府仅对重大项目和限制类项目从维护社会公共利益角度进行核准，其他项目无论规模大小均改为备案制。

6. B［**解析**］对于不使用政府资金投资建设的项目，关系国家安全、涉及生产力重大布局、战略性资源开发和重大公共利益的，实行核准制；其余项目则实行备案制。

7. B［**解析**］项目建议书是拟建项目单位向政府投资主管部门提出的要求建设某一工程项目的建议文件，是对工程建设的轮廓设想。项目建议书的主要作用是推荐一个拟建项目，论述其建设的必要性、建设条件的可行性和获利的可能性，供政府投资主管部门或其他有关部门选择并确定是否进行下一步工作。

8. ACDE［**解析**］对下列政府投资项目，可以按照国家有关规定简化需要报批的文件和审批程序：①相关规划中已经明确的项目；②部分扩建、改建项目；③建设内容单一、投资规模较小、技术方案简单的项目；④为应对自然灾害、事故灾难、公共卫生事件、社会安全事件等突发事件需要紧急建设的项目。

Day 3

1. A［**解析**］建设实施阶段的工作内容主要包括勘察设计、建设准备、施工安装、生产准备。

2. B［**解析**］施工图审查机构对施工图审查的内容包括：①是否符合工程建设强制性标准。②地基基础和主体结构的安全性。③消防安全性。④人防工程（不含人防指挥工程）防护安全性。⑤是否符合民用建筑节能强制性标准。对执行绿色建筑标准的项目，还应当审查是否符合绿色建筑标准。⑥勘察设计企业和注册执业人员以及相关人员是否按规定在施工图上加盖相应的图章和签字。⑦法律、法规、规章规定必须审查的其他内容。

3. ABC［**解析**］工程设计工作一般划分为两个阶段，即初步设计阶段和施工图设计阶段。重大工程和技术复杂工程，可根据需要增加技术设计阶段。

4. BCDE［**解析**］工程项目在开工建设前要切实做好各项准备工作，主要内容包括：①征地、拆迁和场地平整；②完成施工用水、用电、通信、交通等准备工作；③组织招标，选

择工程监理单位、施工单位及设备、材料供应商；④准备必要的施工图纸；⑤办理工程质量监督和施工许可手续。

5. ABDE［**解析**］申请领取施工许可证，应当具备以下条件：①已办理建筑工程用地批准手续；②依法应当办理建设工程规划许可证的，已经取得建设工程规划许可证；③需要拆迁的，其拆迁进度符合施工要求；④已经确定建筑施工企业；⑤有满足施工需要的资金安排、施工图纸及技术资料；⑥有保证工程质量和安全的具体措施。

6. B［**解析**］对于政府投资项目，初步设计提出的投资概算超过经批准的可行性研究报告提出的投资估算 10%的，项目单位应当向投资主管部门或者其他有关部门报告，投资主管部门或者其他有关部门可以要求项目单位重新报送可行性研究报告。

7. C［**解析**］建设单位在办理施工许可手续前，应当到规定的工程质量监督机构办理工程质量监督手续。办理工程质量监督手续时需提供下列资料：①施工图设计文件审查报告和批准书；②中标通知书和施工、监理合同；③建设单位、施工单位和监理单位工程项目的负责人和机构组成；④施工组织设计和监理规划（监理实施细则）；⑤其他需要的文件资料。

8. B［**解析**］建设工程按设计文件规定的内容和标准全部完成，并按规定将施工现场清理完毕后，达到竣工验收标准时，建设单位即可组织工程竣工验收。

9. D［**解析**］建设工程自竣工验收合格之日起即进入工程质量保修期。工程质量保修期内发现存在工程质量缺陷的，应及时修复，费用由责任方承担。

10. C［**解析**］建设工程按设计文件规定的内容和标准全部完成，并按规定将施工现场清理完毕后，达到竣工验收标准时，建设单位即可组织工程竣工验收。建设单位组织工程竣工验收，工程勘察、设计、施工、监理等单位应参与。工程竣工验收要审查工程建设的各个环节，审阅工程档案，实地查验建筑安装工程实体，对工程设计、施工和设备质量等进行全面评价。不合格的工程不予验收。对遗留问题提出具体解决意见，限期落实完成。建设工程自竣工验收合格之日起即进入工程质量保修期。工程质量保修期内发现存在工程质量缺陷的，应及时修复，费用由责任方承担。

●考点再现

Q 8-10　竣工验收：

（1）工程竣工验收是投资成果转入生产或使用的标志，也是全面考核工程建设成果、检验设计和施工质量的关键步骤。

（2）建设工程自竣工验收合格之日起即进入工程质量保修期。

（3）工程质量保修期内发现存在工程质量缺陷的，应及时修复，费用由责任方承担。

11. A［**解析**］房地产开发投资机会选择的思路一般是从宏观逐步聚焦到微观，A 项错误。首先，要从宏观角度选定投资区域。选择投资环境良好、有市场前景、企业具有竞争优势且符合企业发展战略的投资区域。其次，要从中观角度确定投资地区及具体城市。最后，要从微观层面选择投资开发的房地产类型和区位，并搜集可供开发的房地产项目和可利用的资源。

12. BCD［**解析**］房地产开发项目决策的目的是选择具体的投资项目，具体包括市场分析、财务评价、项目决策。

Day 4

1. ABCE［**解析**］前期准备是指房地产投资决策后至开发建设前需要完成的一些准备工作，主要包括取得建设用地使用权、委托场地勘察和规划设计、申请规划设计方案审查和建设工程规划许可、工程建设准备、申请施工许可等。

2. C［**解析**］土地使用权划拨是指县级以上人民政府依法批准，在土地使用者缴纳补偿、安置等费用后将该幅土地交付其使用，或者将土地使用权无偿交付给土地使用者使用的行为。

3. B［**解析**］建设用地土地使用权供应方式有两种，即出让和划拨。房地产开发企业应根据开发建设项目性质通过出让竞争或者申请划拨取得开发建设用地使用权。

4. B［**解析**］建设用地划拨范围主要包括非营利性城市基础设施、邮政、教育等用地。居住用地划拨的范围，主要涉及公共租赁住房项目、大学生公寓、住宅合作社集资建房、危旧房改造区居民安置用房、利用自有土地建设的职工宿舍、征地区域农民自住住宅项目等非经营性用地。

5. A［**解析**］使用已经依法批准的建设用地进行建设的项目，不再办理用地预审；需要办理规划选址的，由地方自然资源主管部门对规划选址情况进行审查，核发建设项目用地预审与选址意见书。建设项目用地预审与选址意见书有效期为3年，自批准之日起计算。

6. B［**解析**］容积率是指项目规划建设用地范围内总建筑面积与规划建设用地面积的比例。

7. D［**解析**］住宅设计的基本要求是舒适、方便、安全、卫生、经济、美观。住宅房屋首先要合理确定平立面参数，即房屋的层高和层数、长度、宽度、户型和居住面积等。具体包括：①合理确定层高和层数。房屋的层高对建筑物的经济、适用、美观都有影响，从经济方面看，降低层高可以节约用地，降低造价。②正确设计房屋的长和宽。房屋的长和宽，对适用、经济、美观都会产生影响。③合理确定户型和居住面积。

8. ABDE［**解析**］依法取得开发建设用地后，房地产开发企业委托勘察单位进行场地勘察。场地勘察内容包括以下五个方面：地形测量、工程勘察、地下水勘察、地表水勘察、气象调查。

9. C［**解析**］根据各专项审查及方案审查意见，自然资源主管部门决定是否同意设计方案。审查同意的，应附相关批准文书；否则，应一次性告知不同意的原因。C项错误。

10. C［**解析**］房地产开发企业应当持《建设项目规划许可及其他事项申报表》《设计方案审查意见》、施工图设计文件等，向自然资源主管部门申领建设工程规划许可证。

11. C［**解析**］未取得商品房预售许可证的，不得进行商品房预售。申请商品房预售许可证的基本条件有：①已交付全部土地使用权出让金，取得土地使用权证书；②持有建设工程规划许可证；③按提供预售的房屋计算，投入开发建设的资金达到工程建设总投资的25%以上，并已经确定施工进度和竣工交付日期；④各地根据情况要求的其他条件；⑤向县级以上人民政府房产管理部门办理预售登记，取得商品房预售许可证明。

12. C［**解析**］建设单位要对施工索赔做到事前把关、主动监控，严格审核工程变更，计算各项变更对总投资的影响；对施工单位及材料供应商不履行约定义务及时提出反索赔，使投资得到有效控制。C项错误。

13. ABD［**解析**］申请商品房预售许可证需具备以下基本条件：①已交付全部土地使用权出让金，取得土地使用权证书；②持有建设工程规划许可证；③按提供预售的房屋计算，投入开发建设的资金达到工程建设总投资的25%以上，并已经确定施工进度和竣工交付日期；④各地根据情况要求的其他条件；⑤向县级以上人民政府房产管理部门办理预售登记，取得商品房预售许可证明。

14. B［**解析**］房地产开发企业应当自工程竣工验收合格之日起15日内，将建设工程竣工验收报告和规划、公安消防、环保等部门出具的认可文件或准许使用文件报建设行政主管部门或其他有关部门备案。

第 2 章　投资项目经济分析与评价方法

学习指导

本章属于变动较小的章节，只新增部分内容。考查计算题的概率较大，是重点考查章节。需要理解资金时间价值，运用资金时间价值计算公式进行资金等值计算；概括投资项目经济效果评价指标，使用盈利能力和偿债能力分析指标进行投资项目经济评价；识别投资方案类型，运用适当方法对互斥方案和独立方案进行比选；理解投资项目的不确定性分析与风险分析的内容和方法，对投资项目进行不确定性分析与风险分析；理解价值工程基本原理，运用价值工程方法进行方案比选。

建议大家在学习本章内容时，多做练习，考查计算题的题型不会有太大变化，一般以案例分析题为主。

日期	考点
Day 5	➢资金时间价值 ➢资金等值计算
Day 6	➢经济效果评价指标体系 ➢盈利能力分析指标
Day 7	➢偿债能力分析指标 ➢投资方案类型 ➢互斥方案比选方法
Day 8	➢独立方案比选方法 ➢盈亏平衡分析 ➢敏感性分析
Day 9	➢风险分析 ➢价值工程基本原理 ➢价值工程应用程序及方法 ➢价值工程在方案比选中的应用

Day 5

考点：资金时间价值

1. [单选] 某人从银行借款 8 万元，借款期为 5 年，如果年利率为 6%，则 5 年后按单利和复利计算的利息总额的差值为（　　）万元。已知：$(F/P, 6\%, 5)=1.338$。

A. 0.304　　B. 0.704

C. 2.704　　D. 2.400

2. ［单选］王某以 10%单利借出 20 000 元，借款期为 4 年；后以 10%的复利将上述借出资金的本利和再次借出，借款期为 10 年。则王某在第 14 年年末可以获得的复本利和是（　　）元。

A. 69 352　　　　B. 72 625

C. 30 967　　　　D. 50 893

3. ［多选］下列关于资金时间价值产生原因的说法，错误的有（　　）。

A. 通货膨胀

B. 利润的生产需要时间

C. 利润与时间成正比

D. 补偿风险

E. 货币增值

4. ［单选］某人以 10%的单利借出 1 200 元，借款期为 2 年，然后以 8%的复利将上述借出金额的本利和再借出，借款期为 3 年。已知：（F/P，8%，3）＝1.260，则此人在第 5 年年末可以获得的本利和为（　　）元。

A. 1 512.0　　　　B. 1 663.2

C. 1 814.4　　　　D. 1 829.5

扫码听课

考点：资金等值计算

5. ［多选］下列属于现金流量图表示的现金流量三要素的有（　　）。

A. 发生时间点　　　　B. 大小

C. 水平线　　　　D. 方向

E. 竖线

6. ［多选］下列关于现金流量图画法的说法，正确的有（　　）。

A. 画一条水平线表示时间，时间单位以计息期为准

B. 箭头与时间轴的交点表示现金流量发生的时间

C. 箭头向上的线段表示现金流入

D. 箭头向下的线段表示现金流入

E. 箭头长短与现金流量值无关

7. ［单选］某人刚刚得子，喜悦之余打算为儿子准备一笔留学金。预计在儿子 20 岁时，积蓄 20 万元。若通货膨胀的比率为 5%，则他 20 年后的 20 万元相当于现在的（　　）万元。已知：（P/F，5%，20）＝0.376 9。

A. 6.846　　　　B. 7.538

C. 6.785　　　　D. 7.856

8. ［单选］已知银行年利率为 6%，假设每季度复利一次，若 10 年内每季度都能得到 500 元，则现在应存款（　　）元。

A. 12 786　　　　B. 15 697

C. 14 958　　　　D. 13 469

9. ［单选］欲用 100 万元购买某专利，专利的有效时间为 8 年，所需的资金可以按年利率 10％从银行贷款，8 年内均等地偿还本利和。为了使购买该项专利不造成损失，每年年末的净收益应超过（　　）万元。已知：$(A/P, 10\%, 8) = 0.187\ 44$。

A. 18.744　　B. 19.846

C. 20.068　　D. 20.465

10. ［单选］某人每年年末向银行存入 8 000 元，连续 10 年，银行年利率为 8％，则 10 年后共有本利和为（　　）元。已知：$(F/A, 8\%, 10) = 14.487$。

A. 17 271.40　　B. 115 896.00

C. 80 552.22　　D. 80 000.00

11. ［单选］某公司贷款 30 万元购买办公用品，按复利计算，年利率为 7％。在第 5 年年末一次还本付息，该公司应该偿还（　　）万元。

A. 45.9　　B. 43.2

C. 42.1　　D. 39.8

学习笔记

Day 6

考点：经济效果评价指标体系

1. ［单选］下列经济效果评价指标中，属于动态指标的是（　　）。

A. 利息备付率　　B. 净现值

C. 总投资收益率　　D. 资产负债率

2. ［多选］下列经济效果评价指标中，属于静态指标的有（　　）。

A. 偿债备付率　　B. 资产负债率

C. 净现值　　D. 利息备付率

E. 净年值

考点：盈利能力分析指标

3. ［单选］某建设项目现金流量见下表，不考虑资金的时间价值，则该项目的静态投资回收期为（　　）年。

t 年末	0	1	2	3	4	5	6
净现金流量（万元）	−450	−550	−300	98	300	500	500
累计净现金流量（万元）	−450	−1 000	−1 300	−1 202	−902	−402	98

A. 5.251　　B. 5.804

C. 7.352　　D. 6.258

4. ［单选］某项目在计算期初一次投入 30 万元，假如生产期各年净收益保持不变，均为 15 万元，则该项目的静态投资回收期为（　　）年。

A. 3　　B. 1

C. 2　　D. 4

5. ［单选］某方案的动态回收期等于项目的规定期限，则下列说法正确的是（　　）。

A. 内部收益率等于基准收益率　　B. 静态回收期大于动态回收期

C. 净现值大于零　　D. 净现值小于零

6. ［单选］方案 A 初始投资 20 万元，收益在第 2 年年末开始，每年年末获得收益 6 万元，且连续 5 年，第 6 年年末净残值为 3 万元。若基准收益率为 10%，则该方案的净现值为（　　）万元。

A. 3.57　　B. 3.53

C. 2.37　　D. 5.33

7. ［单选］（　　）是项目净现值与项目总投资现值两者之间的比值。

A. 年值　　B. 净现值率

C. 总投资收益率　　D. 利息备付率

8. ［单选］关于净现值的说法，正确的是（　　）。

A. 常规投资项目的净现值为正数，投资回收期在 2 年之内

B. 常规投资项目的净现值为负数，内部收益率等于基准收益率

C. 常规投资项目的净现值为负数，内部收益率小于基准收益率

D. 常规投资项目的净现值为负数，投资回收期小于基准投资回收期

9. ［多选］关于内部收益率的说法，正确的有（　　）。

A. 内部收益率是指使项目计算期内各年净现金流量的现值之和等于零时的折现率

B. 内部收益率没有考虑资金时间价值

C. 内部收益率属于动态评价指标

D. 内部收益率计算不受项目现金流量影响

E. 内部收益率能够直接衡量项目未回收投资的收益率

10. ［单选］下列关于基准收益率的说法，正确的是（　　）

A. 基准收益率是指要求投资项目达到的最低收益率标准

B. 基准收益率是指使项目计算期内各年净现金流量的现值之和等于零时的折现率

C. 基准收益率是指要求投资项目达到的平均收益率标准

D. 基准收益率是指要求投资项目达到的最高收益率标准

学习笔记

Day 7

扫码听课

考点：偿债能力分析指标

1. ［单选］下列属于偿债能力分析指标的是（　　）。

A. 总投资收益率　　B. 利息备付率

C. 投资回收期　　D. 净年值

2. ［多选］下列关于偿债能力分析指标的说法，错误的有（　　）。

A. 偿债能力分析指标有利息备付率、偿债备付率和资产负债率

B. 偿债能力分析指标包括利息备付率、偿债备付率

C. 利息备付率越高，表明可用于还本付息的资金保障程度越高

D. 偿债备付率属于静态评价指标

E. 资产负债率越低，表明项目的偿债能力越弱

考点：投资方案类型

3. ［单选］某公司有 500 万元，想要投资一个项目，现有甲、乙两个方案作为备选，但公司的资金只能投资其中一个方案，则这两个方案之间的关系是（　　）。

A. 互斥型　　B. 独立型

C. 相似型　　D. 混合型

4. ［单选］目前有 A、B 两种投资方案，只投资 A 方案 800 元，则收益为 1 000 元；只投资 B 方案 500 元，则收益为 700 元。同时投资 A、B 两方案 1 300 元，收益为 1 700 元。则 A、B 两个投资方案的类型是（　　）。

A. 混合型　　B. 独立型

C. 互斥型　　D. 相似型

考点：互斥方案比选方法

5. ［多选］下列属于互斥方案比选方法的有（　　）。

A. 净利润法

B. 最小公倍数法

C. 增量内部收益率法

D. 投资回收期法

E. 净现值法

6. ［单选］现有甲、乙、丙三个寿命期均是 10 年的互斥方案。三个方案的初始投资额依次为 100 万元、50 万元、80 万元，年净收益依次为 25 万元、12 万元、20 万元。假设基准收益率是 10%，则应优先选择（　　）。已知：$(A/P, 10\%, 10)=0.162\ 75$。

A. 甲方案

B. 乙方案

C. 丙方案

D. 三个方案均不可行

7. ［单选］A、B 两个寿命期相等的方案，A 方案投资额小于 B 方案投资额。通过计算得出

A、B两个方案的内部收益率分别为20%和18%，差额投资收益率为16%，基准收益率为15%。关于方案选择的说法，正确的是（　　）。

A. 应选择A方案

B. 应选择B方案

C. 应同时选择A、B两个方案

D. 应同时拒绝A、B两个方案

8. [多选] 关于寿命期相等的互斥方案的比选方法的说法，正确的有（　　）。

A. 各备选方案的净现值大于等于零，并且净现值越大，方案越优

B. 各备选方案的净年值大于等于零，并且净年值越大，方案越优

C. 各备选方案的内部收益率大于等于基准收益率，并且内部收益率越大，方案越优

D. 各备选方案产生的效果相同，可用最小费用法比选，费用越小，方案越优

E. 各备选方案的净现值率大于等于1，并且净现值率越大，方案越优

学习笔记

Day 8

考点：独立方案比选方法

1. ［单选］A、B 是两个相互独立的投资项目，投资额、年净收益、寿命期见下表，基准收益率为 10%，除去任何资源限制，关于该项目选择的说法，正确的是（　　）。已知：（P/A，10%，8）=5.334 9，（P/A，10%，10）=6.144 6。

方案	投资（万元）	年净收益（万元）	寿命期（年）
A	340	67	8
B	210	28	10

A. 只选择 A 项目

B. 只选择 B 项目

C. A、B 两项目均可行

D. A、B 两项目均不可行

考点：盈亏平衡分析

2. ［单选］盈亏平衡点的生产负荷率越小，则项目风险越小，说明项目可承受（　　）的风险。

A. 微小　　B. 一般

C. 较小　　D. 较大

3. ［单选］某生产性建设项目的年设计生产能力为 5 000 件，每件产品的销售价格为 1 500 元，单位产品变动成本为 900 元，每件产品的税金为 200 元，年固定成本为 120 万元。则产量盈亏平衡点是（　　）件。

A. 1 000　　B. 2 000

C. 3 000　　D. 4 000

4. ［单选］某生产性项目生产某品种产品，年生产量为 5 000 件，每件产品的销售价格为 100 元，年固定成本为 50 000 元，单位产品变动成本为 80 元，则该项目的生产负荷率为（　　）。

A. 39%　　B. 53%

C. 57%　　D. 50%

5. ［单选］某企业生产某种产品，设计生产能力为 20 000 件，每件产品销售价格为 1 200 元，年固定成本为 1 000 万元，单位产品变动成本为 500 元（含单位产品税金），则该企业单位产品销售价格的盈亏平衡点为（　　）元。

A. 1 200　　B. 1 300

C. 1 000　　D. 1 550

6. ［单选］某项目有 A、B、C、D 四个方案，计算得知各方案的生产负荷率分别为 65%、80%、45% 和 55%，则风险最小的方案是（　　）。

A. 方案 A　　B. 方案 B

C. 方案 C　　D. 方案 D

✓ **考点**：敏感性分析

7. ［多选］判别敏感因素的方法有（　　）。

A. 相对测定法　　B. 假设法

C. 定量法　　D. 绝对测定法

E. 最大值测定法

8. ［单选］敏感性分析的程序不包括（　　）。

A. 选择不确定因素，设定其变化幅度

B. 计算影响程度

C. 寻找不确定因素出现概率

D. 寻找敏感因素

9. ［单选］关于敏感性分析的说法，错误的是（　　）。

A. 敏感性分析有助于搞清项目对不确定因素的不利变动所能容许的风险程度

B. 敏感性分析可以达到尽量减少风险、增加决策可靠性的目的

C. 敏感性分析能说明不确定因素发生变动的可能性大小

D. 敏感性分析没有考虑不确定因素在未来发生变动的概率

学习笔记

Day 9

考点：风险分析

1. ［单选］根据综合风险等级的判别标准可知，（　　）级风险可能性最高，风险影响程度严重。

A. R　　B. K　　C. M　　D. T

2. ［多选］风险评价中，关于评价指标作判别标准说法正确的有（　　）。

A. 财务（经济）内部收益率大于等于基准收益率的累计概率值越大，风险越小

B. 财务（经济）内部收益率大于等于基准收益率的累计概率值越小，风险越小

C. 财务（经济）净现值大于等于零的累计概率值越大，风险越小

D. 财务（经济）净现值大于等于零的累计概率值越小，风险越小

E. 财务（经济）净现值大于等于零的累计标准差越小，风险越小

考点：价值工程基本原理

3. ［单选］价值工程的目的有（　　）。

A. 提高产品的价值　　B. 提高作业价值

C. 不断改进与创新　　D. 一种管理技术

4. ［单选］价值工程活动的核心是（　　）。

A. 收集信息　　B. 功能定义

C. 功能整理　　D. 功能分析

5. ［单选］价值工程的三个基本要素是指（　　）。

A. 价值、生产成本和使用成本

B. 产品价值、功能价值和使用价值

C. 价值、功能和成本

D. 使用功能、必要功能和品味功能

6. ［单选］下述提高产品或劳务价值的途径中，最理想的途径是（　　）。

A. 功能不变，成本降低

B. 提高功能，成本不变

C. 功能提高，成本降低

D. 功能的提高小于成本的提高

考点：价值工程应用程序及方法

7. ［单选］按产品功能重要程度不同，可将其功能分为（　　）。

A. 使用功能和品位功能　　B. 必要功能和不必要功能

C. 基本功能和辅助功能　　D. 外观功能和欣赏功能

8. ［多选］价值工程研究对象的选择方法有（　　）。

A. 百分比法　　B. 强制确定法

C. 倍比法　　D. ABC 分析法

E. 价值指数法

9. ［多选］功能评价的方法有（　　）。

A. 倍比法　　B. 排序法

C. 04 评分法　　D. 倍数法

E. 强制确定法

10. ［多选］在价值工程实践中，方案创造可采用的方法主要有（　　）。

A. 哥顿法　　B. 统计分析方法

C. 头脑风暴法　　D. 德尔菲法

E. 专家检查法

11. ［单选］选择价值工程研究对象，采用价值指数法应该优先选择（　　）的产品或零部件。

A. V 等于 2

B. V 大于 1 且改进幅度小

C. V 小于 1 且改进幅度大

D. V 小于 1 且改进幅度小

考点：价值工程在方案比选中的应用

12. ［单选］利用价值工程可以进行方案比选。以下步骤中错误的是（　　）。

A. 分析评价对象的各项功能

B. 计算各方案的价值系数，以较小者为优

C. 确定评价对象的功能重要性权重

D. 确定不同方案的功能成本系数和功能系数

学习笔记

本章学习检查表

知识点名称	初次学习		第一次复习		第二次复习	
	做对题目数/总题目数	学习日期	做对题目数/总题目数	复习日期	做对题目数/总题目数	复习日期
资金时间价值						
资金等值计算						
经济效果评价指标体系						
盈利能力分析指标						
偿债能力分析指标						
投资方案类型						
互斥方案比选方法						
独立方案比选方法						
盈亏平衡分析						
敏感性分析						
风险分析						
价值工程基本原理						
价值工程应用程序及方法						
价值工程在方案比选中的应用						

填写建议：

“做对题目数/总题目数”记录该知识点自己做题的情况，比如该知识点总题目数 10 题，做对了其中 7 题，记录为 7/10。

“学习日期”记录自己学习该知识点时的日期，建议把下一次进行复习的日期也写上。

备忘录

参考答案及解析

Day 5

1. A［**解析**］利息计算有单利和复利之分。单利是指在计算每个周期利息时，仅考虑最初本金的利息，而本金所产生的利息不再计算利息，单利的计算公式为：$I=P\times i\times n$。复利是指将其上期利息结转为本金一并计算本期利息，即通常所说的“利生利”“利滚利”的计息方法，复利的计算公式为：$F=P\times(F/P，i，n)$。本题中，按单利计算的5年后的利息 $I=8\times6\%\times5=2.4$（万元），按复利计算的5年后得到的本利和 $F=8\times(F/P，6\%，5)=8\times1.338=10.704$（万元），则按复利计算的5年后的利息 $I=10.704-8=2.704$（万元）。故利息总额的差值 $=2.704-2.4=0.304$（万元）。

2. B［**解析**］本题中，单利计息4年后得到的本利和 $F=20\,000\times(1+10\%\times4)=28\,000$（元），复利计息10年后得到的本利和 $F=28\,000\times(1+10\%)^{10}\approx72\,625$（元），故该人在第14年年末可以获得的复本利和为72 635元。

3. BC［**解析**］资金时间价值的产生原因包括货币增值、通货膨胀、补偿风险因素等。

4. C［**解析**］单利计息2年末得到的本利和 $=P\times(1+i\times n)=1\,200\times(1+10\%\times2)=1\,440$（元）；复利计息5年末得到的本利和 $F=P\times(F/P，8\%，3)=1\,440\times1.260=1\,814.4$（元）。

5. ABD［**解析**］为了形象地描述现金流量变化过程，通常用现金流量图直观表示现金流量的三要素，即大小（现金数额）、方向（现金流入或流出）和发生时间点（现金流入或流出的时间点）。

6. ABC［**解析**］在现金流量图中，水平线表示时间，时间单位以计息期（年、半年、季、月或天）为准；箭头表示现金流量，箭头向上的线段表示现金流入，箭头向下的线段表示现金流出（D项错误），其长短与现金流量值成正比（E项错误）；箭头与时间轴的交点即表示现金流量发生的时间。

7. B［**解析**］本题属于终值转换现值，即 $P=F\times(P/F，5\%，20)=20\times0.376\,9=7.538$（万元）。

8. C［**解析**］本题属于年值转换现值，即 $P=A\times(P/A，i，n)=A\times\dfrac{(1+i)^n-1}{i(1+i)^n}$。本题是每季度复利一次，因此应当按照季度作为复利期间，即 $I=6\%/4$；$n=10\times4$。代入公式，$P=500\times[(1+6\%/4)^{10\times4}-1]/[6\%/4\times(1+6\%/4)^{10\times4}]\approx14\,958$（元）。

9. A［**解析**］本题属于现值转化年值，即 $A=P\times(A/P，i，n)=100\times0.187\,44=18.744$（万元）。

10. B［**解析**］本题属于等额年金终值计算，即 $F=A\times(F/A，i，n)=8\,000\times14.487=115\,896.00$（元）。

11. C［**解析**］已知现值 $P=30$ 万元，年利率 $i=7\%$，5年后的终值 $F=30\times(1+7\%)^5\approx42.1$（万元）。

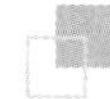

●考点再现

$Q_{7\text{-}11}$ 现值、终值与年值之间的换算：

换算	表示	系数名称	公式
现值换算为终值	$P \to F$	一次支付终值系数	$F=P\times(1+i)^n$
终值换算为现值	$F \to P$	一次支付现值系数	$P=F\times\frac{1}{(1+i)^n}$
年值换算为现值	$A \to P$	等额支付现值系数	$P=A\times\frac{(1+i)^n-1}{i(1+i)^n}$
现值换算为年值	$P \to A$	资金回收系数	$A=P\times\frac{i(1+i)^n}{(1+i)^n-1}$
年值换算为终值	$A \to F$	等额支付终值系数或年金终值系数	$F=A\times\frac{(1+i)^n-1}{i}$
终值换算为年值	$F \to A$	等额支付偿债基金系数	$A=F\times\frac{i}{(1+i)^n-1}$

Day 6

1. B［**解析**］经济评价指标中的动态指标包括净现值、内部收益率、动态投资回收期、净年值、净现值率。静态指标包括静态投资回收期、总投资收益率、资本金净利润率、利息备付率、偿债备付率、资产负债率。

2. ABD［**解析**］经济评价指标中的动态指标包括净现值、内部收益率、动态投资回收期、净年值、净现值率。静态指标包括静态投资回收期、总投资收益率、资本金净利润率、利息备付率、偿债备付率、资产负债率。

3. B［**解析**］静态投资回收期是指在不考虑资金时间价值的条件下，以项目净收益抵偿全部投资所需要的时间。静态投资回收期＝（累计净现金流量开始出现正值的年份－1）＋上年累计净现金流量的绝对值/当年净现金流量＝6－1＋｜－402｜/500＝5.804（年）。

4. C［**解析**］静态投资回收期是指在不考虑资金时间价值的条件下，以项目净收益抵偿全部投资所需要的时间。如果项目投资在计算期初一次投入（记为 TI），且生产期各年净收益保持不变（记为 R），则静态投资回收期＝TI/R＝30/15＝2（年）。

5. A［**解析**］动态投资回收期是在考虑资金时间价值的条件下，以项目净收益抵偿全部投资所需要的时间，即累计净现金流量等于零的时间。考虑资金时间价值计算出的动态投资回收期大于静态投资回收期。故 B 项错误。本题中动态回收期等于项目的规定期限，净现值等于零，基准收益率等于内部收益率。故 A 项正确，C、D 两项错误。

6. C［**解析**］初始投资 20 万元，折算为现值是－20 万元。第 2 年年末开始收益，连续 5 年，每年年末收益均为 6 万元，则年值转换为现值：6×（P/A，10%，5）×（P/F，10%，1）＝6×［$(1+10\%)^5-1$］÷［10%×$(1+10\%)^5$］÷（1+10%）≈20.68（万元）；第 6 年年末净残值为 3 万元，则终值转换为现值（折现到期初）：3×（P/F，10%，6）＝3÷$(1+10\%)^6$≈1.69（万元）。故该方案的净现值＝－20＋20.68＋1.69＝2.37

（万元）。

7. B［解析］净现值率是指项目净现值与项目总投资现值之和的比值，其经济含义是单位投资现值所带来的净现值。

8. C［解析］净现值 NPV 与内部收益率 IRR 的关系见下图，可知当净现值 NPV＜0 时，一定存在内部收益率 IRR 小于基准收益率，C 项正确。

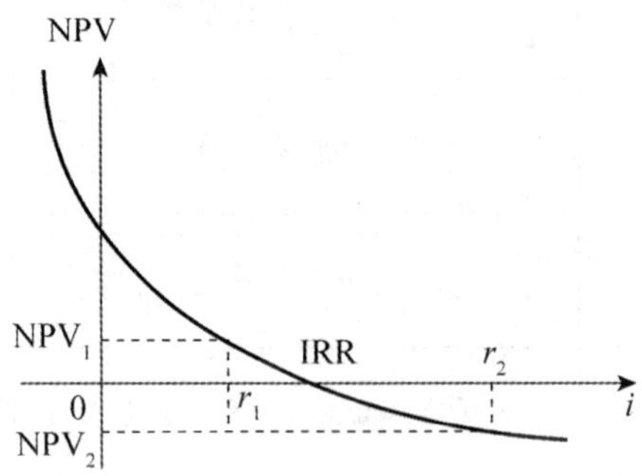

9. ACE［解析］内部收益率是指使项目计算期内各年净现金流量的现值之和等于零时的折现率，也就是使项目净现值等于零时对应的折现率，A 项正确。内部收益率考虑了资金时间价值，属于动态评价指标，B 项错误、C 项正确。内部收益率计算不受基准收益率等参数的影响，其结果完全取决于项目现金流量，D 项错误。内部收益率能够直接衡量项目未回收投资的收益率，E 项正确。

10. A［解析］净现值是指投资项目按预定的基准收益率，分别将计算期内各年净现金流量折现到投资起点的现值之和。所谓基准收益率，是指要求投资项目达到的最低收益率标准。

Day 7

1. B［解析］投资项目经济效果评价指标中，偿债能力分析指标包含利息备付率、偿债备付率、资产负债率。盈利能力分析指标包括净现值、内部收益率、动态投资回收期、净年值、净现值率、静态投资回收期、总投资收益率、资本金净利润率。

2. BCE［解析］偿债能力分析指标包括利息备付率、偿债备付率、资产负债率，这三个指标都属于静态评价指标。B 项错误。利息备付率反映项目偿付债务利息的保障程度，其值越高，表明利息偿付的保障程度越高；偿债备付率表示可用于还本付息的资金偿还借款本息的保障程度，其值越高，表明可用于还本付息的资金保障程度越高。C 项错误。资产负债率反映项目总体偿债能力，该比率越低，表明项目的偿债能力越强。E 项错误。

3. A［解析］互斥方案是指在若干方案中，选择其中任一方案，其他方案必然会被排斥的一组方案。甲、乙两方案只能选一个，故属于互斥方案。

4. B［解析］独立方案是指方案间互不干扰，即一个方案的执行不影响其他方案的执行，在选择方案时可任意组合，直到资源得到充分利用为止。严格地讲，独立方案是指相互之间加法法则成立的方案。本题中，投资 1 300 元，即 A、B 两个方案的投资额之和（800＋500）元，收益 1 700 元，即甲、乙两个方案的收益之和（1 000＋700）元，说明 A、B 两个方案加法法则成立，为独立方案。

5. BCE［解析］寿命期相等的互斥方案比选，常用的有净现值法、增量内部收益率法、增量

净现值法（差额净现值法）。寿命期不等的互斥方案比选，常用的方法有最小公倍数法、净年值法、研究期法。

6. A［**解析**］本题中，甲方案净现值 $NPV_{甲}=-100+25\times(P/A,10\%,10)=-100+25\div0.162\,75\approx53.61$（万元）$>0$，乙方案净现值 $NPV_{乙}=-50+12\times(P/A,10\%,10)=-50+12\div0.162\,75\approx23.73$（万元）$>0$，丙方案净现值 $NPV_{丙}=-80+20\times(P/A,10\%,10)=-80+20\div0.162\,75\approx42.89$（万元）$>0$。甲方案净现值最大，故应选择甲方案。

7. B［**解析**］内部收益率指标的评价准则是：当 $IRR\geqslant i_c$ 时，考虑接受该项目；当 $IRR<i_c$ 时，考虑拒绝该项目。A、B 两个方案的内部收益率均大于基准收益率 15%，故两个方案均可行。差额内部收益率法是用投资额大的方案净现金流量减去投资额小的方案净现金流量，计算差额内部收益率 ΔIRR。若 ΔIRR 大于基准收益率，应选投资额大的方案为最优方案，反之选择投资额小的方案。本题中 A、B 两个方案差额投资收益率为 16%，大于基准收益率 15%，又因为 B 方案投资额大，故 B 方案为最优方案，应选择 B 方案。

8. ABD［**解析**］净现值法进行寿命期相等的互斥方案比选时，首先剔除 $NPV<0$ 的方案，再从 $NPV\geqslant0$ 的方案中选取 NPV 最大者即为最优方案。A 项正确。净年值法进行互斥方案比选时，从净年值 $NAV\geqslant0$ 的方案中选取 NAV 最大者为最优方案。B 项正确。内部收益率法不能用于互斥方案的比选。C 项错误。当互斥方案的效益相同或基本相同时，可仅考虑各方案的投资和运行费用，净现值法转化为费用现值法，费用现值之和最小的方案即为最佳方案。D 项正确。净现值率的评价准则是净现值率 $NPVR\geqslant0$，则从经济上应考虑接受该项目。E 项错误。

●考点再现

Q $_{5\text{-}8}$ 互斥方案的比选方法：

项目	比选方法
寿命期相等的互斥方案	净现值法、增量内部收益率法、增量净现值法
寿命期不等的互斥方案	最小公倍数法、净年值法、研究期法

Day 8

1. A［**解析**］独立方案在经济上是否可接受，取决于方案自身的经济性，即方案的经济效果是否达到或超过投资者预期的评价标准或水平。若没有资金或其他资源限制，则应选择 $NPV\geqslant0$ 的所有方案。A、B 两个项目不存在任何资源限制，故只需计算 A 和 B 的净现值（NPV），利用净现值指标的评价准则进行判断。$NPV_A=-340+67(P/A,10\%,8)=-340+67\times5.334\,9\approx17.44$（万元）$>0$，A 项目可行。$NPV_B=-210+28(P/A,10\%,10)=-210+28\times6.144\,6\approx-37.95$（万元）$<0$，B 项目不可行。

2. D［**解析**］盈亏平衡点的生产负荷率越小，则项目风险越小，说明项目可承受较大的风险；反之则风险越大，项目所承受风险的能力就越差。

3. C［**解析**］根据产量盈亏平衡点公式，$Q^*=\dfrac{F}{P-V}=1\,200\,000/[1\,500-(900+200)]$

=3 000（件）。

4. D［解析］在线性盈亏平衡分析中，年销售量为 Q，设计生产能力为 Q_d，单位产品销售价格为 P，单位产品变动成本为 V，年固定成本为 F，产量的盈亏平衡点 $Q^*=\frac{F}{P-V}$，生产负荷率 BEP（Q）$=\frac{Q^*\times100\%}{Q_d}$。将数据代入公式，产量的盈亏平衡点 $Q^*=\frac{50\ 000}{100-80}=2\ 500$（件），项目的生产负荷率 BEP（$Q$）$=2\ 500\times100\%/5\ 000=50\%$。

5. C［解析］根据单位产品销售价格的盈亏平衡点公式 $P^*=(F+VQ)/Q$。将数据代入公式，单位产品销售价格的盈亏平衡点 $P^*=(1\ 000\times10\ 000+500\times20\ 000)/20\ 000=1\ 000$（元）。

6. C［解析］生产负荷率值越小，则风险越小，说明项目可承受较大的风险；反之，则风险越大，项目所承受风险的能力就越差。

7. AD［解析］判别敏感因素的方法包括：①相对测定法。假设各不确定因素有一个相同变动幅度，比较在同一变动幅度下各不确定因素的变动对分析指标的影响程度，影响程度大者为敏感因素。②绝对测定法。假设各不确定因素均向对投资方案不利的方向变动，并取其可能出现的最不利数值，据此计算投资方案经济效果指标，如果某一不确定因素可能出现的最不利数值使投资方案变得不可接受，则表明该不确定因素为投资方案的敏感因素。

8. C［解析］敏感性分析的一般程序包括：①确定分析指标；②选择不确定因素，设定其变化幅度；③计算影响程度；④寻找敏感因素；⑤综合评价，优选方案。

9. C［解析］敏感性分析可在一定程度上定量描述不确定因素的变动对项目投资效果的影响，有助于搞清项目对不确定因素的不利变动所能容许的风险程度，有助于鉴别敏感因素，将进一步深入调查研究的重点集中在那些敏感因素上，或者针对敏感因素制定出应对策略，以达到尽量减少风险、增加决策可靠性的目的。但敏感性分析也有其局限性，它不能说明不确定因素发生变动的可能性大小（C 项错误），也就是没有考虑不确定因素在未来发生变动的概率，而这种概率是与项目风险大小密切相关的。

Day 9

1. B［解析］根据风险因素发生的可能性及其造成损失的程度，可将综合风险分为 K 级、M 级、T 级、R 级、I 级。K 级风险很大，出现这类风险就要放弃项目。

2. ACE［解析］以评价指标作判别标准的内容包括：①财务（经济）内部收益率大于等于基准收益率的累计概率值越大，风险越小；标准差越小，风险越小。②财务（经济）净现值大于等于零的累计概率值越大，风险越小；标准差越小，风险越小。

3. AB［解析］价值工程的目的是提高产品或作业价值。A、B 两项正确。

4. D［解析］价值工程活动的核心是对产品进行功能分析。故 D 项正确。

5. C［解析］价值工程是以提高产品或作业价值为目的，通过有组织的创造性工作，寻求用最低寿命周期成本可靠地实现使用者所需功能的一种管理技术。价值工程三要素是指价值、功能和成本。

6. C［解析］提高产品价值的途径有五种。其中，在提高产品功能的同时，能降低产品成

本，将大大提高产品价值。这是提高产品价值最理想的途径。因此 C 项正确。

7. C［**解析**］按重要程度不同，产品功能可分为基本功能和辅助功能。

8. ADE［**解析**］价值工程研究对象常用的选择方法有百分比法、价值指数法和 ABC 分析法。

9. ACE［**解析**］功能评价是指对组成对象的零部件在功能系统中的重要程度进行定量估计。功能评价方法有强制确定法、04 评分法、直接评分法、倍比法等。A、C、E 三项正确。

10. ACDE［**解析**］方案创造是指从提高对象的功能价值出发，在正确的功能分析和评价的基础上，针对应改进的具体目标，通过创造性的思维活动，提出能够可靠地实现必要功能的新方案。从价值工程实践来看，方案创造是决定价值工程成败的关键。方案创造可采用的方法有头脑风暴法、哥顿法、德尔菲法、专家检查法等。

●考点再现

Q~8-10~ 研究对象选择、功能评价及方案创造的方法：

项目	方法
研究对象的选择方法	百分比法、价值指数法和 ABC 分析法
功能评价的方法	强制确定法、04 评分法、直接评分法、倍比法等
方案创造的方法	头脑风暴法、哥顿法、德尔菲法、专家检查法等

11. C［**解析**］价值指数法是根据价值表达式 $V=F/C$，在产品成本已知的基础上，将产品功能定量化，计算产品价值。在应用价值指数法选择价值工程研究对象时，应当综合考虑价值指数偏离 1 的程度和改善幅度，优先选择 V 小于 1 且改进幅度大的产品或零部件。

12. B［**解析**］价值工程进行方案比选的应用步骤如下：①确定评价对象并收集基础资料；②分析评价对象的各项功能；③确定评价对象的功能重要性权重；④确定不同方案的功能成本系数和功能系数；⑤计算各方案的价值系数，以较大者为优。所以 B 项错误。

第 3 章　项目策划与可行性研究

学习指导

本章记忆内容较多。需要理解工程项目策划，辨别工程项目构思策划与实施策划，进行房地产开发项目前期策划；区分可行性研究的不同阶段和内容，进行工程项目经济评价、环境影响评价和社会评价；按照程序编制工程项目可行性研究报告，并对可行性研究报告进行评估。

建议大家在学习本章内容时，学会对比记忆，题目基本为教材原文，题型涉及单选、多选。重点记忆工程项目经济评价。

日期	考点
Day 10	➢工程项目构思策划与实施策划 ➢房地产开发项目前期策划
Day 11	➢可行性研究的阶段和内容 ➢工程项目经济评价
Day 12	➢工程项目环境影响评价和社会评价 ➢工程项目可行性研究报告编制和评估

Day 10

考点：工程项目构思策划与实施策划

1. ［单选］将投资建设意图转换为定义明确、系统清晰、目标具体且具有策略性运作思路的高智力系统活动，被称为（　　）。

A. 工程项目投资

B. 工程项目策划

C. 工程项目设计

D. 工程项目实施

2. ［单选］下列属于工程项目构思策划工作内容的是（　　）。

A. 确定专业人员配备及管理职责

B. 明确工程项目的质量、投资和进度目标

C. 提出工程项目系统框架

D. 确立项目运营管理组织方案

3. ［单选］工程项目构思策划的首要任务是（　　）。

A. 工程项目定义和定位　　B. 工程项目系统构成

C. 工程项目目标系统　　D. 工程项目组织策划

4. ［多选］在工程项目构思策划中，工程项目需求可分为（ ）。

A. 市场需求
B. 社会需求
C. 明确需求
D. 隐含需求
E. 质量需求

5. ［单选］根据约定俗成的惯例或者由交易习惯确定的需求，建筑物安全可靠性属于工程项目需求中的（ ）。

A. 现实需求
B. 战略需求
C. 明确需求
D. 隐含需求

6. ［多选］下列属于工程项目实施策划的有（ ）。

A. 工程项目组织策划
B. 工程项目构成策划
C. 工程项目融资策划
D. 工程项目目标策划
E. 工程项目定位策划

考点：房地产开发项目前期策划

7. ［多选］房地产开发项目环境分析与市场研判主要从以下（ ）几个方面进行分析，进而对房地产市场未来发展走势做出判断。

A. 政策分析
B. 技术分析
C. 市场分析
D. 经济分析
E. 开发企业分析

8. ［多选］在房地产开发项目中，开发项目选定的目标市场必须满足的条件有（ ）。

A. 通过市场细分后形成的具有相同需求特征的消费者群体
B. 目标市场应有足够的需求量
C. 确定具体开发项目的消费群体
D. 目标市场必须是企业有能力进入的
E. 进一步分析目标客户的基本特征

9. ［单选］房地产商品均有菲利普·科特勒的产品三层次结构，即房地产商品是由（ ）三个层次组成的复合体。

A. 有形产品、无形产品和附加产品
B. 核心产品、有形产品和附加产品
C. 核心产品、无形产品和附加产品
D. 规划产品、核心产品和有形产品

10. ［单选］房地产开发项目的项目定位 SWOT 分析中，T 代表的是（ ）。

A. 天才（Talent）
B. 威胁（Threat）
C. 科技（Technology）
D. 坚持（Tenacity）

11. ［多选］市场分析包括宏观层次的市场分析、中观层次的市场分析和微观层次的市场分析。下列属于中观层次市场分析的有（　　）。

A. 人均可支配收入分析

B. 该区域房地产商品的客户分析

C. 该区域房地产商品的竞争分析

D. 该地区房地产投资额分析

E. 该区域房地产商品的供求分析

学习笔记

Day 11

考点：可行性研究的阶段和内容

1. ［单选］工程项目可行性研究的投资机会研究阶段所需费用占总投资比例为（　　）。

A. 0.2%～3%

B. 0.2%～2%

C. 0.2%～1%

D. 0.1%～4%

2. ［多选］工程项目可行性研究分为四个阶段，包括（　　）。

A. 投资机会研究　　B. 初步可行性研究

C. 详细可行性研究　　D. 项目评估决策

E. 项目投资决策

3. ［单选］下列不属于可行性研究的内容的是（　　）。

A. 市场需求情况和拟建规模

B. 场址选择和建厂条件

C. 分析影响投资的主要因素

D. 投资估算与资金筹措

考点：工程项目经济评价

4. ［多选］工程项目经济评价是可行性研究的重要内容和有机组成部分，包括（　　）。

A. 社会评价　　B. 国民经济评价

C. 财务评价　　D. 风险评价

E. 融资方案评价

5. ［单选］财务评价对投入物和产出物采用的价格是（　　）。

A. 影子价格　　B. 现行价格

C. 政府定价　　D. 指导价格

6. ［单选］财务评价与国民经济评价的区别项目不包括（　　）。

A. 评价角度　　B. 评价内容

C. 主要参数　　D. 采用价格

7. ［单选］国民经济评价采用的价格是（　　）。

A. 影子价格　　B. 不变价格

C. 市场价格　　D. 可变价格

8. ［单选］（　　）反映市场供求状况和资源稀缺程度，使资源得到合理配置的价格，用来从全社会角度衡量商品或生产要素投入或产出的成本与效益。

A. 影子工资　　B. 影子价格

C. 影子汇率　　D. 社会折现率

9. ［单选］下列项目应进行经济费用效益分析的是（　　）。

A. 能够真实反映项目产出的经济价值的项目

B. 能够包含项目对资源的全部消耗的项目

C. 能够包含项目产出的全部经济效果的项目

D. 产出具有公共产品特征的项目

10. ［单选］对于国民经济评价结论不可行，财务评价可行的项目，一般应（　　）。

A. 建议改正　　B. 予以否定

C. 重新考虑方案　　D. 予以通过

11. ［单选］项目评价中，一般应以（　　）结论作为项目或方案取舍的主要依据。

A. 国民经济评价　　B. 财务评价

C. 社会评价　　D. 综合评价

学习笔记

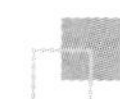

Day 12

扫码听课

考点：工程项目环境影响评价和社会评价

1. ［单选］房地产开发、办公用房、标准厂房项目，涉及环境敏感区及需自建配套污水处理设施的，应当编制（　　）。

A. 环境影响报告书

B. 环境影响报告表

C. 环境影响登记表

D. 环境影响数据表

2. ［单选］下列不属于房地产项目环境敏感区的是（　　）。

A. 自然保护区　　B. 地质公园

C. 商场　　D. 基本草原

3. ［单选］针对项目所在地区各类组织对项目建设和运营的态度及参与程度进行的分析属于工程项目社会评价中的（　　）。

A. 社会影响分析　　B. 互适性分析

C. 社会风险分析　　D. 社会环境分析

4. ［单选］重大项目社会稳定风险等级中，中风险对应的情况是（　　）。

A. 大部分群众对项目有意见、反应特别强烈，但不可能引发大规模群体性事件

B. 大部分群众对项目有意见、反应特别强烈，可能引发大规模群体性事件

C. 部分群众对项目有意见、反应强烈，可能引发矛盾冲突

D. 多数群众理解、支持，但少部分人对项目有意见，通过有效工作可防范和化解矛盾

5. ［单选］建设项目环境影响报告书自批准之日起满（　　）年方开工建设，其环境影响报告书应当报原审批部门重新审核。

A. 1　　B. 2

C. 3　　D. 5

6. ［单选］评估主体作出的社会稳定风险评估报告是国家发展改革委审批、核准或者核报国务院审批、核准项目的重要依据。评估报告认为项目存在（　　），国家发展改革委可以审批、核准或者核报。

A. 低风险　　B. 低风险或中风险但有可靠防控措施的

C. 低风险但没有可靠防控措施的　　D. 低风险但有可靠防控措施的

7. ［多选］下列各区域中，属于房地产项目环境敏感区的有（　　）。

A. 商场　　B. 自然保护区

C. 工厂　　D. 基本农田保护区

E. 森林公园

8. ［多选］工程项目社会评价主要内容包括（　　）。

A. 国民经济评价　　B. 社会风险分析

C. 互适性分析　　D. 社会影响分析

E. 社会评价

∀ 考点：工程项目可行性研究报告编制和评估

9. ［多选］工程项目可行性研究报告中，环境影响评价的内容包括（　　）。

A. 环境保护措施

B. 环境保护投资

C. 环境条件调查

D. 项目建设和生产对环境的影响

E. 环境社会分析

10. ［单选］下列不属于可行性研究报告编制构成的内容的是（　　）。

A. 总说明　　　　B. 封面

C. 摘要　　　　D. 目录

11. ［多选］对可行性研究报告的评估内容包括（　　）。

A. 报告编制的规范性评估

B. 报告内容及结果的真实性评估

C. 报告内容及结果的技术性评估

D. 报告内容及结果的可靠性评估

E. 报告内容及结果的准确性评估

学习笔记

本章学习检查表

知识点名称	初次学习		第一次复习		第二次复习	
	做对题目数/总题目数	学习日期	做对题目数/总题目数	复习日期	做对题目数/总题目数	复习日期
工程项目构思策划与实施策划						
房地产开发项目前期策划						
可行性研究的阶段和内容						
工程项目经济评价						
工程项目环境影响评价和社会评价						
工程项目可行性研究报告编制和评估						

填写建议：

“做对题目数/总题目数”记录该知识点自己做题的情况，比如该知识点总题目数 10 题，做对了其中 7 题，记录为 7/10。

“学习日期”记录自己学习该知识点时的日期，建议把下一次进行复习的日期也写上。

备忘录

参考答案及解析

Day 10

1. B［**解析**］工程项目策划是指将投资建设意图转换为定义明确、系统清晰、目标具体且具有策略性运作思路的高智力系统活动。

2. C［**解析**］工程项目构思策划主要包括工程项目定义和定位、工程项目系统构成、工程项目目标系统、其他构思策划。其中，工程项目系统构成是指在工程项目定义和定位明确的前提下，提出工程项目系统框架，描述项目系统总体功能，确定系统内部各单项工程、单位工程的构成和相互联系，明确内部系统与外部系统协作和配套的策划思路，并进行方案的可行性分析。通过策划工程项目系统构成，使工程项目基本设想变为具体而明确的建设内容和要求。A、B、D 三项均属于工程项目实施策划的内容。

3. A［**解析**］工程项目构思策划的首要任务是根据建设意图进行工程项目定义和定位。

4. CD［**解析**］工程项目构思策划不是凭空臆想，而是以经济和社会发展为前提，以市场需求和社会需求为来源。工程项目需求可分为明确需求和隐含需求。C、D 两项正确。

5. D［**解析**］隐含需求一般可分为两种：一种是约定俗成的惯例或者由交易习惯确定的需求，如建筑物安全可靠性等；另一种是需要通过一系列方法研究分析得出的需求。D 项正确。

●考点再现

Q$_{2\text{-}5}$ 工程项目构思策划：

1. 工程项目构思策划来源

（1）以经济和社会发展为前提，以市场需求和社会需求为来源。

（2）经营性投资项目构思策划多起始于市场需求，非经营性投资项目构思策划多起始于社会需求。

（3）工程项目需求可分为明确需求和隐含需求。

①明确需求是用法律条文或者合同文件等明确表示的需求。

②隐含需求一般可分为两种：一种是约定俗成的惯例或者由交易习惯确定的需求，如建筑物安全可靠性等；另一种是需要通过一系列方法研究分析得出的需求。

2. 工程项目构思策划内容

（1）工程项目定义和定位。工程项目构思策划的首要任务是根据建设意图进行工程项目定义和定位。

①工程项目定义是指明确界定工程项目的性质、用途和基本内容。

②工程项目定位是指根据市场需求，综合考虑投资能力和最有利的投资方案，决定工程建设规模、建设水准，分析确定工程项目在社会经济发展中的地位、作用和影响力，并进行工程项目定位依据及必要性和可能性分析。

（2）工程项目系统构成。

（3）工程项目目标系统。

（4）其他构思策划。

6. ACD［**解析**］工程项目实施策划包括工程项目组织策划、融资策划、目标策划、实施过程策划、运营策划。

7. ABCE［解析］房地产开发项目环境分析与市场研判主要包括政策分析、技术分析、用地分析、市场分析、开发企业分析。

8. BD［解析］开发项目选定的目标市场必须满足以下条件：①目标市场应有足够的需求量；②目标市场必须是企业有能力进入的。

9. B［解析］房地产商品具有菲利普・科特勒所描述的产品三层次结构，即房地产商品是由核心产品、有形产品和附加产品组成的复合体。

10. B［解析］SWOT 分析是一种通过综合分析和系统评价企业内外部环境，从而选择最佳经营战略的方法。其中，S 代表企业内部资源和能力的优势（Strength），W 代表企业内部资源和能力的劣势（Weakness），O 代表企业外部环境中的机会（Opportunity），T 代表企业外部环境中的威胁（Threat）。

11. BCE［解析］市场分析是房地产开发项目环境分析中至关重要的内容，对于客户定位、项目定位和产品定位是否恰当有重大影响，主要包括宏观层次的市场分析、中观层次的市场分析和微观层次的市场分析。其中，中观层次的市场分析即区域市场分析，这种区域是指从消费者角度认知的、与待策划地块处于同一市场范围的地理区域。这种区域市场的划分可与行政区划重叠，也可跨越行政区域界限。大型、特大型和超大型城市可能被划分为多个区域市场，一些城市边缘区域可能与周边其他城市区域相互融合。区域市场分析包括该区域房地产商品的供求分析、竞争分析和客户分析等。B、C、E 三项正确。

Day 11

1. C［解析］投资机会研究的目的在于明确投资方向，相对比较粗略，能够初步反映投资建设效果即可。该阶段投资估算误差为±30%，所需费用占总投资比例为 0.2%~1%。C 项正确。

2. ABCD［解析］工程项目可行性研究可分为四个阶段，即投资机会研究、初步可行性研究、详细可行性研究和项目评估决策。A、B、C、D 四项正确。

3. C［解析］工程项目种类繁多，可行性研究的要求和条件各不相同，各有侧重点，但通常应包括下列内容：①项目总说明及项目概况；②市场需求情况和拟建规模；③资源、原材料、燃料及公用设施；④场址选择和建厂条件；⑤技术方案、设备方案和工程方案；⑥环境保护及防震、防洪等措施；⑦企业组织、劳动定员和人员培训；⑧建设进度计划；⑨投资估算与资金筹措；⑩财务分析和国民经济分析；⑪综合评价。C 项不属于可行性研究的内容。

4. BC［解析］经济评价是可行性研究的重要内容和有机组成部分，包括财务评价（也称财务分析）和国民经济评价（也称经济分析）。B、C 两项正确。

5. B［解析］财务评价对投入物和产出物采用现行价格，国民经济评价采用根据机会成本和供求关系确定的影子价格。B 项正确。

6. B［解析］国民经济评价与财务评价的区别表现为评价角度不同、效益和费用含义及划分范围不同、评价采用的价格不同、主要参数不同。

7. A［解析］国民经济评价是从国家整体角度考察项目效益和费用，采用的是影子价格、影子工资、影子汇率和社会折现率等。A项正确。

●考点再现

Q 5-7 财务评价与国民经济评价的区别：

区别项目	财务评价	国民经济评价
评价角度不同	从财务角度考察货币收支、盈利状况及借款偿还能力	从国家整体角度考察项目需要付出的代价和对国家的贡献
效益和费用含义及划分范围不同	实际收支确定效益与费用（税金、利息均计为费用） 只计算直接发生的费用与效益	对社会提供产品和服务与耗费的社会资源考察费用与效益（税金、国内贷款利息、补贴不计为效益和费用） 除直接外，还包括间接效益与费用
评价采用的价格不同	现行价格	影子价格
主要参数不同	官方汇率和行业基准收益率	影子汇率和社会折现率

8. B［**解析**］影子价格并非现行的市场价格和计划价格，而是反映投入物与产出物真实经济价值的价格，是反映市场供求状况和资源稀缺程度，使资源得到合理配置的价格，用来从全社会角度衡量商品或生产要素投入或产出的成本与效益。进行项目国民经济评价时，要以政府发展政策确定的社会目标为依据确定影子价格。

9. D［**解析**］进行经济费用效益分析的项目包括：①具有垄断特征的项目；②产出具有公共产品特征的项目；③外部效果显著的项目；④资源开发项目；⑤涉及国家经济安全的项目；⑥受过度行政干预的项目。D项正确。

10. B［**解析**］对于财务评价结论和国民经济评价结论都可行的项目，可予以通过。对于国民经济评价结论不可行的项目，一般应予以否定。对于关系公共利益、国家安全和市场不能有效配置资源的经济和社会发展项目，国民经济评价结论可行，但财务评价结论不可行的，应重新考虑方案，必要时可提出经济优惠措施建议，使项目具有财务生存能力。B项正确。

11. A［**解析**］财务评价和国民经济评价是从两个不同角度对项目投资效益进行分析评价，二者相辅相成、缺一不可。一般应以国民经济评价结论作为项目或方案取舍的主要依据。

Day 12

1. B［**解析**］房地产开发、宾馆、酒店、办公用房、标准厂房等房地产项目，涉及环境敏感区及需自建配套污水处理设施的，应当编制环境影响报告表。

2. C［**解析**］环境敏感区是指依法设立的各级各类保护区域和对建设项目产生的环境影响特别敏感的区域。房地产项目环境敏感区主要包括：①自然保护区、风景名胜区、世界文化和自然遗产地、海洋特别保护区、饮用水水源保护区；②基本农田保护区、基本草原、森林公园、地质公园、重要湿地、天然林区、野生动物重要栖息地、重点保护野生植物生长繁殖地；③文物保护单位；④针对标准厂房类房地产项目，环境敏感区还包括以居住、医疗卫生、文化教育、科研、行政办公等为主要功能的区域。

3. B［**解析**］社会评价主要内容包括社会影响分析、互适性分析、社会风险分析。其中，互适性分析主要是分析预测项目能否为当地的社会环境、人文条件所接纳，以及当地政府、居民支持项目存在与发展的程度，考察项目与当地社会环境的相互适应关系。具体包括：分析预测不同利益攸关群体、项目所在地区各类组织对项目建设和运营的态度及参与程度，分析预测项目所在地区现有技术、文化状况能否适应项目建设和发展。

4. C［**解析**］重大项目社会稳定风险等级分为三级：①大部分群众对项目有意见、反应特别强烈，可能引发大规模群体性事件，属于高风险项目；②部分群众对项目有意见、反应强烈，可能引发矛盾冲突的，属于中风险项目；③多数群众理解、支持，但少部分人对项目有意见，通过有效工作可防范和化解矛盾的，属于低风险项目。

5. D［**解析**］建设项目环境影响报告书自批准之日起满 5 年方开工建设，其环境影响报告书应当报原审批部门重新审核。

6. D［**解析**］评估主体作出的社会稳定风险评估报告是项目审批、核准机关审批、核准项目的重要依据。评估报告认为项目存在高风险或者中风险的，不予审批、核准和核报；存在低风险但有可靠防控措施的，可以审批、核准或者核报，并在批复文件中对有关方面提出切实落实防范、化解风险措施的要求。

7. BDE［**解析**］环境敏感区是指依法设立的各级各类保护区域和对建设项目产生的环境影响特别敏感的区域。房地产项目环境敏感区主要包括：①自然保护区、风景名胜区、世界文化和自然遗产地、海洋特别保护区、饮用水水源保护区；②基本农田保护区、基本草原、森林公园、地质公园、重要湿地、天然林区、野生动物重要栖息地、重点保护野生植物生长繁殖地；③文物保护单位；④针对标准厂房类房地产项目，环境敏感区还包括以居住、医疗卫生、文化教育、科研、行政办公等为主要功能的区域。

8. BCD［**解析**］社会评价主要内容包括社会影响分析、互适性分析和社会风险分析。

9. ABCD［**解析**］工程项目可行性研究报告中，环境影响评价的内容包括场址环境条件调查、项目建设和生产对环境的影响、环境保护措施、环境保护投资等。

10. A［**解析**］可行性研究报告是工程项目可行性研究工作成果的体现，由封面、摘要、目录、正文、附件、附图、附表等内容构成。

11. ABDE［**解析**］对可行性研究报告的评估内容大致包括：①报告编制的规范性评估；②报告内容及结果的真实性、可靠性、准确性评估。

第4章 建设工程造价构成及计价

学习指导

本章为教材的重点内容。需要分析建设工程造价构成，总结建筑安装工程费用、设备及工器具购置费用、工程建设其他费用的构成和计算方法，理解预备费和建设期利息计算方法；要求选用恰当方法进行投资估算和概预算编制，编制工程量清单、招标控制价和投标报价，总结建设工程承包合同价款内容；理解合同价款调整事项和调整方法，按照规定程序和方法进行合同价款结算；编制竣工决算，理解竣工决算报批过程。

建议大家在学习本章内容时，建立体系记忆构成工程造价的内容，重点练习各费用的计算方法。

日期	考点
Day 13	➢建设工程造价总体构成 ➢建筑安装工程费用
Day 14	➢设备及工器具购置费用 ➢工程建设其他费用
Day 15	➢预备费和建设期利息 ➢投资估算方法 ➢概预算方法
Day 16	➢工程量清单 ➢招标控制价
Day 17	➢投标报价 ➢承包合同价款
Day 18	➢合同价款调整
Day 19	➢合同价款结算 ➢竣工决算编制 ➢竣工决算报批

Day 13

考点：建设工程造价总体构成

1. ［单选］工程费用是指建设期直接用于工程建造、设备购置及安装的费用，包括（　　）。

A. 基本预备费与涨价预备费

B. 设备及工器具购置费和建筑安装工程费

C. 工程费用和资金筹措费

D. 预备费和建设期利息

2. [单选] 关于建设工程造价的说法，错误的是（　　）。

A. 建设工程造价是指按照确定的建设内容、建设规模、建设标准、功能要求和使用要求建设一项工程预期支出或实际支出的全部费用

B. 建设工程造价是建设项目总投资的主要组成部分

C. 建设工程造价包括建设投资、建设期利息和流动资金三部分

D. 建设工程造价是建设投资和建设期利息之和

3. [单选] 生产性建设项目的总投资包括（　　）三部分。

A. 工程费用、建筑安装工程费和流动资金

B. 建设投资、建设期利息和流动资金

C. 建设期利息、工程建设其他费用和预备费

D. 基本预备费、流动资金和设备及工器具购置费用

4. [单选] 建设投资由工程费用、（　　）和预备费三部分构成。

A. 建筑安装工程费

B. 设备及工器具购置费

C. 工程建设其他费用

D. 建设期利息

扫码听课

考点：建筑安装工程费用

5. [单选] 下列费用中，属于人工费用的是（　　）。

A. 财务费

B. 管理人员工资

C. 住房公积金

D. 计时工资

6. [单选] 按工资总额构成规定，支付给从事建筑安装工程施工的生产工人和附属生产单位工人的各项费用属于（　　）。

A. 人工费　　B. 利润

C. 规费　　D. 材料费

7. [单选] 下列费用中，应列入企业管理费的是（　　）。

A. 计件工资　　B. 工具用具使用费

C. 住房公积金　　D. 施工机械使用费

8. [单选] 由企业支付的职工退休金属于建筑安装工程费中的（　　）。

A. 人工费　　B. 施工机具使用费

C. 企业管理费　　D. 材料费

9. [单选] 社会保险费属于建筑安装工程费中的（　　）。

A. 人工费　　B. 材料费

C. 施工机具使用费　　D. 规费

10. ［单选］下列关于建筑安装工程费用中增值税的说法，正确的是（　　）。

A. 税前工程造价为人工费、材料费、施工机具使用费和企业管理费之和

B. 税前工程造价为人工费、材料费、施工机具使用费、企业管理费和规费之和

C. 采用一般计税方式时，税前工程造价各费用项目均以不包含增值税可抵扣进项税额的价格计算

D. 采用简易计税方法时，税前工程造价各费用项目均以不包含增值税可抵扣进项税额的价格计算

11. ［单选］下列费用中，不属于施工机械使用费的是（　　）。

A. 大修理费

B. 经常修理费

C. 仪器仪表维修费用

D. 安拆费

12. ［多选］下列费用中，属于材料费的有（　　）。

A. 材料运杂费

B. 材料采购费

C. 材料原价

D. 材料检验费

E. 材料保管费

学习笔记

Day 14

考点：设备及工器具购置费用

1. ［单选］进口设备重量为 1 000 吨，离岸价格（FOB）为 200 万美元，海运费为 400 美元/吨，海运保险费率为 2‰，美元兑换人民币为 1∶7.1，该设备的海运保险费为（　　）万元。

A. 5.66　　B. 2.85

C. 4.29　　D. 3.40

2. ［单选］卖方在指定的装运港将货物装到买方指定的船只上，一旦装船，买方将承担货物灭失或损坏造成的所有风险，该交货价称为（　　）。

A. 成本加运费在内价　　B. 成本加运费付至目的港

C. 成本加运费付至目的港　　D. 离岸价格

3. ［单选］（　　）是指卖方将货物装上船即完成交货，但卖方需自行订立运输合同和保险合同，支付将货物装运至指定目的地港所需的运费和保险费。

A. FOB　　B. CIF

C. CFR　　D. CAF

4. ［单选］一进口设备的到岸价格为 20 万美元，关税税率为 15%，增值税税率为 13%。美元兑人民币为 1∶7.1，该进口设备原价为（　　）万元。

A. 160.46　　B. 163.3

C. 142　　D. 184.53

考点：工程建设其他费用

5. ［单选］下列费用中，属于工程建设其他费用的是（　　）。

A. 建设管理费　　B. 工器具及生产家具购置费

C. 利润　　D. 企业管理费

6. ［单选］建设工程造价中的研究试验费属于（　　）。

A. 建筑安装工程费　　B. 工程建设其他费用

C. 设备及工器具购置费　　D. 预备费

7. ［单选］（　　）是指新建或新增生产能力的工程项目，在交付生产前按照批准的设计文件规定的工程质量标准和技术要求，对整个生产线或装置进行负荷联合试运转所发生的费用净支出。

A. 生产准备费　　B. 联合试运转费

C. 工程保险费　　D. 可行性研究费

学习笔记

Day 15

考点：预备费和建设期利息

1. ［单选］（　　）是指工程项目在建设期间内由于价格等变化引起工程造价变化的预留费用。

A. 建设期利息

B. 涨价预备费

C. 基本预备费

D. 研究试验费

2. ［单选］一般是根据国家规定的投资综合价格指数，以估算年份价格水平的投资额为基数，采用复利方式计算的费用是（　　）。

A. 建设期利息　　B. 涨价预备费

C. 基本预备费　　D. 研究试验费

3. ［单选］下列关于预备费说法错误的是（　　）。

A. 涨价预备费一般采用复利方式计算

B. 基本预备费又称可预见费

C. 基本预备费主要指设计变更及施工过程中可能增加工程量的费用

D. 基本预备费率由工程造价管理机构根据项目特点综合分析后确定

4. ［单选］某工程建设投资相关数据：设备及工器具购置费为 3 000 万元，建设工程安装费为 2 000 万元，工程建设其他费用为 1 000 万元，基本预备费费率为 8%。该项目的基本预备费为（　　）万元。

A. 400　　B. 480

C. 600　　D. 528

5. ［单选］某工程建设投资相关数据：设备及工器具购置费为 3 000 万元，建设工程安装费为 2 000 万元，工程建设其他费用为 1 000 万元，基本预备费费率为 8%。工程建设期为 2 年，建设期各年建设投资计划安排如下：第一年静态投资计划额占总额的 40%，第二年静态投资计划额占总额的 60%，从编制到开工建设时间为 1 年，投资价格每年上涨率为 5%。该项目的涨价预备费为（　　）万元。

A. 672.45　　B. 504.38

C. 196.81　　D. 702.43

6. ［单选］某建设项目，建设期第一年预计贷款 500 万元，第二年预计贷款 800 万元，贷款在每年年中发放，年利率为 8%，复利计息。该项目的建设期利息为（　　）万元。

A. 52　　B. 104

C. 73.6　　D. 93.6

考点：投资估算方法

7. ［多选］下列属于建设投资估算方法的有（　　）。

A. 资金周转率法　　B. 分项详细估算法

C. 生产能力指数法　　D. 扩大指标法

E. 设备费用百分比估算法

8. ［单选］工程项目投标估算中，流动资金估算一般采用分项详细估算法，个别情况或者小型项目可采用（　　）。

A. 资金周转率法　　B. 设备费用百分比估算法

C. 生产能力指数法　　D. 扩大指标估算法

9. ［单选］关于项目总投资中流动资金的说法，正确的是（　　）。

A. 扩大指标估算法简便易行，但准确度不高

B. 流动资金估算一般采用扩大指标估算法

C. 生产性建设项目的总投资包括建设投资和建设期利息

D. 建设工程造价包括建设投资、建设期利息和流动资金三部分

10. ［单选］下列关于资金周转率法的说法，错误的是（　　）。

A. 资金周转率法是一种用资金周转率来推测投资额的简便方法

B. 不同产品的车间装置有不同的资金周转率

C. 资金周转率法计算速度快且精确度较高

D. 不同性质的工厂有不同的资金周转率

11. ［单选］某项目进行建设投资估算采用资金周转率法。该项目资金周转率的近似值为 2，项目生产期产品价格为 100 元/吨，产品的年产量为 500 万吨。该项目总投资估算额为（　　）万元。

A. 36 000　　B. 25 000

C. 35 000　　D. 45 500

12. ［单选］已知某已建成工程的投资额为 150 万元，该类工程的生产能力指数为 0.5，综合调整系数为 1.2，已建类似工程的生产能力是拟建工程项目的 0.5 倍，可估算出该拟建工程的投资额为（　　）万元。

A. 581.29　　B. 226.73

C. 254.56　　D. 367.79

考点：概预算方法

13. ［单选］下列各项中，不属于建筑工程概算的是（　　）。

A. 通风工程概算

B. 机械设备及安装工程概算

C. 工业管道工程概算

D. 给排水工程概算

14. ［单选］当初步设计达到一定深度、建筑结构比较明确时，可采用（　　）编制建筑工程概算。

A. 类似工程预决算法　　B. 综合单价法

C. 概算指标法　　D. 概算定额法

15. ［单选］下列不属于单位建筑工程概算编制方法的是（　　）。

A. 概算指标法　　B. 工料单价法

C. 类似工程预决算法　　D. 概算定额法

16. ［多选］工料单价法中的工料单价是指包含（　　）的定额计价。

A. 人工费　　B. 材料费

C. 施工机具使用费　　D. 管理费

E. 利润

17. ［单选］单价法和实物量法是编制施工图预算的方法，两种方法的最大区别是（　　）。

A. 计算基数不同

B. 计算人工费、材料费和施工机械使用费这三种费用之和的方法不同

C. 采用的定额不同

D. 计算企业管理费、利润的方法不同

学习笔记

Day 16

考点： 工程量清单

1. ［单选］下列关于工程量清单的说法，正确的是（　　）。

   A. 工程量清单计价应采用工料单价法

   B. 工程量清单是载明建设工程分部分项工程项目、措施项目和其他项目的名称和相应数量等内容的明细清单

   C. 招标工程量清单应以分部工程为单位编制，由分部分项工程项目清单、措施项目清单组成

   D. 招标工程量清单由分部分项工程项目清单、规费和税金项目清单组成

2. ［单选］工程量清单计价应采用综合单价法，下列不属于工程单价组成内容的是（　　）。

   A. 人工费　　B. 材料费

   C. 施工机具使用费　　D. 规费

3. ［单选］分部分项工程量清单应载明项目编码、项目名称、项目特征、工程量和（　　）。

   A. 暂列金额　　B. 计量单位

   C. 计日工　　D. 社会保险费

4. ［单选］脚手架工程属于（　　）中的内容。

   A. 其他项目清单　　B. 措施项目清单

   C. 规费项目清单　　D. 税金项目清单

5. ［单选］下列费用中，应列入其他项目清单的是（　　）。

   A. 住房公积金　　B. 失业保险费

   C. 暂列金额　　D. 教育费附加

6. ［单选］下列不属于规费项目清单的是（　　）。

   A. 失业保险费　　B. 医疗保险费

   C. 住房公积金　　D. 暂估价

7. ［多选］下列工程量清单项目中，属于应列入其他项目清单的有（　　）。

   A. 暂估价　　B. 总承包服务费

   C. 生育保险费　　D. 教育费附加

   E. 计日工

8. ［多选］招标工程量清单应以单位（项）工程为单位编制。下列属于招标工程量清单组成内容的有（　　）。

   A. 利润项目清单

   B. 单项工程量清单

   C. 分部分项工程项目清单

   D. 措施项目清单

   E. 规费项目清单

考点： 招标控制价

9. ［单选］（　　）是招标人根据国家或省级、行业建设主管部门颁发的有关计价依据和办

法，以及拟定的招标文件和招标工程量清单，结合工程具体情况编制的招标工程的最高投标限价。

A. 投标价　　　　B. 招标控制价

C. 中标价　　　　D. 评标参考价

10. ［单选］下列关于招标控制价说法错误的是（　　）。

A. 招标控制价是编制的招标工程的最低投标限价

B. 国有资金投资的工程建设项目应实行工程量清单招标，招标人必须编制招标控制价

C. 招标控制价由分部分项工程费、措施项目费、其他项目费、规费和税金组成

D. 暂列金额应按招标工程量清单中列出的金额填写

学习笔记

Day 17

扫码听课

考点：投标报价

1. ［多选］下列属于投标报价基本原则的有（　　）。
   A. 投标价应由投标人自主确定，但不得低于成本
   B. 投标人采取低价中标策略时，投标报价可以低于成本
   C. 投标价应由投标人或受其委托具有相应资质的工程造价咨询人编制
   D. 投标价不能高于招标人设定的招标控制价，否则投标将作为废标处理
   E. 投标价高于招标人设定的招标控制价的，可以根据要求更改，不做废标处理
2. ［单选］下列关于投标报价时应遵循的原则的说法，错误的是（　　）。
   A. 投标价不能高于招标人设定的招标控制价，否则投标将作为废标处理
   B. 投标人必须按招标工程量清单填报价格，但项目编码、项目名称、项目特征、计量单位、工程量与招标工程量清单不需要完全一致
   C. 投标价应由投标人自主确定，但不得低于成本
   D. 投标价应由投标人或受其委托具有相应资质的工程造价咨询人编制
3. ［单选］当招标文件描述的项目特征与设计图纸不符时，投标人应（　　）确定综合单价。
   A. 以招标文件描述的项目特征
   B. 自行判断
   C. 以设计图纸中按照招标文件要求修改后的项目特征
   D. 以设计图纸中的项目特征
4. ［单选］在施工过程中，当风险内容及其范围（幅度）在招标文件规定的范围（幅度）内时，则（　　）。
   A. 综合单价可以变动，合同价款不作调整
   B. 综合单价可以变动，合同价款可以调整
   C. 综合单价不得变动，合同价款不作调整
   D. 综合单价不得变动，合同价款可以调整

考点：承包合同价款

5. ［单选］关于建设工程承包合同价款的说法，正确的是（　　）。
   A. 工程量清单项目综合单价任何情况下都是不允许调整的
   B. 成本加酬金合同使承包方承受较大风险
   C. 紧急抢险的建设工程，可以采用总价合同
   D. 依据《建设工程工程量清单计价规范》，实行工程量清单计价的工程，宜采用单价合同
6. ［单选］根据《建设工程工程量清单计价规范》规定，承包人不承担任何价格变化的风险，采用的合同是（　　）。
   A. 成本加酬金合同　　B. 固定单价合同
   C. 固定总价合同　　D. 单价合同

7. ［单选］下列关于合同计价方式的说法，错误的是（　　）。

A. 单价合同约定的工程价款中所包括的工程量清单项目综合单价，在约定条件内是固定的、不予调整

B. 单价合同约定的工程价款中所包括的工程量清单项目综合单价，在约定条件内是固定的、不予调整，工程量也不允许调整

C. 总价合同适用于合同工期较短、建设规模较小、技术难度较低，且施工图设计已审查完备的建设工程

D. 成本加酬金合同适用于紧急抢险、救灾以及施工技术特别复杂的建设工程

学习笔记

Day 18

考点：合同价款调整

1. [单选] 根据《建设工程工程量清单计价规范》(GB 50500—2013) 规定，招标工程以投标截止日前（　　）天，非招标工程以合同签订前（　　）天为调整合同价款基准日。

A. 7；14　　B. 14；14

C. 14；28　　D. 28；28

2. [单选] 已标价工程量清单中有适用于变更工程项目的，采用该项目的单价。但当工程变更导致该清单项目的工程数量发生变化超过（　　）时，应调整项目单价。

A. 5%　　B. 10%

C. 15%　　D. 20%

3. [单选] 根据《建设工程工程量清单计价规范》规定，下列关于工程量偏差引起合同价格调整说法错误的是（　　）。

A. 当工程量增加 15%以上时，全部的工程量综合单价应予调低

B. 合同履行期间如出现工程量偏差，发承包双方应调整合同价款

C. 当工程量增加 15%以上时，其增加部分的工程量综合单价应予调低

D. 当工程量减少 15%以上时，减少后剩余部分的工程量综合单价应予调高

4. [单选] 物价变化引起合同价款调整原则中，当合同中没有约定主要材料、工程设备价格变化的范围或幅度，且材料、工程设备单价变化超过（　　）时，超过部分的价格应按照价格指数调整法或造价信息差额调整法计算调整材料、工程设备费用。

A. 2%　　B. 3%

C. 5%　　D. 7%

5. [单选] 关于因不可抗力事件导致的人员伤亡、财产损失及其费用增加，发承包双方分别承担并调整合同价款和工期应遵循的原则，下列说法错误的是（　　）。

A. 发包人、承包人人员伤亡由其所在单位负责，并应承担相应费用

B. 承包人的施工机械设备损坏及停工损失，应由承包人承担

C. 停工期间，承包人应发包人要求留在施工场地的必要的管理人员及保卫人员的费用应由发包人承担

D. 工程所需清理、修复费用，应由承包人承担

6. [单选] 下列有关提前竣工说法错误的是（　　）。

A. 提前竣工由发包人提出，并经承包人同意

B. 压缩工期不得超过额定工期的 10%

C. 发承包双方应在合同中约定提前竣工每日历天应补偿的额度

D. 发包人要求合同工程提前竣工的，发包人应承担承包人由此增加的提前竣工（赶工补偿）费用

7. [多选] 下列属于承包人索赔费用组成要素的有（　　）。

A. 人工费　　B. 规费

C. 材料费　　D. 施工机具使用费

E. 总部管理费

8. ［多选］在合同履行期间，发承包双方应当按照合同约定调整合同价款的情形有（　　）。

A. 工程量清单缺项

B. 出现不可抗力事件

C. 合同履行过程中发生法律法规变化

D. 承包人擅自进行的施工方案调整

E. 项目特征描述不符

学习笔记

Day 19

考点：合同价款结算

1. ［单选］包工包料工程的预付款支付比例不得低于签约合同价（扣除暂列金额）的（　　）。

A. 5％　　B. 10％

C. 15％　　D. 20％

2. ［单选］发包人应在工程开工后的（　　）天内预付不低于当年施工进度计划的安全文明施工费总额的 60％，其余部分应按照提前安排的原则进行分解，并应与进度款同期支付。

A. 7　　B. 14

C. 56　　D. 28

3. ［单选］期中结算的工程计量规则中，因承包人原因造成的超出合同工程范围施工或返工的工程量，发包人（　　）。

A. 不予计量　　B. 必须计量

C. 计量部分　　D. 酌情罚款

4. ［单选］施工中进行工程计量，当发现招标工程量清单中出现缺项、工程量偏差，或因工程变更引起工程量增减时，应按（　　）计算。

A. 承包人在计量报告中所列的工程

B. 承包人在履行合同义务中完成的工程量

C. 承包人实际完成的工程量

D. 发包人在计量报告中所列的工程量

5. ［单选］下列关于质量保证金说法错误的是（　　）。

A. 发包人应按照合同约定的质量保证金比例从结算款中预留质量保证金

B. 在合同约定的缺陷责任期终止后的 28 天内，发包人应将剩余的质量保证金返还给承包人

C. 承包人未按照合同约定履行属于自身责任的工程缺陷修复义务的，发包人有权从质量保证金中扣除用于缺陷修复的各项支出

D. 在合同约定的缺陷责任期终止后的 14 天内，发包人应将剩余的质量保证金返还给承包人

6. ［单选］办理竣工结算过程中，暂列金额应减去工程价款调整（包括索赔、现场签证）金额计算，若出现差额，则由（　　）补足并反映在相应的工程合同价款中。

A. 发包人和承包人共同　　B. 发包人

C. 承包人　　D. 监理单位

考点：竣工决算编制

7. ［单选］资金情况明细表属于工程竣工决算中的（　　）。

A. 项目竣工财务决算报表　　B. 待摊投资明细表

C. 竣工财务决（结）算审核情况　　D. 竣工财务决算说明书

8. ［多选］建设项目竣工决算的内容主要包括（　　）。

A. 项目竣工财务决算报表

B. 项目竣工财务决算说明书

C. 投标报价书

D. 项目竣工财务决（结）算审核情况

E. 竣工决算财务报告

考点：竣工决算报批

9. ［单选］经营性项目的项目资本中，财政资金所占比例未超过（　　）的，项目竣工财务决算可以不报财政部门或者项目主管部门审核批复。

A. 30%　　　　B. 40%

C. 50%　　　　D. 60%

学习笔记

本章学习检查表

知识点名称	初次学习		第一次复习		第二次复习	
	做对题目数/总题目数	学习日期	做对题目数/总题目数	复习日期	做对题目数/总题目数	复习日期
建设工程造价总体构成						
建筑安装工程费用						
设备及工器具购置费用						
工程建设其他费用						
预备费和建设期利息						
投资估算方法						
概预算方法						
工程量清单						
招标控制价						
投标报价						
承包合同价款						
合同价款调整						
合同价款结算						
竣工决算编制						
竣工决算报批						

填写建议：

“做对题目数/总题目数”记录该知识点自己做题的情况，比如该知识点总题目数 10 题，做对了其中 7 题，记录为 7/10。

“学习日期”记录自己学习该知识点时的日期，建议把下一次进行复习的日期也写上。

备忘录

参考答案及解析

Day 13

1. B［**解析**］工程费用是指建设期直接用于工程建造、设备购置及安装的费用，包括设备及工器具购置费和建筑安装工程费。B 项正确。

2. C［**解析**］生产性建设项目的总投资包括建设投资、建设期利息和流动资金三部分，而建设工程造价就是建设投资和建设期利息之和，C 项错误。

3. B［**解析**］生产性建设项目的总投资包括建设投资、建设期利息和流动资金三部分，而建设工程造价就是建设投资和建设期利息之和。

4. C［**解析**］建设投资由工程费用、工程建设其他费用和预备费三部分构成。工程费用是指建设期直接用于工程建造、设备购置及安装的费用，包括设备及工器具购置费和建筑安装工程费。

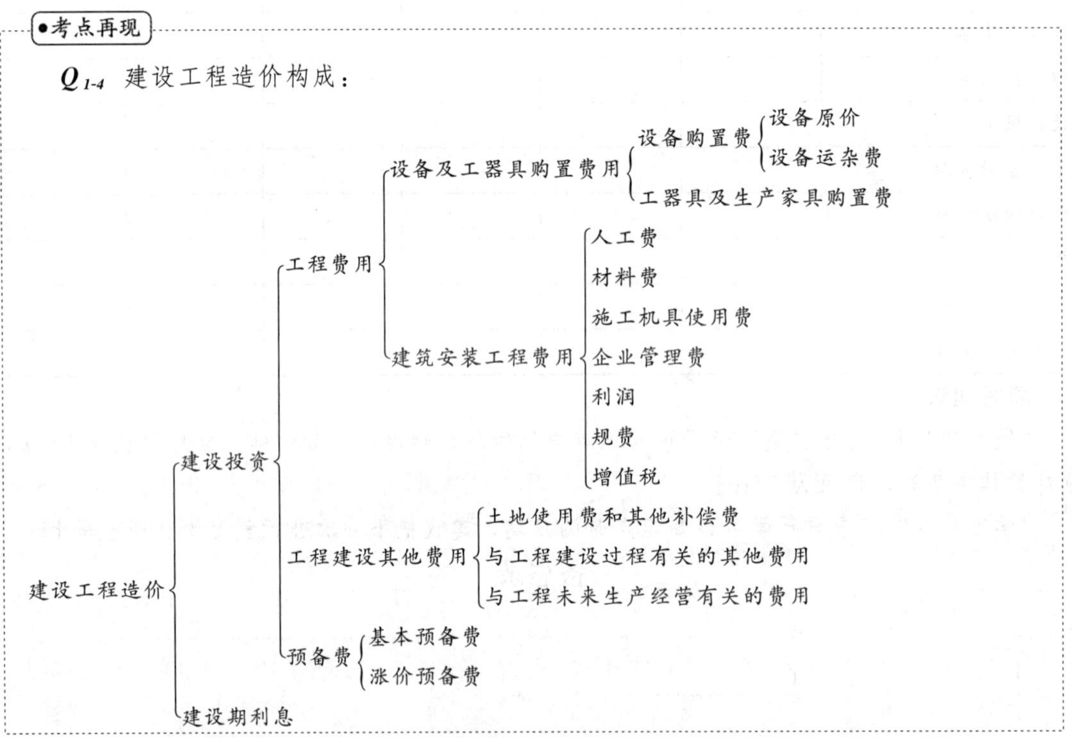

5. D［**解析**］人工费是指按工资总额构成规定，支付给从事建筑安装工程施工的生产工人和附属生产单位工人的各项费用，包括计时工资或计件工资、奖金、津贴补贴、加班加点工资和特殊情况下支付的工资等。特殊情况下支付的工资是指根据法律法规和政策规定，因病、工伤、产假、计划生育假、婚丧假、事假、探亲假、定期休假、停工学习、执行国家或社会义务等原因按计时工资标准或计时工资标准的一定比例支付的工资。A、B 两项属于企业管理费，C 项属于规费。

6. A［**解析**］人工费是指按工资总额构成规定，支付给从事建筑安装工程施工的生产工人和附属生产单位工人的各项费用，包括计时工资或计件工资、奖金、津贴补贴、加班加点工

资和特殊情况下支付的工资等。特殊情况下支付的工资是指根据法律法规和政策规定，因病假、工伤、产假、计划生育假、婚丧假、事假、探亲假、定期休假、停工学习、执行国家或社会义务等原因按计时工资标准或计时工资标准的一定比例支付的工资。A 项正确。

7. B ［**解析**］企业管理费是指建筑安装企业组织施工生产和经营管理所需的费用，包括管理人员工资、办公费、差旅交通费、固定资产使用费、工具用具使用费、劳动保险和职工福利费、劳动保护费、检验试验费、工会经费、职工教育经费、财产保险费、财务费、税金和其他费用等。B 项正确。

8. C ［**解析**］按照住房和城乡建设部、财政部联合印发的《建筑安装工程费用项目组成》（建标〔2013〕44 号）规定，建筑安装工程费用可划分为人工费、材料费、施工机具使用费、企业管理费、利润、规费和税金七部分。其中，企业管理费包括劳动保险和职工福利费，该费用是指由企业支付的职工退职金、按规定支付给离休干部的经费、集体福利费、夏季防暑降温补贴、冬季取暖补贴、上下班交通补贴等。C 项正确。

9. D ［**解析**］规费是指按法律、法规规定，由省级政府和省级有关权力部门规定必须缴纳或计取的费用。主要包括：①社会保险费，包括养老保险费、失业保险费、医疗保险费、工伤保险费和生育保险费；②住房公积金，是指企业按规定标准为职工缴纳的住房公积金。D 项正确。

10. C ［**解析**］建筑安装工程费用中的增值税有两种计税方式：①采用一般计税方式时，增值税税率为 9%，税前工程造价为人工费、材料费、施工机具使用费、企业管理费、利润和规费之和，各费用项目均以不包含增值税可抵扣进项税额的价格计算；②采用简易计税方法时，增值税税率为 3%，税前工程造价为人工费、材料费、施工机具使用费、企业管理费、利润和规费之和，各费用项目均以包含增值税可抵扣进项税额的价格计算。C 项正确。

11. C ［**解析**］施工机具使用费是指施工作业所发生的施工机械、仪器仪表使用费或其租赁费。具体内容包括：①施工机械使用费，通常以施工机械台班耗用量乘以施工机械台班单价表示。施工机械台班单价应由折旧费、大修理费、经常修理费、安拆费及场外运费、人工费、燃料动力费和税费七项费用组成。②仪器仪表使用费，是指工程施工所需使用的仪器仪表摊销及维修费用。C 项属于仪器仪表使用费。

12. ABCE ［**解析**］材料费是指施工过程中耗费的原材料、辅助材料、构配件、零件、半成品或成品、工程设备的费用，包括材料原价、运杂费、运输损耗费和采购及保管费等。

Day 14

1. D ［**解析**］国际运费＝原币货价（FOB 价）×运费率＝运量×单位运价＝400×1 000＝40（万美元），运输保险费$=\dfrac{\text{原币货价(FOB价)}+\text{国外运费}}{1-\text{保险费率}}\times\text{保险费率}=\dfrac{200+40}{1-2‰}\times 2‰\times 7.1$＝3.40（万元）。

2. D ［**解析**］FOB（装运港船上交货）俗称离岸价格，是指卖方在指定的装运港将货物装到买方指定的船只上，一旦装船，买方将承担货物灭失或损坏造成的所有风险。D 项正确。

3. B ［**解析**］CIF 俗称到岸价格，是指卖方将货物装上船即完成交货，但卖方需自行订立运输合同和保险合同，支付将货物装运至指定目的地港所需的运费和保险费。B项正确。

●考点再现

$Q_{2\text{-}3}$ 与进口设备有关的主要国际贸易术语：

FOB（装运港船上交货）	FOB俗称离岸价格，是指卖方在指定的装运港将货物装到买方指定的船只上，一旦装船，买方将承担货物灭失或损坏造成的所有风险
CFR（成本加运费付至目的港）	CFR是指卖方将货物装上船即完成交货，但卖方承担并支付将货物运至指定目的地港所需的运费及其他成本
CIF（成本、保险费加运费付至目的地港）	CIF俗称到岸价格，是指卖方将货物装上船即完成交货，但卖方需自行订立运输合同和保险合同，支付将货物装运至指定目的地港所需的运费和保险费

4. D［**解析**］进口设备原价＝货价＋国际运费＋国际运输保险费＋银行财务费＋进口代理手续费＋关税＋进口增值税＋消费税＋车辆购置税＝20×（1＋15%）×（1＋13%）×7.1≈184.53（万元）。

5. A［**解析**］工程建设其他费用可分为三类，即土地使用费和其他补偿费、与工程建设过程有关的费用、与工程未来生产经营有关的费用。其中，与工程建设过程有关的费用包括建设管理费、可行性研究费、专项评价费、研究试验费、勘察设计费、场地准备费和临时设施费、引进技术和进口设备材料其他费、特殊设备安全监督检验费、市政公用配套设施费、工程保险费、专利及专有技术使用费。B项属于设备及工器具购置费。C、D两项均属于建筑安装工程费。

6. B［**解析**］工程建设其他费用可分为三类，即土地使用费和其他补偿费、与工程建设过程有关的费用、与工程未来生产经营有关的费用。其中，与工程建设过程有关的费用包括建设管理费、可行性研究费、专项评价费、研究试验费、勘察设计费、场地准备费和临时设施费、引进技术和进口设备材料其他费、特殊设备安全监督检验费、市政公用配套设施费、工程保险费、专利及专有技术使用费。B项正确。

7. B［**解析**］联合试运转费是指新建或新增生产能力的工程项目，在交付生产前按照批准的设计文件规定的工程质量标准和技术要求，对整个生产线或装置进行负荷联合试运转所发生的费用净支出。该项费用包括试运转所需材料、燃料及动力消耗，低值易耗品及其他物料消耗，机械使用费，联合试运转人员工资，施工单位参加试运转人工费、专家指导费，以及必要的工业炉烘炉费等；不包括应由安装工程费开支的单台设备调试费及无负荷联合试运转中的试车费用等。

Day 15

1. B［**解析**］涨价预备费是指工程项目在建设期间内由于价格等变化引起工程造价变化的预留费用，包括人工、设备、材料、施工机械价差费，建筑安装工程费及工程建设其他费用调整，利率、汇率调整等增加的费用。B项正确。

2. B［**解析**］涨价预备费一般是根据国家规定的投资综合价格指数，以估算年份价格水平的投资额为基数，采用复利方式计算。B项正确。

3. B［**解析**］基本预备费又称不可预见费，是指在工程实施中可能发生的难以预料、需要预留的费用，主要指设计变更及施工过程中可能增加工程量的费用。所以 B 项错误。

4. B［**解析**］基本预备费＝（工程费用＋工程建设其他费用）×基本预备费率＝（3 000＋2 000＋1 000）×8％＝480（万元）。

5. D［**解析**］基本预备费＝（工程费用＋工程建设其他费用）×基本预备费率＝（3 000＋2 000＋1 000）×8％＝480（万元）。建设期第一年涨价预备费 PF_1＝（3 000＋2 000＋1 000＋480）×40％×［（1＋5％）（1＋5％）$^{0.5}$－1］＝6 480×40％×（1.076－1）＝196.992（万元）。建设期第二年涨价预备费 PF_2＝6 480×60％×［（1＋5％）（1＋5％）$^{0.5}$（1＋5％）－1］＝6 480×60％×（1.130－1）＝505.44（万元）。涨价预备费合计 PF＝196.992＋505.44≈702.43（万元）。

6. D［**解析**］建设期第一年应计利息 $q_1=\left(P_0+\frac{1}{2}A_1\right)\times i=\left(0+\frac{1}{2}\times 500\right)\times 8\%=20$（万元），建设期第二年应计利息 $q_2=\left(P_1+\frac{1}{2}A_2\right)\times i=\left(500+20+\frac{1}{2}\times 800\right)\times 8\%=73.6$（万元），建设期利息 $q=q_1+q_2=20+73.6=93.6$（万元）。

7. ACE［**解析**］建设投资估算方法主要有资金周转率法、生产能力指数法、设备费用百分比估算法和造价指标估算法等，分别适用于不同阶段和不同项目的投资估算。流动资金估算一般采用分项详细估算法，个别情况或者小型项目可采用扩大指标法。A、C、E 三项正确。

8. D［**解析**］项目总投资中的流动资金是指在生产性项目建成投产后，为进行正常生产运营，用于购买原材料、燃料，支付工资及其他经营费用等所需的周转资金。流动资金估算一般采用分项详细估算法，个别情况或者小型项目可采用扩大指标估算法。D 项正确。

9. A［**解析**］项目总投资中的流动资金是指在生产性项目建成投产后，为进行正常生产运营，用于购买原材料、燃料，支付工资及其他经营费用等所需的周转资金。流动资金估算一般采用分项详细估算法，个别情况或者小型项目可采用扩大指标估算法。B 项错误。扩大指标估算法简便易行，但准确度不高。A 项正确。生产性建设项目的总投资包括建设投资、建设期利息和流动资金三部分，而建设工程造价就是建设投资和建设期利息之和。C、D 两项错误。

10. C［**解析**］资金周转率法是一种用资金周转率来推测投资额的简便方法。A 项正确。不同性质的工厂或不同产品的车间（装置）都有不同的资金周转率。B、D 两项正确。这种估算方法比较简单，计算速度快，但精确度较低。C 项错误。

11. B［**解析**］总投资额＝（产品的年产量×产品单价）/资金周转率＝（500×100）/2＝25 000（万元）。

12. C［**解析**］生产能力指数法是根据已建成的、性质类似的建设项目或装置的投资额和生产能力，以及拟建项目或装置的生产能力估算其投资额。计算公式为：$C_2=C_1\left(\frac{A_2}{A_1}\right)^n\cdot f$，$C_1$ 为已建成类似工程项目的投资额，C_2 为拟建工程项目的投资额，A_1 为已建成类似工程项目的生产能力，A_2 为拟建工程项目的生产能力，n 为生产能力指数，f 为综合调整系数。由题意得：$\frac{A_1}{A_2}=0.5$，故 $\frac{A_2}{A_1}=2$，$C_2=150\times 2^{0.5}\times 1.2\approx 254.56$（万元）。

13. B［**解析**］单位工程概算可分为建筑工程概算和设备及安装工程概算两大类。建筑工程概算又可分为土建工程概算、给排水工程概算、采暖工程概算、通风工程概算、电气照明工程概算、工业管道工程概算、特殊构筑物工程概算等。设备及安装工程概算可分为机械设备及安装工程概算、电气设备及安装工程概算等。B项属于设备及安装工程概算。

14. D［**解析**］概算定额法也称扩大单价法。当初步设计达到一定深度、建筑结构方案已确定时，可采用概算定额法编制概算。D项正确。

15. B［**解析**］单位建筑工程概算编制方法有概算定额法、概算指标法、类似工程预决算法。B项属于施工图预算方法。

16. ABC［**解析**］工料单价法又称定额单价法，是指用事先编制好的分项工程单位估价表中的工料单价来编制施工图预算的方法。工料单价是指包含人工费、材料费和施工机具使用费的定额基价。

17. B［**解析**］实物量法和单价法的最大区别在于中间步骤，也就是计算人工费、材料费和施工机械使用费这三种费用之和的方法不同。

●考点再现

Q *16-17* 工料单价法与实物量法的核心区别是计价方式不同。

Day 16

1. B［**解析**］工程量清单计价应采用综合单价法，A项错误。招标工程量清单应以单位（项）工程为单位编制，由分部分项工程项目清单、措施项目清单、其他项目清单、规费和税金项目清单组成，C、D两项错误。

2. D［**解析**］工程量清单计价应采用综合单价法。这里的综合单价是指完成一个规定清单项目所需的人工费、材料和工程设备费、施工机具使用费和企业管理费、利润以及一定范围内的风险费用。无论是分部分项工程项目、措施项目，还是其他项目，其综合单价的组成内容均包括除规费、税金以外的所有金额。

3. B［**解析**］分部分项工程项目清单应载明项目编码、项目名称、项目特征、计量单位和工程量五个要件。这五个要件在分部分项工程项目清单的组成中缺一不可。

4. B［**解析**］招标工程量清单应以单位（项）工程为单位编制，由分部分项工程项目清单、措施项目清单、其他项目清单、规费项目清单和税金项目清单组成。其中措施项目可划分为两类：①总价项目，如文明施工和安全防护、临时设施等，此类项目在现行国家计量规范中无工程量计算规则，应以总价（或计算基础乘费率）计算，以“项”计价；②单价项目，如脚手架、施工降水工程等，可根据工程图纸（含设计变更）和国家现行相关工程计量规范规定的工程量计算规则进行计量，以“量”计价。

5. C［**解析**］其他项目清单是指分部分项工程项目清单、措施项目清单所包含的内容以外，因招标人的特殊要求而发生的与拟建工程有关的其他费用项目和相应数量的清单。其他项目清单应按照暂列金额、暂估价、计日工、总承包服务费的内容列项。A、B两项属于规费项目清单的内容，D项属于税金项目清单的内容。

6. D［解析］规费项目清单应按照下列内容列项：①社会保险费，包括养老保险费、失业保险费、医疗保险费、工伤保险费、生育保险费。②住房公积金。若出现规范中未列的项目，应根据省级政府或省级有关权力部门的规定列项。D 项属于其他项目清单的内容。
7. ABE［解析］其他项目清单是指分部分项工程项目清单、措施项目清单所包含的内容以外，因招标人的特殊要求而发生的与拟建工程有关的其他费用项目和相应数量的清单。其他项目清单应按照暂列金额、暂估价、计日工和总承包服务费内容列项。
8. CDE［解析］招标工程量清单应以单位（项）工程为单位编制，由分部分项工程项目清单、措施项目清单、其他项目清单、规费项目清单和税金项目清单组成。
9. B［解析］招标控制价是指招标人根据国家或省级、行业建设主管部门颁发的有关计价依据和办法，以及拟定的招标文件和招标工程量清单，结合工程具体情况编制的招标工程的最高投标限价。《招标投标法实施条例》规定，招标人设有最高投标限价的，应当在招标文件中明确最高投标限价或者最高投标限价的计算方法。
10. A［解析］招标控制价是指招标人根据国家或省级、行业建设主管部门颁发的有关计价依据和办法，以及拟定的招标文件和招标工程量清单，结合工程具体情况编制的招标工程的最高投标限价。

Day 17

1. ACD［解析］报价对于投标人来说是关键性工作。投标报价应遵循以下原则：①投标价应由投标人或受其委托具有相应资质的工程造价咨询人编制（C 项）；②投标价应由投标人自主确定，但不得低于成本（A 项）；③投标人必须按招标工程量清单填报价格，项目编码、项目名称、项目特征、计量单位、工程量必须与招标工程量清单一致；④投标价不能高于招标人设定的招标控制价，否则投标将作为废标处理（D 项）。
2. B［解析］报价对于投标人来说是关键性工作。投标报价应遵循以下原则：①投标价应由投标人或受其委托具有相应资质的工程造价咨询人编制；②投标价应由投标人自主确定，但不得低于成本；③投标人必须按招标工程量清单填报价格，项目编码、项目名称、项目特征、计量单位、工程量必须与招标工程量清单一致（B 项错误）；④投标价不能高于招标人设定的招标控制价，否则投标将作为废标处理。
3. A［解析］分部分项工程和措施项目中的单价项目，应依据招标文件及招标工程量清单中的项目特征描述确定综合单价计算。当招标文件描述的项目特征与设计图纸不符时，投标人应以招标文件描述的项目特征确定综合单价。在施工中，若施工图纸或设计变更与招标工程量清单项目特征描述不一致时，发承包双方应按实际施工的项目特征，依据合同约定重新确定综合单价。
4. C［解析］投标报价的综合单价应包括招标文件中划分的应由投标人承担的风险范围及其费用。招标文件中没有明确的，应提请招标人明确。在施工过程中，当风险内容及其范围（幅度）在招标文件规定的范围（幅度）内时，综合单价不得改变，合同价款不作调整。C 项正确。
5. D［解析］实行工程量清单计价的工程，应当采用单价合同。单价合同约定的工程价款中所包括的工程量清单项目综合单价，在约定条件内是固定的、不予调整，而工程量允许调整；工程量清单项目综合单价在约定条件外的，允许调整，但调整方式和方法应在合同中约定。紧急抢险、救灾以及施工技术特别复杂的建设工程，可以采用成本加酬金合同。采用成本加酬金合同，承包人不承担任何价格变化的风险。

6. A［**解析**］《建设工程工程量清单计价规范》（GB 50500—2013）规定，成本加酬金合同是指发承包双方约定以施工工程成本再加合同约定酬金进行合同价款计算、调整和确认的建设工程施工合同。采用成本加酬金合同，承包人不承担任何价格变化的风险。

7. B［**解析**］单价合同约定的工程价款中所包括的工程量清单项目综合单价，在约定条件内是固定的、不予调整，而工程量允许调整。

Day 18

1. D［**解析**］招标工程以投标截止日前28天，非招标工程以合同签订前28天为基准日。其后国家的法律法规、规章和政策发生变化引起工程造价增减变化的，发承包双方应当按照有关规定调整合同价款。

2. C［**解析**］已标价工程量清单中有适用于变更工程项目的，采用该项目的单价。但当工程变更导致该清单项目的工程数量发生变化超过15%时，应调整项目单价。

3. A［**解析**］合同履行期间如出现工程量偏差，发承包双方应调整合同价款。当工程量增加15%以上时，其增加部分的工程量综合单价应予调低；当工程量减少15%以上时，减少后的剩余部分工程量综合单价应予调高。A项错误。

4. C［**解析**］合同履行期间，因人工、材料、工程设备、机械台班价格波动影响合同价款时，应根据合同约定调整合同价款。承包人采购材料和工程设备的，应在合同中约定主要材料、工程设备价格变化的范围或幅度；当没有约定，且材料、工程设备单价变化超过5%时，超过部分的价格应按照价格指数调整法或造价信息差额调整法计算调整材料、工程设备费用。

5. D［**解析**］因不可抗力事件导致的人员伤亡、财产损失及其费用增加，发承包双方应按下列原则分别承担并调整合同价款和工期：①合同工程本身的损害、因工程损害导致第三方人员伤亡和财产损失以及运至施工场地用于施工的材料和待安装的设备的损害，应由发包人承担；②发包人、承包人人员伤亡应由其所在单位负责，并应承担相应费用；③承包人的施工机械设备损坏及停工损失，应由承包人承担；④停工期间，承包人应发包人要求留在施工场地的必要的管理人员及保卫人员的费用应由发包人承担；⑤工程所需清理、修复费用，应由发包人承担。

6. B［**解析**］招标人应依据相关工程的工期定额合理计算工期，压缩工期的天数不得超过定额工期的20%，超过者应在招标文件中明示增加赶工补偿费用。B项错误。

7. ACDE［**解析**］索赔费用的组成要素涉及人工费、材料费、施工机具使用费、施工现场管理费、总部管理费、利息和利润等。

8. ABCE［**解析**］在合同履行期间若发生法律法规变化、工程变更、项目特征描述不符、工程量清单缺项、工程量偏差、物价变化、不可抗力、提前竣工（赶工补偿）、工程索赔等事项，发承包双方应当按照合同约定调整合同价款。经发承包双方确认的合同价款调整，作为追加（减）合同价款，应与工程进度款同期支付。如在工程结算期间发生合同价款调

整，应在竣工结算款中支付。

Day 19

1. B［**解析**］依照《建设工程工程量清单计价规范》（GB 50500—2013）规定，包工包料工程的预付款支付比例不得低于签约合同价（扣除暂列金额）的 10%。

2. D［**解析**］发包人应在工程开工后的 28 天内预付不低于当年施工进度计划的安全文明施工费总额的 60%，其余部分应按照提前安排的原则进行分解，并应与进度款同期支付。

3. A［**解析**］在工程计量中，工程量必须按照相关工程现行国家计量规范规定的工程量计算规则计算。工程计量可选择按月或按工程形象进度分段计量，具体计量周期应在合同中约定。因承包人原因造成的超出合同工程范围施工或返工的工程量，发包人不予计量。

4. B［**解析**］由于招标工程量清单所列的工程量是一个预计工程量，发承包双方结算的工程量应以承包人按照现行国家计量规范计算的实际完成应予计量的工程量确定。施工中进行工程计量，当发现招标工程量清单中出现缺项、工程量偏差，或因工程变更引起工程量增减时，应按承包人在履行合同义务中完成的工程量计算。

5. B［**解析**］在合同约定的缺陷责任期终止后的 14 天内，发包人应将剩余的质量保证金返还给承包人。B 项错误。

6. B［**解析**］暂列金额应减去合同价款调整（包括索赔、现场签证）金额计算，若有余额，则余额归发包人；若出现差额，则由发包人补足并反映在相应的工程合同价款中。

7. A［**解析**］工程竣工决算的内容主要包括项目竣工财务决算报表、竣工财务决算说明书、竣工财务决（结）算审核情况及相关资料。其中项目竣工财务决算报表内容包括封面、项目概况表、项目竣工财务决算表、资金情况明细表、交付使用资产总表、交付使用资产明细表、待摊投资明细表、待核销基建支出明细表、转出投资明细表。

8. ABD［**解析**］工程竣工决算的内容主要包括项目竣工财务决算报表、竣工财务决算说明书、竣工财务决（结）算审核情况及相关资料。因此 A、B、D 三项正确。

9. C［**解析**］经营性项目的项目资本中，财政资金所占比例未超过 50% 的，项目竣工财务决算可以不报财政部门或者项目主管部门审核批复。项目建设单位应当按照国家有关规定加强工程价款结算和项目竣工财务决算管理。

第 5 章　工程网络计划技术

学习指导

本章为教材重点、难点部分。需要理解工程网络计划技术特点和分类，按照应用程序编制工程网络计划，分析工程网络计划中的逻辑关系；按照绘图规则编制双代号网络计划和单代号网络计划，进行时间参数计算，确定关键工作和关键线路；理解双代号时标网络计划，判定时间参数；进行网络计划实施中的检查与分析，选用恰当的方法调整网络计划。

由于网络计划图相对抽象，因此学起来有一定难度，希望引起考生的足够重视。计算题难度不会超过教材例题难度。涉及本章内容的考题主要是案例和单选中的计算题，考题难度和往年相比，不会有太大出入。

日期	考点
Day 20	➢工程网络计划技术特点和分类 ➢工程网络计划技术应用程序 ➢工程网络计划中的逻辑关系
Day 21	➢（双代号网络计划）绘图规则 ➢（双代号网络计划）时间参数计算方法
Day 22	➢（双代号网络计划）关键线路及关键线路的确定 ➢（单代号网络计划）绘图规则 ➢（单代号网络计划）时间参数计算方法 ➢（单代号网络计划）关键工作及关键线路的确定
Day 23	➢时标网络计划绘制 ➢（时标网络计划）时间参数判定
Day 24	➢网络计划实施中的检查与分析 ➢网络计划调整方法

Day 20

考点：工程网络计划技术特点和分类

1. ［单选］网络计划按工作搭接关系分可以分为（　　）。

A. 双代号网络计划和单代号网络计划

B. 普通网络计划、搭接网络计划、流水网络计划

C. 单目标网络计划和多目标网络计划

D. 时标网络计划和非时标网络计划

2. ［单选］按（　　）划分，工程网络计划可分为双代号网络计划和单代号网络计划。

A. 网络计划中工作性质　　B. 网络计划表达形式

C. 网络计划目标　　D. 网络计划有无时间坐标

✔ **考点**：工程网络计划技术应用程序

3. ［单选］工程网络计划技术应用程序中，下列不属于绘制网络图阶段步骤的是（　　）。

A. 绘制网络图　　B. 分析逻辑关系

C. 确定关键线路　　D. 工程项目分解

4. ［单选］工程网络计划技术应用程序中，（　　）是"网络计划优化阶段"之后的程序。

A. 计划准备阶段　　B. 网络计划执行阶段

C. 计算时间参数阶段　　D. 绘制网络图阶段

✔ **考点**：工程网络计划中的逻辑关系

5. ［单选］关于工程网络计划中的逻辑关系，下列说法错误的是（　　）。

A. 逻辑关系是由各项工作之间的工艺关系和组织关系决定的

B. 生产性工作之间由工作程序决定先后顺序关系

C. 非生产性工作之间由工作程序决定先后顺序关系

D. 组织关系是指工作之间由于组织安排需要或劳动力、原材料等调配需要而确定的先后顺序关系

6. ［单选］在下列给定工作的先后顺序中，属于工作之间组织关系的是（　　）。

A. 支模—扎筋—浇筑混凝土　　B. 基础—主体—装饰

C. 扎筋—浇筑混凝土—养护　　D. 支模 1—支模 2—支模 3

7. ［单选］相对于某工作而言，从网络计划起点节点开始，顺箭头方向经过一系列箭线与节点到达该工作为止的各条通路上的所有工作，都称为该工作的（　　）。

A. 先行工作　　B. 后续工作

C. 紧前工作　　D. 平行工作

8. ［单选］下列关于工艺关系和组织关系说法错误的是（　　）。

A. 工艺关系是指生产性工作之间由工艺过程决定的、非生产性工作之间由工作程序决定的先后顺序关系

B. 组织关系是指工作之间由于组织安排需要或资源（劳动力、原材料、施工机具等）调配需要而确定的先后顺序关系

C. 工艺关系是指工作之间由于组织安排需要或资源（劳动力、原材料、施工机具等）调配需要而确定的先后顺序关系

D. 逻辑关系是由各项工作之间的工艺关系和组织关系决定的

学习笔记

Day 21

✔ 考点：（双代号网络计划）绘图规则

1. ［单选］根据表中给出的逻辑关系绘制的双代号网络图如下图所示，图中绘制错误的是（　　）。

工作名称	A	B	C	D	E	F
紧前工作			A、B	A、B	B	C、D、E

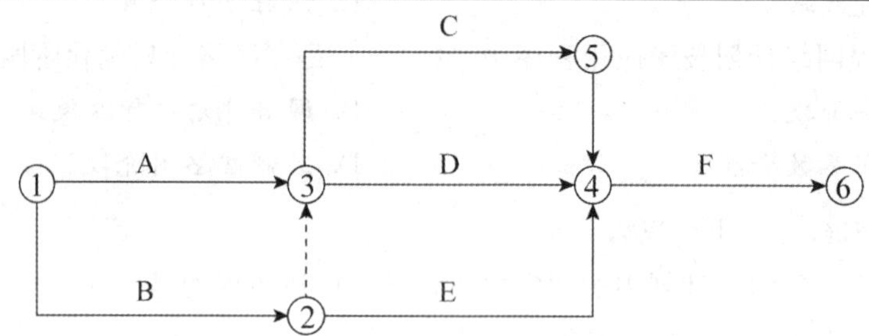

A. 逻辑关系表达不正确

B. 节点编号有错误

C. 出现了相同代号的工作

D. 有多余的虚工作

2. ［多选］双代号网络计划绘制时，应尽量避免网络图中工作箭线的交叉。当交叉不可避免时，可以采用（　　）处理。

A. 指向法　　B. 画线法

C. 省略法　　D. 过桥法

E. 分步法

3. ［多选］某分部工程的双代号网络计划如下图所示，图中的绘制错误有（　　）。

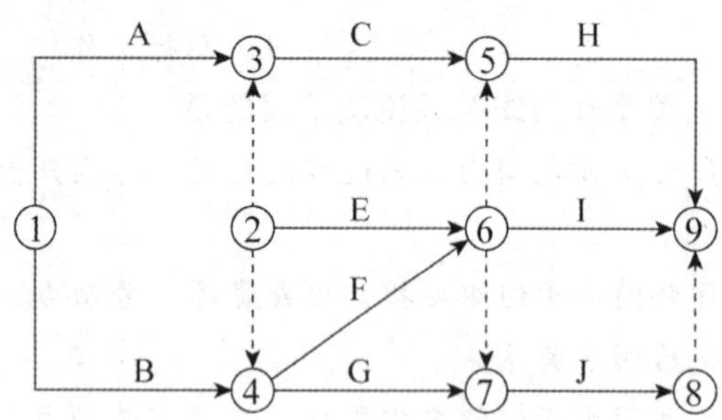

A. 有多个终点节点　　B. 有多个起点节点

C. 工作代号重复　　D. 有多余的虚工作

E. 节点编号有误

✔ 考点：（双代号网络计划）时间参数计算方法

4. ［单选］在双代号网络计划中，工作 N 的持续时间是 6 天，最早完成时间是第 13 天，其总时差为 5 天，则工作 N 的最迟开始时间是第（　　）天。

A. 11　　B. 12

C. 13　　　　D. 18

5. ［单选］某工程双代号网络计划如下图所示，时间单位：天。

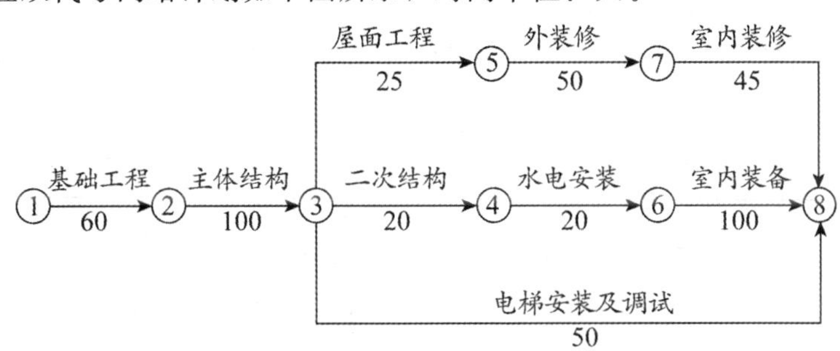

关于该工程外装修工作的说法，错误的是（　　）。

A. 外装修的最迟开始时间是第 205 天

B. 外装修的最早开始时间是第 185 天

C. 外装修的总时差是 0 天

D. 外装修的自由时差是 0 天

6. ［单选］网络计划中，工作 M 的最早开始时间是第 8 天，持续时间为 5 天，该工作有三项紧后工作，其最早开始时间分别为第 16 天、第 18 天、第 21 天，则工作 M 的自由时差是（　　）天。

A. 3　　　　B. 5

C. 8　　　　D. 10

7. ［单选］某项工作有三项紧后工作，其持续时间分别为 4 天、5 天、6 天；其最迟完成时间分别为 18 天、16 天、14 天，本工作的最迟开始时间是第（　　）天。

A. 14　　　　B. 11

C. 8　　　　D. 6

8. ［单选］某工程网络计划中，工作 D 有三项紧前工作，其最早开始时间分别是第 16、20 和 24 周，三项工作的持续时间分别是 7、4 和 3 周，则工作 D 的最早开始时间是第（　　）周。

A. 26　　　　B. 27

C. 28　　　　D. 31

学习笔记

Day 22

✔ 考点：（双代号网络计划）关键线路及关键线路的确定

1. ［单选］在双代号网络计划中，关键线路是指自始至终全部由关键工作组成的线路。关键工作是指（　　）。

A. 两端为关键节点的工作　　B. 自由时差为零的工作

C. 总时差为零的工作　　D. 总时差最小的工作

2. ［单选］网络计划中的关键线路一定是（　　）的线路。

A. 总时差为零　　B. 自由时差为零

C. 不包括虚箭线　　D. 总的工作持续时间最长

3. ［单选］下列关于关键线路的说法，错误的是（　　）。

A. 由关键工作组成

B. 总的工作持续时间最长

C. 由工作时差最小的工作组成

D. 可以用双线标注

4. ［多选］某工程双代号网络计划如下图所示，其关键线路有（　　）。

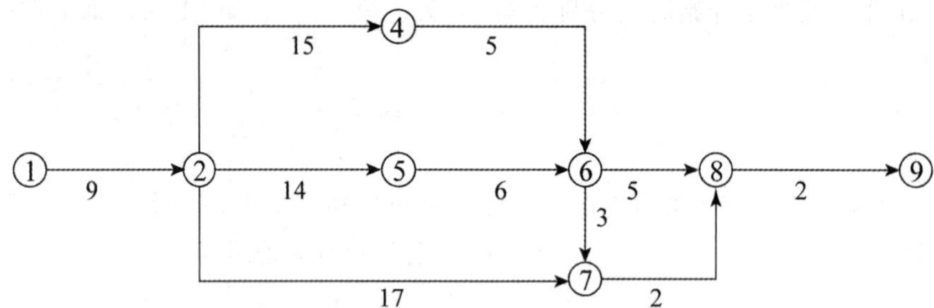

A. ①—②—④—⑥—⑧—⑨　　B. ①—②—⑤—⑥—⑧—⑨

C. ①—②—⑦—⑧—⑨　　D. ①—②—④—⑥—⑦—⑧—⑨

E. ①—②—⑤—⑥—⑦—⑧—⑨

✔ 考点：（单代号网络计划）绘图规则

5. ［单选］下列关于单代号网络图的绘图规则的说法，错误的是（　　）。

A. 必须正确表达已定的逻辑关系

B. 特殊情况下可以出现循环回路

C. 严禁出现双向箭头或无箭头的连线

D. 严禁出现没有箭尾节点的箭线和没有箭头节点的箭线

6. ［单选］单代号网络图与双代号网络图的绘图规则基本相同，下列属于两种绘图规则主要区别的是（　　）。

A. 当网络图中有多项结束工作时，应增设一项虚工作（S），作为该网络图的终点节点

B. 当网络图中有多项开始工作时，应增设一项虚工作（F），作为该网络图的起点节点

C. 当网络图中有多项开始工作时，应增设一项虚工作（S），作为该网络图的起点节点

D. 当网络图中有多项结束工作时，应增设一项虚工作（F），作为该网络图的起点节点

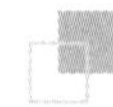

考点：（单代号网络计划）时间参数计算方法

7. ［单选］在单代号网络计划中，某工作与其紧后工作之间的时间间隔应等于（　　）。

A. 该工作紧后工作的最早开始时间与该工作最早开始时间之差

B. 该工作紧后工作的最迟开始时间与该工作最早完成时间之差

C. 该工作紧后工作的最早开始时间与该工作最早完成时间之差

D. 该工作紧后工作的最早开始时间与该工作最迟完成时间之差

8. ［单选］在单代号网络计划中，工作 C 有 E、M 两项紧后工作，其总时差分别为 7 天、8 天。工作 C 与紧后工作 E、M 之间的时间间隔分别为 9 天、6 天。则工作 C 的总时差是（　　）天。

A. 10　　B. 12

C. 14　　D. 16

9. ［单选］某单代号网络计划中，工作 M 的最早开始时间和最迟开始时间分别为第 20 天和第 25 天，持续时间为 9 天。该工作有两项紧后工作，它们的最早开始时间分别为第 32 天和第 34 天，则工作 M 的总时差和自由时差分别为（　　）天。

A. 3 和 0　　B. 3 和 2

C. 5 和 0　　D. 5 和 3

10. ［多选］已知某单代号网络计划中工作 C 的持续时间为 5 天，其最早开始和最迟开始时间分别为第 6 天和第 11 天，工作 C 有两项紧后工作 D 和 E，其最早开始时间分别为第 15 天和第 18 天。关于工作 C 的时间参数，正确的有（　　）。

A. 总时差为 1 天　　B. 总时差为 5 天

C. 自由时差为 1 天　　D. 自由时差为 7 天

E. 与紧后工作 D 和 E 的时间间隔分别为 4 天和 7 天

考点：（单代号网络计划）关键工作及关键线路的确定

11. ［单选］下图所示的单代号网络计划的关键工作是（　　）。

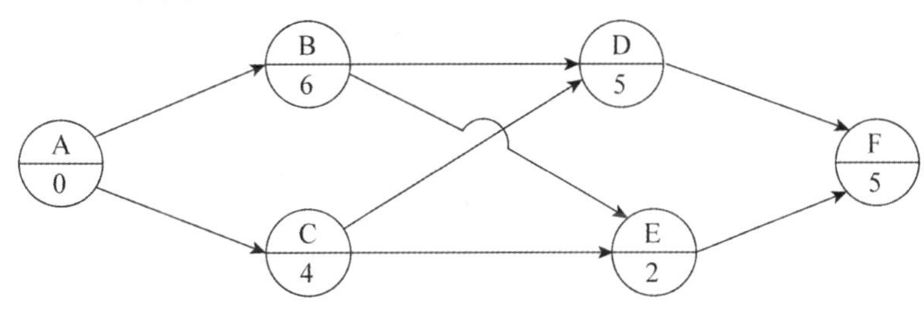

A. 工作 B、E、F　　B. 工作 C、D、F

C. 工作 C、E、F　　D. 工作 B、D、F

学习笔记

Day 23

考点：时标网络计划绘制

1. ［单选］时标网络计划应以波形线表示（　　）。

A. 工作　　B. 虚工作

C. 工作的自由时差　　D. 工作的总时差

2. ［单选］下列关于双代号时标网络计划的说法，错误的是（　　）。

A. 时标的时间单位应根据需要在编制网络计划之前确定

B. 双代号时标网络计划必须以水平时间坐标为尺度表示工作时间

C. 以虚线表示工作与其紧后工作之间的时间间隔

D. 以实箭线表示工作，实箭线的水平投影长度表示该工作的持续时间

3. ［单选］在时标网络计划中，以实箭线表示工作，实箭线的水平投影长度表示（　　）。

A. 该工作的总时差　　B. 不影响总工期的机动时间

C. 该工作的持续时间　　D. 该工作的自由时差

4. ［多选］下列关于双代号时标网络计划的说法，正确的有（　　）。

A. 实箭线必须垂直画

B. 时标网络计划能够将网络计划的时间参数直观表达出来

C. 以虚箭线表示虚工作

D. 必须以水平时间坐标为尺度表示工作时间

E. 以实箭线表示工作，实箭线的水平投影长度表示该工作的持续时间

考点：（时标网络计划）时间参数判定

5. ［多选］下列关于时标网络图的说法，正确的有（　　）。

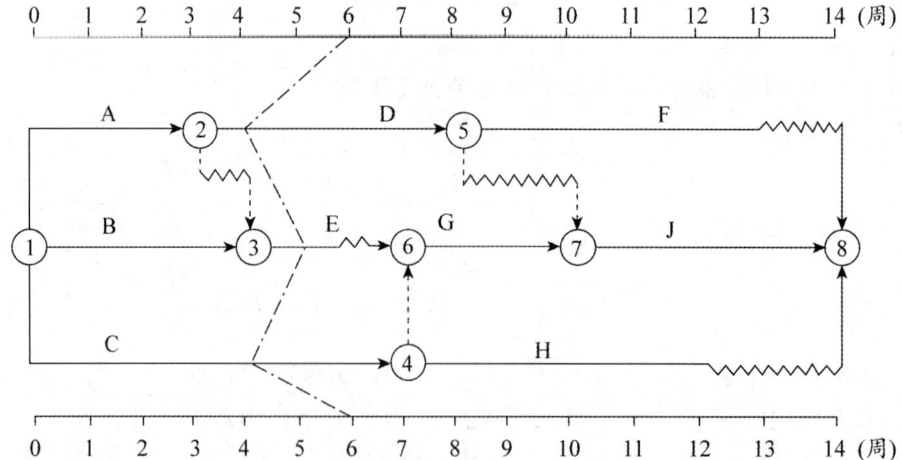

A. 工作D的实际进度拖后2周，不影响总工期

B. 工作C的实际进度拖后2周，使总工期拖后2周

C. 工作E的实际进度拖后1周，不影响紧后工作的最早开始时间

D. 工作C的实际进度拖后2周，使紧后工作的最早开始时间拖后2周

E. 工作E的实际进度超前1周，不影响总工期

6. ［多选］某项目双代号时标网络计划如下图所示，项目进行到第 6 周周末时，进行了实际进度检查，并绘制了实际进度前锋线。下列关于工作进度对工期影响的说法，正确的有（ ）。

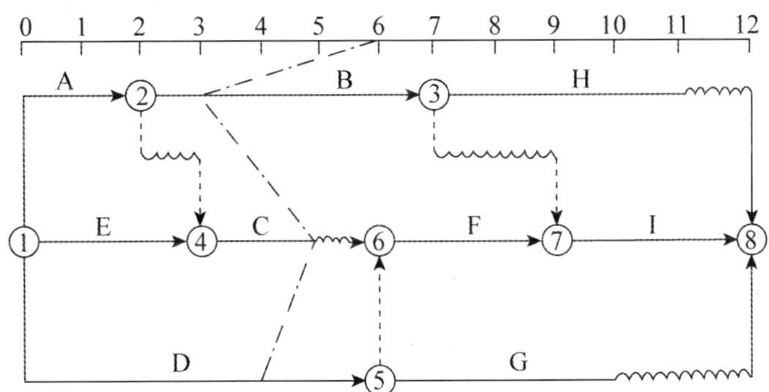

A. 工作 B 将使工期推迟 3 周

B. 工作 C 将使工期推迟 1 周

C. 工作 C 将使工期推迟 2 周

D. 工作 C 不影响工期和紧后工作

E. 工作 B 将使工期推迟 2 周，紧后工作最早开始时间推迟 3 周

7. ［单选］某项目双代号时标网络计划中，工作 N 有两项紧后工作，两项紧后工作总时差分别为 4 天和 8 天，工作 N 的自由时差为 3 天，求工作 N 的总时差是（ ）天。

A. 1　　B. 3

C. 5　　D. 7

学习笔记

Day 24

✔ 考点：网络计划实施中的检查与分析

1. ［多选］在工程网络计划执行过程中，当收集到的实际进展数据需要与计划进度数据进行比较分析时，常用的方法有（　　）。

A. 前锋线比较法

B. 列表比较法

C. 横道图比较法

D. 网络图比较法

E. Y形曲线比较法

2. ［单选］当工程进度计划用时标网络图表示时，主要采用（　　）进行进度比较。

A. 前锋线比较法

B. 列表比较法

C. S形曲线比较法

D. 横道图比较法

3. ［单选］前锋线比较法是通过实际进度前锋线与原进度计划中各项工作箭线交点的位置来判断工作（　　）与计划进度的偏差，进而判定该偏差对后续工作及总工期影响程度的一种方法。

A. 实际进度

B. 计划进度

C. 延迟工作进度

D. 提前工作进度

4. ［单选］某工程网络计划中，E工作的总时差为5天，自由时差为4天，在检查实际进度时发现该工作的持续时间延长了6天，则E工作的实际进度对其紧后工作的最早开始时间及总工期的影响是（　　）。

A. 使其紧后工作的最早开始时间推迟2天，并使总工期推迟1天

B. 使其紧后工作的最早开始时间推迟2天，并使总工期推迟2天

C. 使其紧后工作的最早开始时间推迟2天，但不影响总工期

D. 使其紧后工作的最早开始时间推迟1天，但不影响总工期

✔ 考点：网络计划调整方法

5. ［单选］缩短某些工作的持续时间，不改变工程网络计划中各项工作之间的逻辑关系调整网络进度计划时，被压缩持续时间的工作是位于（　　）上的工作。

A. 关键线路和超过计划工期的非关键线路

B. 关键线路和超过总时差的关键线路

C. 非关键线路和超过自由时差的非关键线路

D. 非键线路和超过计划工期的关键线路

6. ［多选］当实际进度偏差影响到后续工作、总工期而需要调整进度计划时，其调整方法主要有（　　）。

A. 缩短某些工作的持续时间

B. 改变某些工作间的逻辑关系

C. 压缩非关键线路和超过计划工期的关键线路上的工作

D. 将顺序进行改为平行作业

E. 缩短非关键线路和超过自由时差的非关键线路上的工作

学习笔记

本章学习检查表

知识点名称	初次学习		第一次复习		第二次复习	
	做对题目数/总题目数	学习日期	做对题目数/总题目数	复习日期	做对题目数/总题目数	复习日期
工程网络计划技术特点和分类						
工程网络计划技术应用程序						
工程网络计划中的逻辑关系						
（双代号网络计划）绘图规则						
（双代号网络计划）时间参数计算方法						
（双代号网络计划）关键线路及关键线路的确定						
（单代号网络计划）绘图规则						
（单代号网络计划）时间参数计算方法						
（单代号网络计划）关键工作及关键线路的确定						
时标网络计划绘制						
（时标网络计划）时间参数判定						
网络计划实施中的检查与分析						
网络计划调整方法						

填写建议：

“做对题目数/总题目数”记录该知识点自己做题的情况，比如该知识点总题目数 10 题，做对了其中 7 题，记录为 7/10。

“学习日期”记录自己学习该知识点时的日期，建议把下一次进行复习的日期也写上。

备忘录

参考答案及解析

Day 20

1. B［**解析**］

划分标准	类型
按工作性质划分	肯定型网络计划、非肯定型网络计划
按表达方式划分	双代号网络计划、单代号网络计划
按有无时间坐标划分	双代号时标网络计划、双代号非时标网络计划
按目标划分	单目标网络计划、多目标网络计划
按层级划分	单级网络计划、多级网络计划
按工作搭接关系划分	普通网络计划、搭接网络计划、流水网络计划

2. B［**解析**］工程网络计划种类繁多，可从不同角度进行分类。具体包括：①按网络计划中工作性质划分，工程网络计划可分为肯定型网络计划和非肯定型网络计划；②按网络计划表达形式划分，工程网络计划可分为双代号网络计划和单代号网络计划；③按网络计划目标划分，工程网络计划可分为单目标网络计划和多目标网络计划；④按网络计划有无时间坐标划分，工程网络计划可分为双代号时标网络计划和非时标网络计划。

●考点再现

Q $_{1\text{-}2}$ 工程网络计划分类：

划分标准	类型
按网络计划中工作性质划分	肯定型网络计划和非肯定型网络计划
按网络计划表达形式划分	双代号网络计划和单代号网络计划
按网络计划目标划分	单目标网络计划和多目标网络计划
按网络计划有无时间坐标划分	双代号时标网络计划和非时标网络计划
按网络计划层级划分	单级网络计划和多级网络计划系统
按网络计划中工作搭接关系划分	普通网络计划、搭接网络计划和流水网络计划

3. C［**解析**］绘制网络图阶段主要包括工程项目分解、分析逻辑关系和绘制网络图。C 项属于计算时间参数阶段的工作。

4. B［**解析**］工程网络计划技术应用程序可分为五个阶段：①计划准备阶段；②绘制网络图阶段；③计算时间参数阶段；④网络计划优化阶段；⑤网络计划执行阶段。

●考点再现

Q $_{3\text{-}4}$ 工程网络计划技术应用程序的五个阶段：

序号	阶段	步骤
1	计划准备	调查研究；确定网络计划目标
2	绘制网络图	工程项目分解；分析逻辑关系；绘制网络图
3	计算时间参数	计算时间参数；确定关键线路和关键工作
4	网络计划优化	优化网络计划；编制正式网络计划
5	网络计划执行	动态比较分析；调整网络计划

5. B［**解析**］工程网络计划中工作之间的先后顺序关系称为逻辑关系。逻辑关系是由各项工作之间的工艺关系和组织关系决定的。A项正确。工艺关系是指生产性工作之间由工艺过程决定的、非生产性工作之间由工作程序决定的先后顺序关系。B项错误，C项正确。组织关系是指工作之间由于组织安排需要或资源（劳动力、原材料、施工机具等）调配需要而确定的先后顺序关系，D项正确。

6. D［**解析**］逻辑关系是由各项工作之间的工艺关系和组织关系决定的。组织关系是指工作之间由于组织安排需要或资源（劳动力、原材料、施工机具等）调配需要而确定的先后顺序关系。D项正确。

7. A［**解析**］相对于某工作而言，从网络计划起点节点开始，顺箭头方向经过一系列箭线与节点到达该工作为止的各条通路上的所有工作，都称为该工作的先行工作。因此，A项正确。

8. C［**解析**］逻辑关系是由各项工作之间的工艺关系和组织关系决定的，D项正确。工艺关系是指生产性工作之间由工艺过程决定的、非生产性工作之间由工作程序决定的先后顺序关系。因此A项正确。组织关系是指工作之间由于组织安排需要或资源（劳动力、原材料、施工机具等）调配需要而确定的先后顺序关系，故B项正确，C项错误。

Day 21

1. B［**解析**］双代号网络图绘图应遵循以下基本规则：①网络图必须按照已定的逻辑关系绘制。②网络图中严禁出现从一个节点出发，顺箭头方向又回到原出发点的循环回路。③网络图中的箭线（包括虚箭线，下同）应保持自左向右的方向，不应出现箭头指向左方的水平箭线和箭头偏向左方的斜向箭线。若遵循该规则绘制网络图，就不会出现循环回路。④网络图中严禁出现双向箭头和无箭头的连线。⑤网络图中严禁出现没有箭尾节点的箭线和没有箭头节点的箭线。⑥严禁在箭线上引入或引出箭线。⑦应尽量避免网络图中工作箭线的交叉。当工作箭线交叉不可避免时，可以采用过桥法或指向法处理。⑧网络图中应只有一个起点节点和一个终点节点（任务中部分工作需要分期完成的网络计划除外）。除网络图的起点节点和终点节点外，不允许出现没有外向箭线的节点和没有内向箭线的节点。⑨网络图中的节点都必须有编号，其编号严禁重复，并应使每一条箭线上箭尾节点编号小于箭头节点编号。在双代号网络图中，要求箭尾节点编号小于其箭头节点编号，故节点④和节点⑤的编号应互换。故B项符合题目要求。

2. AD［**解析**］在绘制网络图时，工作箭线不宜交叉。当工作箭线交叉不可避免时，可采用过桥法或指向法处理。A、E两项正确。

3. BDE［**解析**］双代号网络图绘图应遵循以下相关规则：①网络图必须按照已定的逻辑关系绘制。②网络图中严禁出现从一个节点出发，顺箭头方向又回到原出发点的循环回路。③网络图中的箭线（包括虚箭线，下同）应保持自左向右的方向，不应出现箭头指向左方的水平箭线和箭头偏向左方的斜向箭线。若遵循该规则绘制网络图，就不会出现循环回路。④网络图中严禁出现双向箭头和无箭头的连线。⑤网络图中严禁出现没有箭尾节点的箭线和没有箭头节点的箭线。⑥严禁在箭线上引入或引出箭线。⑦应尽量避免网络图中工作箭线的交叉。当工作箭线交叉不可避免时，可以采用过桥法或指向法处理。⑧网络图中

应只有一个起点节点和一个终点节点（任务中部分工作需要分期完成的网络计划除外）。除网络图的起点节点和终点节点外，不允许出现没有外向箭线的节点和没有内向箭线的节点。⑨网络图中的节点都必须有编号，其编号严禁重复，并应使每一条箭线上箭尾节点编号小于箭头节点编号。存在两个起点节点①、②；⑧→⑨的虚工作为多余虚工作；⑥→⑤的虚工作节点编号有误，其箭头节点小于箭尾节点编号。故 B、D、E 三项正确。

4. B［**解析**］工作 N 的最早开始时间＝最早完成时间－持续时间＝13－6＝7，工作 N 的最迟开始时间＝工作 N 的最早开始时间＋总时差＝7＋5＝12。故 B 项正确。

5. C［**解析**］工作的最早开始时间是在其所有紧前工作全部完成后，本工作可能开始的最早时刻。外装修最早开始时间＝屋面工程最早完成时间＝60＋100＋25＝185（天）。B 项正确。工作的最迟完成时间是在不影响整个任务按期完成的前提下，本工作必须完成的最迟时刻。外装修最迟完成时间＝室内装修最迟开始时间＝计算工期－室内装修的持续时间＝300－45＝255（天）；工作的最迟开始时间＝本工作的最迟完成时间－持续时间，外装修最迟开始时间＝外装修最迟完成时间－外装修持续时间＝255－50＝205（天）。A 项正确。工作的总时差是在不影响总工期的前提下，本工作可以利用的最大机动时间。外装修总时差＝外装修最迟开始时间－外装修最早开始时间＝205－185＝20（天）。C 项错误。工作的自由时差是对于有紧后工作的工作，其自由时差等于紧后工作最早开始时间减去本工作最早完成时间所得差的最小值，外装修自由时差＝室内装修最早开始时间－外装修最早完成时间＝235－235＝0（天）。D 项正确。

6. A［**解析**］工作的自由时差＝本工作紧后工作最早开始时间的最小值－本工作的最早完成时间；本工作的最早完成时间＝本工作的最早开始时间＋本工作的持续时间；M 的自由时差＝min｛16，18，21｝－（8＋5）＝16－13＝3（天）。因此 A 项正确。

●考点再现

Q $_{4\text{-}6}$ 工作的总时差等于该工作最迟完成时间与最早完成时间之差，或该工作最迟开始时间与最早开始时间之差。

对于有紧后工作的工作，其自由时差等于紧后工作最早开始时间减去本工作最早完成时间所得差的最小值；对于无紧后工作的工作，也就是以网络计划终点节点为完成节点的工作，其自由时差等于计划工期与本工作最早完成时间之差。

7. C［**解析**］最迟完成时间等于各紧后工作的最迟开始时间的最小值。三项工作的最迟开始时间分别为：18－4＝14；16－5＝11；14－6＝8，最小值为 8。因此 C 项正确。

8. B［**解析**］在双代号网络计划中，最早开始时间等于各紧前工作的最早完成时间的最大值。根据题意，工作 D 的三项紧前工作的最早完成时间分别为第 23（16＋7）周、第 24（20＋4）周、第 27（24＋3）周，故工作 D 的最早开始时间是第 27 周，B 项正确。

Day 22

1. D［**解析**］关键线路是指自始至终全部由关键工作组成的线路。关键工作是指总时差最小的工作。D 项正确。

2. D［**解析**］线路上总的工作持续时间最长的线路为关键线路。

3. C［**解析**］双代号网络计划中，工作总时差最小的工作是关键工作；当且仅当网络计划的计算工期等于计划工期，关键线路的总时差为零。关键线路是全部由关键工作组成的线路，且线路上总的工作持续时间最长。关键线路可用双箭线或粗箭线标注。故C项正确。

4. ABDE［**解析**］由起点节点到终点节点形成的路线上各项工作持续时间之和最大值所对应的线路就是关键线路，求出备选答案中各线路的持续时间之和，这个和最大的线路即为关键线路。A项：9＋15＋5＋5＋2＝36；B项：9＋14＋6＋5＋2＝36；C项：9＋17＋2＋2＝30；D项：9＋15＋5＋3＋2＋2＝36；E项：9＋14＋6＋3＋2＋2＝36。由此可知，A、B、D、E四项正确。

●考点再现

Q *1-4* 线路上总的工作持续时间最长的线路为关键线路。总时差最小的工作为关键工作。

5. B［**解析**］单代号网络图的绘图规则与双代号网络图绘图规则基本相同，具体包括：①网络图必须按照已定的逻辑关系绘制。②网络图中严禁出现从一个节点出发，顺箭头方向又回到原出发点的循环回路。③网络图中的箭线（包括虚箭线，下同）应保持自左向右的方向，不应出现箭头指向左方的水平箭线和箭头偏向左方的斜向箭线。若遵循该规则绘制网络图，就不会出现循环回路。④网络图中严禁出现双向箭头和无箭头的连线。⑤网络图中严禁出现没有箭尾节点的箭线和没有箭头节点的箭线。⑥严禁在箭线上引入或引出箭线。⑦应尽量避免网络图中工作箭线的交叉。当工作箭线交叉不可避免时，可以采用过桥法或指向法处理。⑧网络图中应只有一个起点节点和一个终点节点（任务中部分工作需要分期完成的网络计划除外）。除网络图的起点节点和终点节点外，不允许出现没有外向箭线的节点和没有内向箭线的节点。⑨网络图中的节点都必须有编号，其编号严禁重复，并应使每一条箭线上箭尾节点编号小于箭头节点编号。单双代号网络图绘图规则基本相同，区别在于如有多项时，应在网络的两端分别设置一项虚工作，作为起点节点和终点节点。故本题B项正确。

6. C［**解析**］单代号网络图与双代号网络图的绘图规则基本相同，主要区别在于：当网络图中有多项开始工作时，应增设一项虚工作（S），作为该网络图的起点节点；当网络图中有多项结束工作时，应增设一项虚工作（F），作为该网络图的终点节点。

7. C［**解析**］本题考查时间间隔的概念，时间间隔＝紧后工作的最早开始时间－本工作的最早完成时间，故C项正确。

8. C［**解析**］单代号网络计划中，非网络计划终点节点工作的总时差应等于本工作与其各紧后工作之间的时间间隔加该紧后工作的总时差所得之和的最小值。本题中，工作C的总时差TF＝min（7＋9，8＋6）＝14（天）。

9. D［**解析**］因为工作M的最早开始时间和最迟开始时间分别是第20天和第25天，所以工作M的总时差＝最迟开始时间－最早开始时间＝25－20＝5（天）。因为工作M的最早完成时间＝最早开始时间＋持续时间＝20＋9＝29（天）；工作M的两项紧后工作的最早开始时间分别为第32天和第34天，则工作M的自由时差＝min（32，34）－工作M的最早完成时间＝32－29＝3（天）。故工作M的总时差为5天，自由时差为3天。D项正确。

10. BE［**解析**］工作总时差＝最迟开始时间－最早开始时间＝11－6＝5（天），所以A项错

误，B 项正确。因为 C 工作的紧后工作 D、E 的最早开始时间分别为第 15 天和第 18 天，而 C 工作的最早完成时间为 6+5=11 天，所以 C 工作与 D 工作的时间间隔为 15−11=4（天），与 E 工作的时间间隔为 18−11=7（天）；C 工作的自由时差=min（4，7）=4（天）。因此 C、D 两项不正确，E 项正确。

11. D［解析］计算出四个备选答案的工期。A 项：6+2+5=13；B 项：4+5+5=14；C 项：4+2+5=11；D 项：6+5+5=16。故 D 项正确。

Day 23

1. C［解析］时标网络计划应以实箭线表示工作，以虚箭线表示虚工作，以波形线表示工作的自由时差。因此 C 项正确。
2. C［解析］以波形线表示工作与其紧后工作之间的时间间隔（以终点节点为完成节点的工作除外，当计划工期等于计算工期时，这些工作箭线中波形线的水平投影长度表示其自由时差）。C 项错误。
3. C［解析］在时标网络计划中，以实箭线表示工作，实箭线的水平投影长度表示该工作的持续时间。
4. BCDE［解析］在时标网络计划中，以实箭线表示工作，实箭线的水平投影长度表示该工作的持续时间；以虚箭线表示虚工作，由于虚工作的持续时间为零，故虚箭线只能垂直画。A 项错误。
5. BCD［解析］根据时标网络计划图可得出工作 D 实际进度拖后 2 周，后有 1 周的自由时差，会使总工期延后 1 周，A 项错误。工作 E 的实际进度拖延 1 周，E 项错误。
6. DE［解析］根据前锋线可知工作 B 落后 3 周，但是工作 H 有 1 周的自由时差，因此使工期拖后 2 周；由于工作 B 没有自由时差，则其紧后工作 H 的最早开始时间推迟 3 周；工作 C 落后 1 周，但工作 C 有 1 周的自由时差，则不影响总时差和自由时差；工作 D 位于关键线路，其落后 2 周，则工期拖延 2 周。
7. D［解析］除以终点节点为完成节点的工作外，工作的总时差等于其紧后工作的总时差加本工作与该紧后工作之间的时间间隔所得之和的最小值。工作 N 的总时差=min（4+3，8+3）=7（天）。

Day 24

1. AB［解析］在工程网络计划执行过程中，当需要将收集到的实际进展数据与计划进度数据进行比较分析时，常用的方法有前锋线比较法和列表比较法。
2. A［解析］前锋线比较法是指在时标网络计划中通过绘制某检查时刻工程实际进度前锋线，进行工程实际进度与计划进度比较的方法。
3. A［解析］前锋线比较法是通过实际进度前锋线与原进度计划中各项工作箭线交点的位置来判断工作实际进度与计划进度的偏差，进而判定该偏差对后续工作及总工期影响程度的一种方法。
4. A［解析］考核的是进度检查问题。实际进度比计划进度拖后 6 天，而该工作的总时差为 5 天，自由时差为 4 天，则使总工期推后 6−5=1（天），使紧后工作的最早开始时间推后 6−4=2（天），故 A 项正确。

5. A［**解析**］缩短某些工作的持续时间，是指不改变工程网络计划中各项工作之间的逻辑关系，而通过采取增加资源投入、提高劳动效率等措施来缩短某些工作的持续时间，使工程进度加快，以保证按计划工期完成工程项目。这些被压缩持续时间的工作是位于关键线路和超过计划工期的非关键线路上的工作。同时，这些工作又是其持续时间可被压缩的工作。A 项正确。

6. ABD［**解析**］当实际进度偏差影响到后续工作、总工期而需要调整进度计划时，其调整方法主要有：①改变某些工作间的逻辑关系。当工程网络计划实施中产生的进度偏差影响到总工期，且有关工作的逻辑关系允许改变时，可以改变关键线路和超过计划工期的非关键线路上的有关工作之间的逻辑关系，达到缩短工期的目的。例如，将顺序进行的工作改为平行作业、搭接作业或分段组织流水作业等，都可以有效地缩短工期。②缩短某些工作的持续时间。被压缩持续时间的工作是位于关键线路和超过计划工期的非关键线路上的工作。

第 6 章　建设工程招标投标

学习指导

本章内容涉及招投标法律条例较多，需要理解招标投标法律法规的主要内容，分析招标投标法规要求；深入了解勘察设计标准招标文件及建设工程勘察设计招标与投标的相关内容；厘清建设工程施工招标方式和程序，掌握施工招标策划和评标的相关内容；理解投标要求和程序，能够运用投标报价策略完成施工投标工作。

建议大家在学习本章内容时，主要记忆重点时间和方法。考题基本为教材原文，题型多为单选、多选题。

日期	考点
Day 25	➢《招标投标法》
Day 26	➢《招标投标法实施条例》
Day 27	➢工程勘察设计招标 ➢工程勘察设计投标
Day 28	➢工程勘察设计开标和评标 ➢施工招标方式和程序
Day 29	➢施工招标策划 ➢施工投标报价策略 ➢施工评标

Day 25

考点：《招标投标法》

1. ［单选］下列关于招标方式的说法，错误的是（　　）。

A. 招标分为公开招标和邀请招标两种方式

B. 招标人采用公开招标方式的，应当发布招标公告

C. 采用邀请招标方式的，应当向 5 个以上具备承担招标项目的能力资信良好的特定法人或者其他组织发出投标邀请书

D. 招标人不得以不合理的条件限制或者排斥潜在投标人，不得对潜在投标人实行歧视待遇

2. ［单选］《招标投标法》规定，依法必须进行招标的项目，自招标文件开始发出之日起至投标人提交投标文件截止之日止，最短不得少于（　　）天。

A. 10　　B. 15

C. 14　　D. 20

3. ［单选］关于中标通知书的说法，错误的是（　　）。

A. 中标通知书对招标人和中标人具有法律效力

B. 中标通知书发出后，招标人改变中标结果应当依法承担法律责任

C. 招标人和中标人应当自中标通知书发出之日起 28 日内，按照招标文件和中标人的投标文件订立书面合同

D. 招标人和中标人不得再订立背离合同实质性内容的其他协议

4. ［单选］关于实行邀请招标方式的工程项目，招标人的做法正确的是（　　）。

A. 向 5 家以上符合资质条件的投标人发出投标邀请书

B. 应当向 3 个以上具备承担招标项目能力、资信良好的特定法人或者其他组织发出投标邀请书

C. 向社会公众明示招标要求

D. 通过国家指定的报刊、信息网络或者媒介发布招标公告

5. ［单选］两个以上法人或其他组织可以组成一个联合体，由同一专业的单位组成的联合体按照资质等级（　　）的单位确定资质等级。

A. 平均　　B. 较低

C. 较高　　D. 最多

6. ［单选］下列关于开标活动的做法，错误的是（　　）。

A. 应邀请所有投标人参加开标

B. 开标应当在招标人的主持下在招标文件确定的提交投标文件截止时间之后的 24 小时内、招标文件中预先确定的地点公开进行

C. 开标时，由投标人或者其推选的代表检查投标文件的密封情况

D. 开标过程应当记录，并存档备查

7. ［单选］某招投标活动的评标委员会共有 7 人，则技术、经济方面的专家最少为（　　）人。

A. 3　　B. 5

C. 6　　D. 8

8. ［多选］《招标投标法》规定，招标分为（　　）方式。

A. 邀请招标　　B. 协议招标

C. 合同招标　　D. 公开招标

E. 指定招标

学习笔记

Day 26

扫码听课

考点：《招标投标法实施条例》

1. ［单选］下列关于资格预审的说法，错误的是（　　）。

A. 通过资格预审的申请人少于 3 个的，应当重新招标

B. 未通过资格预审的申请人不具有投标资格

C. 资格预审结束后，投标人应当及时向资格预审申请人发出资格预审结果通知书

D. 资格预审应当按照资格预审文件载明的标准和方法进行

2. ［单选］下列招投标情形中，属于招标人与投标人串通投标的是（　　）。

A. 招标人组织投标人踏勘现场

B. 招标人向投标人泄露标底

C. 招标人向投标人发售招标文件

D. 招标人向投标人收取投标保证金

3. ［单选］下列招投标情形中，不属于招标人与投标人串通投标的是（　　）。

A. 招标人在开标前开启投标文件并将有关信息泄露给其他投标人

B. 招标人直接或者间接向投标人泄露标底等信息

C. 招标人确定投标人编制投标文件所需的合理时间

D. 招标人明示或者暗示投标人为特定投标人中标提供方便

4. ［多选］关于工程投标有效期及投标保证金的说法，正确的有（　　）。

A. 应以现金形式缴纳投标保证金

B. 投标有效期从提交投标文件截止日起算

C. 投标保证金有效期大于投标有效期

D. 投标保证金不超过投标项目估算价的 2%

E. 投标保证金应在招标文件中载明

5. ［单选］投标人撤回已提交的投标文件，应当在投标截止时间前书面通知招标人。招标人已收取投标保证金的，应当自收到投标人书面撤回通知之日起（　　）内退还。

A. 4 日　　　　B. 5 日

C. 1 周　　　　D. 20 日

6. ［单选］下列关于标底的说法，错误的是（　　）。

A. 一个招标项目只能有一个标底

B. 接受委托编制标底的中介机构不得参加受托编制标底项目的投标

C. 标底必须保密

D. 接受委托编制标底的中介机构可以为参加受托编制标底项目的投标人提供咨询

7. ［单选］评标时，下列关于标底作用的说法，错误的是（　　）。

A. 如招标项目设有标底，招标人应当在开标时公布

B. 标底只能作为评标的参考

C. 应该以投标报价是否接近标底作为中标条件

D. 不得以投标报价超过标底上下浮动范围作为否决投标的条件

8. ［多选］下列关于工程招标过程中标底和投标限价的说法，正确的有（　　）。

A. 按照招标法，招标人必须编制标底

B. 一个招标项目只能有一个标底

C. 招标人需要在招标文件中公开标底

D. 招标人设有最高投标限价的，应当在招标文件中明确最高投标限价或者最高投标限价的计算方法

E. 招标人不能规定最低投标限价

9. ［单选］下列属于评标委员会应当否决的情形是（　　）。

A. 投标文件没有对招标文件的实质性要求和条件作出响应

B. 投标文件经投标单位盖章和单位负责人签字

C. 投标报价高于成本

D. 投标文件中有明显的文字错误

10. ［多选］依法必须进行招标的项目，其评标委员会由（　　）组成。

A. 行政监督部门的工作人员　　B. 有关技术、经济等方面的专家

C. 投标人的代表　　D. 招标人的代表

E. 监理人的代表

11. ［单选］现有一个国有资金占控股地位的招标项目，按照综合评估法评标，评标委员会确定 3 个中标候选人，排名从高到低是：B 企业、C 企业、F 企业，则招标人应确定中标企业为（　　）。

A. C 企业　　B. B 企业

C. F 企业　　D. B、C 企业均可

12. ［多选］下列关于联合体投标的说法，错误的有（　　）。

A. 招标人接受联合体投标并进行资格预审的，联合体应当在提交资格预审申请文件前组成

B. 资格预审后联合体可以增减成员

C. 联合体各方在同一招标项目中以自己名义单独投标，相关投标均无效

D. 联合体各方可以在同一招标项目中参加其他联合体投标

E. 资格预审后联合体更换成员的，其投标无效

学习笔记

Day 27

考点：工程勘察设计招标

1. ［单选］下列各项中，工程勘察设计招标文件不包括（　　）。

A. 招标公告　　B. 勘察工程概况

C. 发包人要求　　D. 投标人须知

2. ［单选］关于组织踏勘现场的说法，错误的是（　　）。

A. 部分投标人未按时参加的，不影响踏勘现场的正常进行

B. 除招标人原因外，投标人自行负责在踏勘现场中所发生的人员伤亡和财产损失

C. 投标人按投标人须知前附表规定的时间、地点组织招标人踏勘项目现场

D. 投标人踏勘现场发生的费用自理

3. ［单选］下列不属于工程勘察设计招标公告内容的是（　　）。

A. 招标条件

B. 投标人资格要求

C. 是否参加投标的确认

D. 招标文件获取

4. ［单选］下列关于投标单位资格预审的说法，错误的是（　　）。

A. 由同一专业的单位组成联合体投标的，按照资质等级较高的单位确定资质等级

B. 投标人不得为招标人不具有独立法人资格的附属机构（单位）

C. 投标人“近年完成的类似勘察/设计项目情况表”应附中标通知书和（或）合同协议书、发包人出具的证明文件，具体时间要求见投标人须知前附表

D. 投标人不得在最近三年内发生重大勘察质量问题

5. ［单选］修改招标文件的时间距规定的投标截止时间不足（　　）日，且修改内容可能影响投标文件编制的，应相应延长投标截止时间。

A. 5　　B. 10

C. 15　　D. 20

6. ［单选］投标人或者其他利害关系人对招标文件有异议的，应当在投标截止时间（　　）日前以书面形式提出。

A. 5　　B. 10

C. 15　　D. 20

考点：工程勘察设计投标

7. ［多选］工程勘察设计投标文件中，属于勘察纲要内容的有（　　）。

A. 勘察质量、进度、保密等保证措施

B. 勘察工作重点、难点分析

C. 勘察费用清单

D. 勘察安全保证措施

E. 勘察工作目标

8.［单选］下列关于投标文件的编制，说法错误的是（　　）。

A. 投标文件应当对招标文件有关勘察/设计服务期限作出响应

B. 投标文件应按《标准勘察招标文件》或《标准设计招标文件》中规定的“投标文件格式”进行编写

C. 在编写投标文件时，如有必要，可以增加附页，将其作为投标文件的组成部分

D. 投标函附录在满足招标文件实质性要求的基础上，可以提出比招标文件要求更有利于投标人的承诺

9.［单选］下列关于投标文件的递交，说法错误的是（　　）。

A. 投标文件应密封包装，并在封套的封口处加盖投标人单位章或由投标人的法定代表人或其授权的代理人签字

B. 投标人应在投标人须知前附表规定的地点和截止时间前递交投标文件

C. 逾期送达或上传的投标文件，招标人或电子招标投标交易平台不可拒收

D. 未按要求密封的或加密的投标文件，招标人将予以拒收

10.［单选］投标人撤回投标文件的，招标人自收到投标人书面撤回通知之日起（　　）日内退还已收取的投标保证金。

A. 3　　B. 5

C. 7　　D. 10

学习笔记

Day 28

✔ 考点：工程勘察设计开标和评标

1. ［单选］下列不属于工程勘察设计开标初步评审阶段评审内容的是（　　）。

A. 形式评审　　B. 资格评审

C. 响应性评审　　D. 详细评审

2. ［多选］工程勘察设计开标的初步评审阶段，评标委员会应当否决投标人投标的情形有（　　）。

A. 投标文件对招标文件的偏差超出招标文件规定的最高项数

B. 投标文件没有对招标文件的实质性要求作出响应

C. 投标文件中的总价金额与单价金额不一致的，并且投标人拒不澄清确认

D. 投标报价有算术错误且投标人按照要求修改，书面澄清确认的

E. 投标单位有串通投标行为的

3. ［单选］下列关于评标的说法，错误的是（　　）。

A. 综合评分相等时，以投标报价低的优先

B. 投标人有串通投标的违法行为的，评标委员会应当否决其投标

C. 评标委员会完成评标后，应向招标人提交书面评标报告和中标候选人名单

D. 综合评分和投标报价都相等的，以勘察纲要或设计方案得分低的优先

✔ 考点：施工招标方式和程序

4. ［单选］施工公开招标的优点不包括（　　）。

A. 择优率高

B. 招标时间短

C. 获得有竞争性的商业报价

D. 较大程度上避免招标过程中的贿标行为

5. ［单选］施工邀请招标的优点不包括（　　）。

A. 节约招标费用

B. 缩短招标时间

C. 减少合同履行过程中承包商违约的风险

D. 较大程度上避免招标过程中的贿标行为

6. ［多选］下列属于公开招标与邀请招标在程序上的主要差异的有（　　）。

A. 评标的过程不同

B. 对投标人资格审查的方式不同

C. 组织现场踏勘的程序不同

D. 使施工承包商获得招标信息的方式不同

E. 招标文件的澄清和修改过程不同

7. ［单选］（　　）是指招标人以投标邀请书形式邀请预先确定的若干家施工承包商投标竞争，然后从中确定中标者并与之签订施工合同的过程。

A. 无限竞争性招标　　B. 公开招标

C. 有限竞争性招标　　　　　　　　　　D. 预先招标

8. ［单选］关于公开招标和邀请招标缺点的说法，错误的是（　　）。

A. 邀请招标有可能会提高中标合同价

B. 公开招标招标时间长、费用高

C. 邀请招标会精确找到某些在技术上或报价上有竞争力的承包商参与投标

D. 公开招标评标工作量大

学习笔记

Day 29

✔ **考点**：施工招标策划

1. ［单选］大型复杂工程对承包单位的施工能力、施工经验、施工设备等有较高要求。在这种情况下，如果不划分标段，就可能使有资格参加投标的承包单位大大减少，必然会导致工程报价（　　）。

A. 上涨　　B. 不变

C. 大幅度下跌　　D. 下降

2. ［单选］如果施工图设计已完成，工程量清单详细而明确，则可选择（　　）。

A. 单价合同　　B. 总价合同

C. 成本加酬金合同　　D. 浮动酬金合同

3. ［单选］如果在工程施工中有较大部分采用新工艺，建设单位和施工承包单位对此缺乏经验又无国家标准时，为了避免投标单位盲目提高承包价款，或由于对施工难度估计不足而导致承包亏损，应选用（　　）。

A. 单价合同及总价合同均可

B. 单价合同

C. 成本加酬金合同

D. 总价合同

4. ［单选］下列关于选择合同类型的说法，错误的是（　　）。

A. 施工图设计已完成，工程量清单详细而明确，则可选择单价合同

B. 建设规模大且技术复杂的工程，承包风险较大，各项费用不易准确估算，因而不宜采用固定总价合同

C. 在同一施工合同中采用不同的计价方式，是建设单位与施工承包单位合理分担施工风险的有效办法

D. 对于一些紧急工程（如灾后恢复工程等），要求尽快开工且工期较紧时，可能仅有实施方案，还没有施工图纸，施工承包单位不可能报出合理的价格，选择成本加酬金合同较为合适

✔ **考点**：施工投标报价策略

5. ［单选］（　　）是指在不影响工程总报价的前提下，通过调整内部各个项目的报价，以达到既不提高总报价、不影响中标，又能在结算时得到更理想的经济效益的报价方法。

A. 突然降价法　　B. 多方案报价法

C. 不平衡报价法　　D. 保本报价法

6. ［多选］关于不平衡报价法使用的情况，下列可以提高单价的有（　　）。

A. 设备安装项目

B. 设计图纸不明确、估计修改后工程量要增加的

C. 土石方工程项目

D. 基础工程项目

E. 装饰工程项目

7. ［多选］关于施工投标报价基本策略中，投标单位报价可低一些的情形有（　　）。

A. 工作简单、工程量大而其他投标人都可以做的工程

B. 投标对手少的工程

C. 支付条件好的工程

D. 竞争激烈的工程

E. 工期要求紧的工程

8. ［多选］下列属于可以使用保本报价法的情形有（　　）。

A. 较长时期内，投标单位没有在建工程项目，如果再不中标，就难以维持生存

B. 设计图纸不明确

C. 有可能在中标后，将大部分工程分包给索价较低的一些分包商

D. 对于分期建设的工程项目，先以低价获得首期工程，而后赢得机会创造第二期工程中的竞争优势，并在以后的工程实施中获得盈利

E. 施工条件差的的工程

考点：施工评标

9. ［单选］下列各项中，投标文件对招标文件的响应性审查不包括（　　）。

A. 工程质量的承诺和质量管理体系应满足要求

B. 核查已标价的工程量清单

C. 报价的唯一性

D. 投标内容是否与投标人须知中的工程或标段一致

10. ［单选］适用于工程投资额大、工期长等较复杂工程项目的评标方法是（　　）。

A. 多方案评估法

B. 综合评估法

C. 经评审的最低投标价法

D. 协议评标法

11. ［多选］下列属于施工评标初步评审过程中，施工组织设计和项目管理机构设置的合理性审查内容的有（　　）。

A. 投标文件形式审查

B. 拟投入施工的机械和设备

C. 项目组织机构的合理性

D. 施工进度计划的合理性

E. 施工组织的合理性

12. ［多选］投标重大偏差的情形包括（　　）。

A. 不符合招标文件中规定的其他实质性要求

B. 投标文件在实质上响应投标文件要求，但在个别地方存在漏项

C. 明显不符合技术规格、技术标准的要求

D. 投标文件载明的货物包装方式、检验标准和方法等不符合招标文件的要求

E. 投标文件提供了不完整的数据

13. ［多选］关于综合评估法和经评审的最低投标价法的说法，正确的有（　　）。

A. 经评审的最低投标价法一般适用于采用通用技术施工，项目的性能标准为规范中的一般水平

B. 采用经评审的最低投标价法，评标委员会按照经评审的投标价由低到高的顺序推荐中标候选人，或根据招标单位授权直接确定中标单位

C. 经评审的最低投标价法一般适用于招标单位对施工有特殊要求的招标项目

D. 采用综合评估法时，评标委员会按规定的评分标准进行打分，并按得分由高到低的顺序推荐中标候选人

E. 综合评估法适用于投资额大、工期长等较复杂工程项目的评标

学习笔记

本章学习检查表

<table>
<tr><th rowspan="2">知识点名称</th><th colspan="2">初次学习</th><th colspan="2">第一次复习</th><th colspan="2">第二次复习</th></tr>
<tr><th>做对题目数/总题目数</th><th>学习日期</th><th>做对题目数/总题目数</th><th>复习日期</th><th>做对题目数/总题目数</th><th>复习日期</th></tr>
<tr><td>《招标投标法》</td><td></td><td></td><td></td><td></td><td></td><td></td></tr>
<tr><td>《招标投标法实施条例》</td><td></td><td></td><td></td><td></td><td></td><td></td></tr>
<tr><td>工程勘察设计招标</td><td></td><td></td><td></td><td></td><td></td><td></td></tr>
<tr><td>工程勘察设计投标</td><td></td><td></td><td></td><td></td><td></td><td></td></tr>
<tr><td>工程勘察设计开标和评标</td><td></td><td></td><td></td><td></td><td></td><td></td></tr>
<tr><td>施工招标方式和程序</td><td></td><td></td><td></td><td></td><td></td><td></td></tr>
<tr><td>施工招标策划</td><td></td><td></td><td></td><td></td><td></td><td></td></tr>
<tr><td>施工投标报价策略</td><td></td><td></td><td></td><td></td><td></td><td></td></tr>
<tr><td>施工评标</td><td></td><td></td><td></td><td></td><td></td><td></td></tr>
</table>

填写建议：

“做对题目数/总题目数”记录该知识点自己做题的情况，比如该知识点总题目数 10 题，做对了其中 7 题，记录为 7/10。

“学习日期”记录自己学习该知识点时的日期，建议把下一次进行复习的日期也写上。

备忘录

参考答案及解析

Day 25

1. C［解析］招标分为公开招标和邀请招标两种方式。不适宜公开招标的，经有关部门批准，可以进行邀请招标。招标人采用公开招标方式的，应当发布招标公告。依法必须进行招标的项目，应当通过国家指定的报刊、信息网络或者媒介发布招标公告。招标人采用邀请招标方式的，应当向 3 个以上具备承担招标项目能力、资信良好的特定法人或者其他组织发出投标邀请书（C 项错误）。招标公告或投标邀请书应当载明招标人的名称和地址，招标项目的性质、数量、实施地点和时间，以及获取招标文件的办法等事项。招标人不得以不合理的条件限制或者排斥潜在投标人，不得对潜在投标人实行歧视待遇。

2. D［解析］《招标投标法》规定，依法必须进行招标的项目，自招标文件开始发出之日起至投标人提交投标文件截止之日止，最短不得少于 20 天。

3. C［解析］中标人确定后，招标人应当向中标人发出中标通知书，并同时将中标结果通知所有未中标的投标人。中标通知书对招标人和中标人具有法律效力。中标通知书发出后，招标人改变中标结果或者中标人放弃中标项目的，应当依法承担法律责任。招标人和中标人应当自中标通知书发出之日起 30 日内，按照招标文件和中标人的投标文件订立书面合同（C 项错误）。招标人和中标人不得再订立背离合同实质性内容的其他协议。

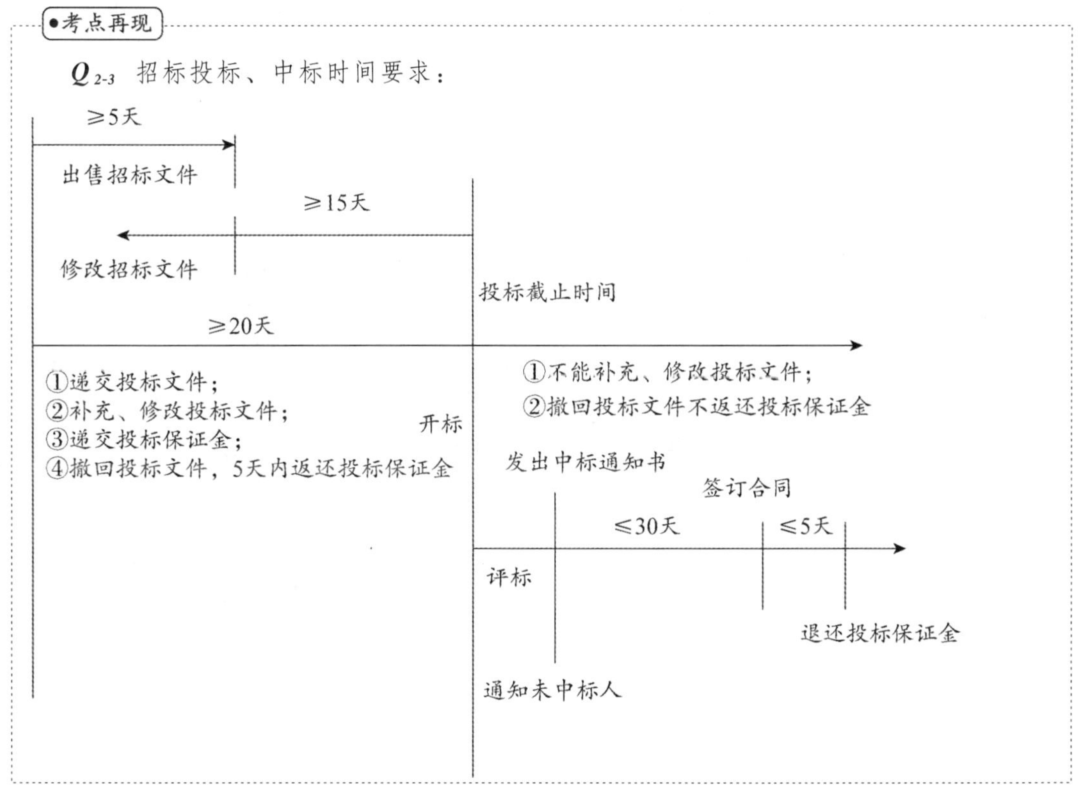

4. B［解析］招标人采用邀请招标方式的，应当向 3 个以上具备承担招标项目能力、资信良好的特定法人或者其他组织发出投标邀请书。

5. B［**解析**］国家有关规定或者招标文件对投标人资格条件有规定的，联合体各方均应当具备规定的相应资格条件。由同一专业的单位组成的联合体，按照资质等级较低的单位确定资质等级，B项正确。

6. B［**解析**］开标应当在招标人的主持下，在招标文件确定的提交投标文件截止时间的同一时间、招标文件中预先确定的地点公开进行（B项错误）。应邀请所有投标人参加开标。开标时，由投标人或者其推选的代表检查投标文件的密封情况，也可以由招标人委托的公证机构检查并公证。经确认无误后，由工作人员当众拆封，宣读投标人名称、投标价格和投标文件的其他主要内容。开标过程应当做记录，并存档备查。

7. B［**解析**］依法必须进行招标的项目，其评标委员会由招标人的代表和有关技术、经济等方面的专家组成，成员人数为5人以上单数。其中，技术、经济等方面的专家不得少于成员总数的2/3。

8. AD［**解析**］《招标投标法》规定，招标分为公开招标和邀请招标两种方式。不适宜公开招标的，经有关部门批准，可以进行邀请招标。A、D两项正确。

Day 26

1. C［**解析**］资格预审应当按照资格预审文件载明的标准和方法进行。国有资金占控股或者主导地位的依法必须进行招标的项目，招标人应当组建资格审查委员会审查资格预审申请文件。资格预审结束后，招标人应当及时向资格预审申请人发出资格预审结果通知书（C项错误）。未通过资格预审的申请人不具有投标资格。通过资格预审的申请人少于3个的，应当重新招标。

2. B［**解析**］有下列情形之一的，属于招标人与投标人串通投标：①招标人在开标前开启投标文件并将有关信息泄露给其他投标人；②招标人直接或者间接向投标人泄露标底、评标委员会成员等信息；③招标人明示或者暗示投标人压低或者抬高投标报价；④招标人授意投标人撤换、修改投标文件；⑤招标人明示或者暗示投标人为特定投标人中标提供方便；⑥招标人与投标人为谋求特定投标人中标而采取的其他串通行为。B项正确。

3. C［**解析**］有下列情形之一的，属于招标人与投标人串通投标：①招标人在开标前开启投标文件并将有关信息泄露给其他投标人；②招标人直接或者间接向投标人泄露标底、评标委员会成员等信息；③招标人明示或者暗示投标人压低或者抬高投标报价；④招标人授意投标人撤换、修改投标文件；⑤招标人明示或者暗示投标人为特定投标人中标提供方便；⑥招标人与投标人为谋求特定投标人中标而采取的其他串通行为。

●考点再现

*Q*2-3 招标人与投标人串通投标情形其实就是为了让某个单位中标而区别对待。

4. BE［**解析**］以现金或者支票形式提交的投标保证金应当从投标人基本账户转出，A项错误。投标保证金有效期与投标有效期一致，C项错误。投标保证金不得超过招标项目估算价的2%，D项错误。

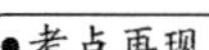

●考点再现

Q_4 投标保证金：

投标保证金不得超过招标项目估算价的 2%。投标保证金有效期应当与投标有效期一致。依法必须进行招标的项目的境内投标单位，以现金或者支票形式提交的投标保证金应当从其基本账户转出。招标人不得挪用投标保证金。如招标人终止招标，应当及时发布公告，或者以书面形式通知被邀请的或者已经获取资格预审文件、招标文件的潜在投标人。如已经发售资格预审文件、招标文件或者已经收取投标保证金，招标人应当及时退还所收取的资格预审文件、招标文件的费用，以及所收取的投标保证金及银行同期存款利息。对技术复杂或者无法精确拟定技术规格的项目，招标人可以分两阶段进行招标。如招标人要求投标人提交投标保证金，应当在第二阶段提出。

5. B［**解析**］投标人撤回已提交的投标文件，应当在投标截止时间前书面通知招标人。招标人已收取投标保证金的，应当自收到投标人书面撤回通知之日起5日内退还。

6. D［**解析**］招标人可以自行决定是否编制标底。一个招标项目只能有一个标底。标底必须保密。接受委托编制标底的中介机构不得参加受托编制标底项目的投标，也不得为该项目的投标人编制投标文件或者提供咨询。D 项错误。

7. C［**解析**］评标委员会成员应当按照招标文件规定的评标标准和方法，客观、公正地对投标文件提出评审意见。如招标项目设有标底，招标人应当在开标时公布。标底只能作为评标的参考，不得以投标报价是否接近标底作为中标条件，也不得以投标报价超过标底上下浮动范围作为否决投标的条件。

8. BDE［**解析**］招标人可以自行决定是否编制标底，A 项错误。一个招标项目只能有一个标底，B 项正确。标底必须保密，C 项错误。如招标人设有最高投标限价，应当在招标文件中明确最高投标限价或者最高投标限价的计算方法，D 项正确。招标人不得规定最低投标限价，E 项正确。

●考点再现

$Q_{6\text{-}8}$ 标底、投标限价及评标：

招标人可以自行决定是否编制标底。一个招标项目只能有一个标底。标底必须保密。招标人不得规定最低投标限价。如招标人设有最高投标限价，应当在招标文件中明确最高投标限价或者最高投标限价的计算方法。

评标委员会成员应当按照招标文件规定的评标标准和方法，客观、公正地对投标文件提出评审意见。如招标项目设有标底，招标人应当在开标时公布。标底只能作为评标的参考，不得以投标报价是否接近标底作为中标条件，也不得以投标报价超过标底上下浮动范围作为否决投标的条件。

9. A［**解析**］有下列情形之一的，评标委员会应当否决其投标：①投标文件未经投标单位盖章和单位负责人签字；②投标联合体没有提交共同投标协议；③投标人不符合国家或者招标文件规定的资格条件；④同一投标人提交两个以上不同的投标文件或者投标报价，但招标文件要求提交备选投标的除外；⑤投标报价低于成本或者高于招标文件设定的最高投标限价；⑥投标文件没有对招标文件的实质性要求和条件作出响应（A 项正确）；⑦投标人有串通投标、弄虚作假、行贿等违法行为。

10. BD［**解析**］依法必须进行招标的项目，其评标委员会由招标人的代表和有关技术、经济等方面的专家组成，成员人数为 5 人以上单数，B、D 两项正确。

11. B［**解析**］国有资金占控股或者主导地位的依法必须进行招标的项目，招标人应当确定排名第一的中标候选人为中标人。B 项正确。

12. BD［**解析**］《招标投标法实施条例》规定，招标人应当在资格预审公告、招标公告或者投标邀请书中载明是否接受联合体投标。招标人接受联合体投标并进行资格预审的，联合体应当在提交资格预审申请文件前组成。资格预审后联合体增减、更换成员的，其投标无效。B 项错误。如联合体各方在同一招标项目中以自己名义单独投标或者参加其他联合体投标，相关投标均无效。D 项错误。

Day 27

1. B［**解析**］工程勘察设计招标文件包括：①招标公告（或投标邀请书）；②投标人须知；③评标办法；④合同条款及格式；⑤发包人要求；⑥投标文件格式；⑦投标人须知前附表规定的其他资料。根据规定对招标文件所作的澄清、修改，也构成招标文件的组成部分。

2. C［**解析**］投标人须知前附表规定组织踏勘现场的，招标人按投标人须知前附表规定的时间、地点组织投标人踏勘项目现场，C 项错误。

3. C［**解析**］招标公告的主要内容包括：①招标条件；②项目概况与招标范围（说明本次招标项目的建设地点、规模、勘察服务期限、招标范围等）；③投标人资格要求；④招标文件获取；⑤投标文件递交；⑥招标公告发布媒介；⑦招标人及招标代理机构联系方式。对于工程设计招标，还需包括技术成果经济补偿。因此，C 项不属于工程勘察设计招标公告的内容。

4. A［**解析**］投标人应具备与招标项目相适应的资质条件。由同一专业的单位组成联合体投标的，按照资质等级较低的单位确定资质等级。A 项错误。

5. C［**解析**］修改招标文件的时间距规定的投标截止时间不足 15 日，且修改内容可能影响投标文件编制的，应相应延长投标截止时间。C 项正确。

6. B［**解析**］投标人或者其他利害关系人对招标文件有异议的，应当在投标截止时间 10 日前提出。B 项正确。

7. ABDE［**解析**］勘察纲要包括：①勘察工程概况；②勘察范围、勘察内容；③勘察依据、勘察工作目标；④勘察机构设置（框图）、岗位职责；⑤勘察说明和勘察方案；⑥拟投入的勘察人员、勘察设备；⑦勘察质量、进度、保密等保证措施；⑧勘察安全保证措施；⑨勘察工作重点、难点分析；⑩对本工程勘察的合理化建议。

8. D［**解析**］投标文件应当对招标文件有关勘察/设计服务期限、投标有效期、发包人要求、招标范围等实质性内容作出响应，A 项正确。投标文件应按《标准勘察招标文件》或《标准设计招标文件》中规定的“投标文件格式”进行编写，如有必要，可以增加附页，作为投标文件的组成部分，B、C 两项正确。其中，投标函附录在满足招标文件实质性要求的基础上，可以提出比招标文件要求更有利于招标人的承诺，D 项错误。

9. C［解析］逾期送达或上传的投标文件，招标人或电子招标投标交易平台将予以拒收，C项错误。

10. B［解析］投标人撤回投标文件的，招标人自收到投标人书面撤回通知之日起5日内退还已收取的投标保证金，B项正确。

Day 28

1. D［解析］评标委员会可以要求投标人提交"投标人须知"规定的有关证明和证件的原件，以便核验。依据评标办法前附表规定的评审标准对投标文件进行初步评审，包括形式评审、资格评审和响应性评审。有一项不符合评审标准的，评标委员会应当否决其投标。

2. ABCE［解析］工程勘察设计开标的初步评审阶段，投标人有以下情形之一的，评标委员会应当否决其投标：①投标文件没有对招标文件的实质性要求和条件作出响应，或者对招标文件的偏差超出招标文件规定的偏差范围或最高项数，A、B两项正确；②有串通投标、弄虚作假、行贿等违法行为，E项正确。投标报价有算术错误及其他错误的，评标委员会按以下原则要求投标人对投标报价进行修正，并要求投标人书面澄清确认：①投标文件中的大写金额与小写金额不一致的，以大写金额为准；②总价金额与单价金额不一致的，以单价金额为准，但单价金额小数点有明显错误的除外。投标人拒不澄清确认的，评标委员会应当否决其投标。C项正确。

3. D［解析］综合评分和投标报价都相等的，以勘察纲要或设计方案得分高的优先。

4. B［解析］公开招标的优点是招标人可在较广范围内选择承包商，投标竞争激烈，择优率更高，有利于招标人将工程项目交予可靠承包商实施，并获得有竞争性的商业报价，同时也可在较大程度上避免招标过程中的贿标行为。

5. D［解析］邀请招标的优点：不发布招标公告，不进行资格预审，简化了招标程序，因而可节约招标费用、缩短招标时间。而且由于招标人比较了解投标人以往的业绩和履约能力，从而可减少合同履行过程中承包商违约的风险。对于采购标的较小的工程项目，采用邀请招标方式比较有利。

●考点再现

Q $_{4\text{-}5}$ 公开招标与邀请招标的优缺点：

（1）公开招标。

①优点。

招标人可在较广范围内选择承包商，投标竞争激烈，择优率更高，有利于招标人将工程项目交予可靠承包商实施，并获得有竞争性的商业报价，同时也可在较大程度上避免招标过程中的贿标行为。

②缺点。

准备招标、对投标申请者进行资格预审和评标工作量大，招标时间长、费用高。同时，参加竞争的投标者越多，中标机会就越小；投标风险越大，损失的费用也就越多，而这种费用的损失必然会反映在标价中，最终会由招标人承担。

（2）邀请招标。

①优点。

不发布招标公告，不进行资格预审，简化了招标程序，因而可节约招标费用、缩短招标时间。而且由于招标人比较了解投标人以往的业绩和履约能力，从而可减少合同履行过程中承包商违约的风险。对于采购标的较小的工程项目，采用邀请招标方式比较有利。

②缺点。

由于投标竞争的激烈程度较差，有可能会提高中标合同价，也有可能排除某些在技术上或报价上有竞争力的承包商参与投标。

6. BD［**解析**］公开招标与邀请招标在程序上的主要差异包括：①使施工承包商获得招标信息的方式不同；②对投标人资格审查的方式不同。B、D 两项正确。

7. C［**解析**］邀请招标也称有限竞争性招标，是指招标人以投标邀请书形式邀请预先确定的若干家施工承包商投标竞争，然后从中确定中标者并与之签订施工合同的过程。C 项正确。

8. C［**解析**］邀请招标由于投标竞争的激烈程度较差，有可能会提高中标合同价，也有可能排除某些在技术上或报价上有竞争力的承包商参与投标。C 项错误。

Day 29

1. A［**解析**］通常情况下，一项工程由一家施工单位总承包易于管理，同时便于劳动力、材料、设备调配，因而可得到交底造价。但对于大型复杂工程，对承包单位的施工能力、施工经验、施工设备等有较高要求。在这种情况下，如果不划分标段，就可能使有资格参加投标的承包单位大大减少。竞争对手减少，必然会导致工程报价上涨，反而得不到较为合理的报价。A 项正确。

2. B［**解析**］工程设计深度是选择合同类型的重要因素。如果施工图设计已完成，工程量清单详细而明确，则可选择总价合同；如果实际工程量与预计工程量可能有较大出入，应优先选择单价合同；如果只完成工程初步设计，工程量清单不够明确时，则可选择单价合同或成本加酬金合同。B 项正确。

3. C［**解析**］如果在工程施工中有较大部分采用新技术、新工艺，建设单位和施工承包单位对此缺乏经验又无国家标准时，为了避免投标单位盲目提高承包价款，或由于对施工难度估计不足而导致承包亏损，不宜采用固定总价合同，而应选用成本加酬金合同。C 项正确。

4. A［**解析**］工程设计深度是选择合同类型的重要因素。如果施工图设计已完成，工程量清单详细而明确，则可选择总价合同。A 项符合题意。

●考点再现

Q$_{2\text{-}4}$ 合同类型选择：

（1）工程复杂程度。

建设规模大且技术复杂的工程，承包风险较大，各项费用不易准确估算，因而不宜采用固定总价合同。

（2）工程设计深度。

①如果施工图设计已完成，工程量清单详细而明确，则可选择总价合同。

②如果实际工程量与预计工程量可能有较大出入，应优先选择单价合同；如果只完成工程初步设计，工程量清单不够明确时，则可选择单价合同或成本加酬金合同。

(3) 施工技术先进程度。

如果在工程施工中有较大部分采用新技术、新工艺，建设单位和施工承包单位对此缺乏经验，又无国家标准时，为了避免投标单位盲目提高承包价款，或由于对施工难度估计不足而导致承包亏损，不宜采用固定总价合同，而应选用成本加酬金合同。

(4) 施工工期紧迫程度。

对于一些紧急工程（如灾后恢复工程等），要求尽快开工且工期较紧时，可能仅有实施方案，还没有施工图纸，施工承包单位不可能报出合理的价格，选择成本加酬金合同较为合适。

5. C［**解析**］不平衡报价法是指在不影响工程总报价的前提下，通过调整内部各个项目的报价，以达到既不提高总报价、不影响中标，又能在结算时得到更理想的经济效益的报价方法。C 项正确。

6. BCD［**解析**］能够早日结算的项目（如前期措施费、基础工程、土石方工程等）可以适当提高报价，以利资金周转，提高资金时间价值。后期工程项目（如设备安装、装饰工程等）的报价可适当降低。设计图纸不明确、估计修改后工程量要增加的，可以提高单价；而工程内容说明不清楚的，则可降低单价，在工程实施阶段通过索赔再寻求提高单价的机会。

7. ACD［**解析**］投标单位遇下列情形时，其报价可低一些：施工条件好的工程；工作简单、工程量大而其他投标人都可以做的工程（如大量土方工程、一般房屋建筑工程等）；投标单位急于打入某一市场、某一地区，或虽已在某一地区经营多年，但即将面临没有工程的情况，机械设备无工地转移时；附近有工程而本项目可利用该工程的设备、劳务或有条件短期内突击完成的工程；投标对手多、竞争激烈的工程；非急需工程；支付条件好的工程。

8. ACD［**解析**］保本报价法通常在下列情形时采用：①有可能在中标后，将大部分工程分包给索价较低的一些分包商；②对于分期建设的工程项目，先以低价获得首期工程，而后赢得机会创造第二期工程中的竞争优势，并在以后的工程实施中获得盈利；③较长时期内，投标单位没有在建工程项目，如果再不中标，就难以维持生存。因此，虽然本工程无利可图，但只要能有一定的管理费维持公司的日常运转，就可设法渡过暂时困难，以图将来东山再起。

9. C［**解析**］投标文件对招标文件的响应性审查包括：①投标内容是否与投标人须知中的工程或标段一致，不允许只投招标范围内的部分专业工程或单位工程的施工；②投标工期应满足投标人须知中的要求，承诺的工期可比招标工期短，但不得超过要求的时间；③工程质量的承诺和质量管理体系应满足要求；④提交的投标保证金形式和金额是否符合投标须知的规定；⑤投标人是否完全接受招标文件中的合同条款，如果有修改建议的话，不得对双方的权利、义务有实质性背离且是否为招标单位所接受；⑥核查已标价的工程量清单；⑦投标文件是否对招标文件中的技术标准和要求提出不同意见。因此，C 项不属于响应性审查的内容。

10. B［**解析**］综合评估法适用于较复杂工程项目的评标，由于工程投资额大、工期长、技术复杂、涉及专业面广，施工过程中存在较多的不确定因素，因此，对投标文件评审比较的主导思想是选择价格功能比最好的投标单位，而不过分偏重于投标价格的高低。

11. BCDE［**解析**］施工组织设计和项目管理机构设置的合理性审查包括：①施工组织的合理性；②施工进度计划的合理性；③项目组织机构的合理性；④拟投入施工的机械和设备。

12. ACD［**解析**］下列情况属于投标重大偏差：①没有按照招标文件要求提供投标担保或者所提供的投标担保有瑕疵；②投标文件没有投标单位授权代表签字和加盖公章；③投标文件载明的招标项目完成期限超过招标文件规定的期限；④明显不符合技术规格、技术标准的要求；⑤投标文件载明的货物包装方式、检验标准和方法等不符合招标文件的要求；⑥投标文件附有招标单位不能接受的条件；⑦不符合招标文件中规定的其他实质性要求。投标文件有上述情形之一的，未能对招标文件作出实质性响应，除招标文件对重大偏差另有规定外，应作废标处理。

13. ABDE［**解析**］经评审的最低投标价法一般适用于采用通用技术施工，项目的性能标准为规范中的一般水平，或者招标单位对施工没有特殊要求的招标项目。A 项正确，C 项错误。采用此法时，评标委员会按照经评审的投标价由低到高的顺序推荐中标候选人，或根据招标单位授权直接确定中标单位。B 项正确。采用综合评估法时，评标委员会按规定的评分标准进行打分，并按得分由高到低顺序推荐中标候选人，或根据招标单位授权直接确定中标单位。D 项正确。综合评估法适用于较复杂工程项目的评标，由于工程投资额大、工期长、技术复杂、涉及专业面广，施工过程中存在较多的不确定因素，因此，对投标文件评审比较的主导思想是选择价格功能比最好的投标单位，而不过分偏重于投标价格的高低。E 项正确。

第 7 章　建设工程合同管理

学习指导

本章涉及建设工程合同管理的相关内容。需要深入理解建设工程勘察合同、设计合同、工程施工总承包合同的订立和履行的相关内容；在掌握工程施工合同的订立和履行内容的同时，学会如何处理施工索赔，理解施工合同纠纷的审理的相关要求；初步了解国际工程常用合同文本。

建议大家在学习本章内容时，重点记忆发包人、承包人、设计人、勘察人的主要义务；灵活掌握各类合同对时限的要求、所列索赔及违约情况。FIDIC 合同中各方主体的相关知识点也多以教材原文内容进行考查。

日期	考点
Day 30	➤工程勘察合同管理
Day 31	➤工程设计合同管理 ➤工程施工合同订立
Day 32	➤工程施工合同履行管理
Day 33	➤工程施工合同纠纷审理相关规定 ➤设计施工总承包合同订立
Day 34	➤设计施工总承包合同履行管理 ➤ FIDIC 施工合同条件 ➤英国 NEC 和美国 AIA 合同文本

Day 30

✔ 考点：工程勘察合同管理

1. ［单选］发包人应在收到定金或预付款支付申请后（　　）天内，将定金或预付款支付给勘察人。

A. 7　　B. 14　　C. 15　　D. 28

2. ［多选］下列工程勘察合同履行中有关发包人义务的说法，正确的有（　　）。

A. 符合专用合同条款约定的开始勘察条件的，发包人应提前 28 天向勘察人发出开始勘察通知

B. 勘察服务期限自开始勘察通知中载明的开始勘察日期起计算

C. 勘察人接收勘察文件之后，可以自行或者组织专家会进行审查

D. 发包人对于勘察文件的审查期限，自文件接收之日起不应超过 14 天

E. 发包人应当组织勘察技术交底会，由勘察人只向发包人进行勘察交底

3. ［单选］当发包人无正当理由拒收勘察人提交的勘察文件时，下列说法正确的是（　　）。

A. 视为发包人已接收勘察文件

B. 视为发包人未接收勘察文件

C. 视为勘察人需重新编写勘察文件

D. 视为勘察文件不合格

4. ［单选］工程勘察合同履行过程中，更换主要勘察人员的，应取得（　　）的同意。

A. 承包人　　B. 发包人

C. 监理人　　D. 勘察负责人

5. ［多选］下列发生在工程勘察合同履行中的情况，属于勘察人违约的有（　　）。

A. 发包人未按合同约定支付勘察费用

B. 勘察文件不符合法律及合同约定

C. 勘察人未经发包人同意擅自分包勘察任务

D. 勘察人无法履行合同

E. 勘察人未按合同计划完成勘察，从而造成工程损失

6. ［单选］当发包人发生违约情况时，勘察人可以向发包人发出（　　）。

A. 解除合同通知　　B. 暂停勘察通知

C. 周期延误通知　　D. 费用增加通知

7. ［单选］下列关于工程勘察合同违约责任的说法，错误的是（　　）。

A. 发包人发生违约情况时，发包人应当承担由于违约所造成的勘察人损失

B. 发包人逾期仍不纠正的，勘察人无权解除合同

C. 勘察人逾期仍不纠正，发包人有权解除合同并向勘察人发出解除合同通知

D. 勘察人发生违约情况时，发包人可向勘察人发出整改通知

8. ［单选］履行工程勘察合同时，勘察服务期限自（　　）起计算。

A. 实际勘察日期

B. 提交勘察设计文件

C. 开始勘察通知中载明的开始勘察日期

D. 发包人接收勘察文件

9. ［单选］除专用合同条款另有约定外，主要勘察人员包括（　　）。

A. 机长　　B. 勘探描述（记录）员

C. 观测员　　D. 试验负责人

学习笔记

Day 31

扫码听课

考点：工程设计合同管理

1. ［单选］除专用合同条款另有约定外，发包人对于设计文件的审查期限，自文件接收之日起不应超过（　　）天。

A. 30　　B. 15

C. 14　　D. 7

2. ［单选］发包人应在收到定金或预付款支付申请后（　　）天内，将定金或预付款支付给设计人。

A. 30　　B. 15

C. 7　　D. 28

3. ［单选］在履行属于工程设计合同中，符合专用合同条款约定的开始设计条件的，发包人应提前（　　）天向设计人发出开始设计通知。

A. 7　　B. 14

C. 28　　D. 30

4. ［多选］下列单位中，参与设计技术交底会的有（　　）。

A. 发包人　　B. 设计人

C. 施工承包人　　D. 监理人

E. 勘察人

考点：工程施工合同订立

5. ［单选］工程施工合同附件格式中，若履约担保采用保函形式，担保期限自发包人和承包人签订合同之日起，至（　　）止。

A. 发包人签发的进度款支付证书说明已完全扣清预付款

B. 竣工验收之日

C. 签发工程移交证书日

D. 提交竣工验收报告之日

6. ［单选］关于履约保函担保期限的说法，正确的是（　　）。

A. 自发包人与承包人签订合同之日起，至签发工程移交证书之日止

B. 自发包人与承包人签订合同之日起，至工程竣工验收合格之日止

C. 自提交履约保函之日起，至签发工程移交证书之日止

D. 自提交履约保函之日起，至工程竣工验收合格之日止

7. ［单选］下列关于履约保函的说法，错误的是（　　）。

A. 履约保函中的担保期限是指自发包人与承包人签订合同之日起，至竣工验收为止

B. 履约保函中采用无条件担保方式

C. 发包人可凭保函要求担保人予以赔偿，不需承包人确认

D. 在本担保有效期内，因承包人违反合同约定的义务给你方造成经济损失时，担保人方在收到发包人方以书面形式提出的在担保金额以内的赔偿要求后，在 7 天内无条件支付

8. ［单选］预付款担保保函的担保期限自（　　）起生效，至发包人签发的进度付款证书说明已完全扣清预付款日止。

A. 签发工程移交证书日　　B. 预付款支付给承包人

C. 竣工验收之日　　D. 提交竣工验收报告之日

9. ［单选］下列关于预付款保函的说法，错误的是（　　）。

A. 预付款担保采用银行保函形式，同样也是采用无条件担保形式

B. 担保期限为自发包人与承包人签订合同之日起，至签发工程移交证书日止

C. 按照担保金额与剩余预付款的金额相等原则

D. 预付款保函的担保金额，在任何时候不应超过预付款金额减去发包人按合同约定在向承包人签发的进度付款证书中扣除的金额

10. ［单选］发包人和承包人双方根据工程具体情况对通用合同条款的补充、细化的合同条款，属于《标准施工招标文件》（2007 年版）中的（　　）。

A. 合同文件　　B. 附件

C. 通用合同条款　　D. 专用合同条款

学习笔记

Day 32

✓ 考点：工程施工合同履行管理

1. [单选] 承包人施工准备工作满足开工条件后，应向（　　）提交工程开工报审表申请开工。

A. 设计单位　　B. 勘察单位

C. 监理人　　D. 施工单位

2. [单选] 工程施工准备阶段，（　　）负责修建、维修施工所需的临时道路。

A. 勘察单位　　B. 承包单位

C. 设计单位　　D. 施工单位

3. [单选] 对于发包人提供的材料和工程设备，承包人应根据合同进度计划的安排，向监理人报送要求发包人交货的日期计划，并应在约定时间内（　　）共同进行验收。

A. 会同监理人在交货地点

B. 会同监理人在施工现场

C. 会同发包人代表、监理人在交货地点

D. 会同发包人代表、监理人在施工现场

4. [单选] 关于发包人提供材料和工程设备的说法，错误的是（　　）。

A. 承包人应根据合同进度计划的安排，向监理人报送要求发包人交货的日期计划

B. 发包人应按照监理人与合同双方当事人商定的交货日期，向承包人提交材料和工程设备

C. 发包人提供的材料和工程设备验收后，由监理人和承包人共同负责接收

D. 发包人应在材料和工程设备到货 7 天前通知承包人

5. [单选]（　　）应负责赔偿工程或工程的任何部分对土地的占用所造成的第三者人身伤亡和财产损失。

A. 监理人　　B. 发包人

C. 施工单位　　D. 建设单位

6. [单选] 由于承包人原因在施工场地内及其毗邻地带造成的第三者人员伤亡和财产损失，由（　　）负责赔偿。

A. 监理人　　B. 承包人

C. 施工单位　　D. 建设单位

7. [单选] 由发包人原因引起的暂停施工的责任，承包人有权要求发包人（　　）。

A. 延长工期

B. 延长工期和（或）增加费用，并支付合理利润

C. 增加费用

D. 延长工期和增加费用，不支付合理利润

8. [单选]（　　）是指发包人在工程量清单中给定的用于支付必然发生但暂时不能确定价格的材料、工程设备的单价及专业工程的金额。

A. 暂列金额　　B. 风险费

C. 暂估价　　　　D. 其他费

9. ［单选］已标价工程量清单中有适用于变更工作的子目，采用（　　）变更费用。
A. 成本加利润
B. 该子目的单价计算
C. 成本
D. 利润

10. ［单选］某工程施工过程中，承包人未通知监理人检查，私自对某隐蔽部位进行了覆盖，监理人指示承包人揭开检查，经检查该隐蔽部位质量符合合同要求。由此增加的费用和（或）工期延误应由（　　）承担。
A. 发包人　　　　B. 监理人
C. 承包人　　　　D. 分包人

11. ［单选］根据相关规定，在监理人对承包人提交的竣工验收申请报告审查后认为已具备竣工验收条件的，应在收到竣工验收申请报告后的（　　）天内提请发包人进行工程验收。
A. 14　　　　B. 28
C. 42　　　　D. 56

12. ［多选］下列关于承包人索赔的说法，错误的有（　　）。
A. 承包人应在发出索赔意向通知书后 28 天内，向监理人递交正式索赔通知书
B. 承包人应在知道或应当知道索赔事件发生后 28 天内，向监理人递交索赔意向通知书
C. 监理人应在收到索赔通知书的进一步证明材料后的 28 天内，将索赔处理结果答复承包人
D. 承包人接受索赔处理结果，发包人应在做出索赔处理结果答复后 28 天内完成赔付
E. 承包人接受索赔处理结果，发包人应在做出索赔处理结果答复后 56 天内完成赔付

13. ［多选］按照《标准施工招标文件》中的合同条款，承包人向发包人既可索赔工期又可索赔费用的有（　　）。
A. 监理人的指示延误或指示错误
B. 发包人提供的材料和工程设备不符合合同要求
C. 发包人提供的材料和工程设备提前交货
D. 发包人提前占用工程导致承包人费用增加
E. 不可抗力不能按期竣工

学习笔记

Day 33

✔ **考点**：工程施工合同纠纷审理相关规定

1. [单选] 未经竣工验收发包人擅自使用工程的，其竣工日期应自（　　）之日起算。

A. 补充进行竣工验收

B. 承包人交付

C. 承包人提交竣工报告

D. 转移占有

2. [单选] 根据《最高人民法院关于审理建设工程施工合同纠纷案件适用法律问题的解释（一）》（法释〔2020〕25号），关于工程价款利息计付的说法，正确的是（　　）。

A. 当事人对欠付工程价款利息计付标准有约定的，按照约定处理

B. 当事人对欠付工程价款利息计付标准没有约定的，不予支持

C. 当事人对垫资和垫资利息有约定的，按照约定处理

D. 当事人对垫资利息没有约定的，按中国人民银行发布的同期同类贷款利率支付

3. [单选] 下列关于建设工程实际竣工日期有争议的情形，处理正确的是（　　）。

A. 建设工程经竣工验收合格的，以承包人提交验收报告之日为竣工日期

B. 承包人已经提交竣工验收报告，发包人拖延验收的，以承包人提交验收报告之日为竣工日期

C. 建设工程未经竣工验收，发包人擅自使用的，以竣工验收合格之日为竣工日期

D. 建设工程未经竣工验收，发包人擅自使用的，以承包人提交验收报告之日为竣工日期

4. [单选] 当事人对建设工程开工日期有争议的，人民法院予以认定的情形中表述错误的是（　　）。

A. 开工日期为发包人或者监理人发出的开工通知载明的开工日期

B. 开工通知发出后，尚不具备开工条件的，以开工条件具备的时间为开工日期

C. 因承包人原因导致开工时间推迟的，以实际进场开工时间为开工日期

D. 承包人经发包人同意已经实际进场施工的，以实际进场施工时间为开工日期

5. [单选] 因承包人原因导致开工时间推迟的，以（　　）为开工日期。

A. 实际进场施工时间

B. 开工通知载明的时间

C. 协商确定的时间

D. 开工条件具备的时间

✔ **考点**：设计施工总承包合同订立

6. [单选] 设计施工总承包合同中，专用合同条款不是对通用条款进行（　　）的条款。

A. 细化　　　　B. 补充

C. 修改　　　　D. 推翻

7. [单选] 设计施工总承包合同中，有关合同文件解释顺序说法正确的是（　　）。

A. 合同文件解释顺序第一位是承包人建议

B. 合同文件解释顺序第一位是发包人要求

C. 合同文件解释顺序第一位是投标函及投标函附录

D. 如有不明确或不一致之处，以合同约定次序在先者为准

学习笔记

Day 34

考点：设计施工总承包合同履行管理

1. [单选] 设计施工总承包合同文件包括：①承包人建议；②专用合同条款；③价格清单。正确的解释顺序是（　　）。

   A. ①③②　　B. ②③①

   C. ③②①　　D. ①②③

2. [多选] 设计施工总承包合同履行管理中，承包人一般义务包括（　　）。

   A. 工程的维护和照管　　B. 保证工程施工和人员的安全

   C. 提供施工场地　　D. 支付合同价款

   E. 完成各项承包工作

3. [单选] 设计施工总承包合同履行管理中，发包人一般义务包括（　　）。

   A. 完成各项承包工作

   B. 办理证件和批件

   C. 避免施工对公众与他人的利益造成损害

   D. 保证工程施工和人员的安全

4. [多选] 下列属于承包人违约情形的有（　　）。

   A. 监理人无正当理由没有在约定期限内发出复工指示

   B. 承包人违反合同约定，私自将合同的全部或部分权利转让给其他人

   C. 承包人未经监理人批准，私自将已按合同约定进入施工场地的施工设备、临时设施或材料撤离施工场地

   D. 承包人违反合同约定使用不合格材料或工程设备，工程质量达不到标准要求，又拒绝清除不合格工程

   E. 由于承包人原因未能通过竣工试验或竣工后试验的

考点：FIDIC 施工合同条件

5. [单选] FIDIC《施工合同条件》基于以（　　）为核心的管理模式。

   A. 建设单位　　B. （咨询）工程师

   C. 指定承包商　　D. 分包商

6. [单选] 在 FIDIC《施工合同条件》中，关于指定分包商说法正确的是（　　）。

   A. 指定分包商是由业主指定并签订分包合同

   B. 指定分包商不能承担部分工程的施工任务

   C. 指定分包商可以承担部分工程的施工任务

   D. 业主负责对指定分包商的监管

7. [多选] 在 FIDIC《施工合同条件》中，（咨询）工程师的权利有（　　）。

   A. 有权修改施工进度计划　　B. 确定变更工程的估价

   C. 发布开工令　　D. 批准分包工程

   E. 签发工程接受证书和缺陷责任证书

考点：英国 NEC 和美国 AIA 合同文本

8. ［单选］英国 NEC 工程施工合同文本主要选项条款中，选项 D 对应（　　）。

A. 带有工程量清单的目标合同

B. 成本补偿合同

C. 管理合同

D. 带有分项工程表的目标合同

9. ［单选］美国 AIA 系列合同文件中，（　　）属于财务管理表格。

A. G 系列　　B. D 系列

C. E 系列　　D. F 系列

学习笔记

本章学习检查表

知识点名称	初次学习		第一次复习		第二次复习	
	做对题目数/总题目数	学习日期	做对题目数/总题目数	复习日期	做对题目数/总题目数	复习日期
工程勘察合同管理						
工程设计合同管理						
工程施工合同订立						
工程施工合同履行管理						
工程施工合同纠纷审理相关规定						
设计施工总承包合同订立						
设计施工总承包合同履行管理						
FIDIC 施工合同条件						
英国 NEC 和美国 AIA 合同文本						

填写建议：

“做对题目数/总题目数”记录该知识点自己做题的情况，比如该知识点总题目数 10 题，做对了其中 7 题，记录为 7/10。

“学习日期”记录自己学习该知识点时的日期，建议把下一次进行复习的日期也写上。

备忘录

参考答案及解析

Day 30

1. D［**解析**］发包人应在收到定金或预付款支付申请后 28 天内，将定金或预付款支付给勘察人。

2. BD［**解析**］符合专用合同条款约定的开始勘察条件的，发包人应提前 7 天向勘察人发出开始勘察通知。勘察服务期限自开始勘察通知中载明的开始勘察日期起计算。A 项错误，B 项正确。发包人接收勘察文件之后，可以自行或者组织专家会进行审查。C 项错误。除专用合同条款另有约定外，发包人对于勘察文件的审查期限，自文件接收之日起不应超过 14 天，D 项正确。发包人应当组织勘察技术交底会，由勘察人向发包人、监理人和施工承包人等进行勘察交底，对工程勘察意图、勘察文件和施工要求等进行系统的说明和解释，E 项错误。

3. A［**解析**］发包人应当及时接收勘察人提交的勘察文件。如无正当理由拒收的，视为发包人已接收勘察文件。发包人接收勘察文件时，应向勘察人出具文件签收凭证，凭证内容包括文件名称、文件内容、文件形式、份数、提交和接收日期、提交人与接收人的亲笔签名等。

●考点再现

$Q_{1\text{-}3}$ 工程勘察合同履行中发包人的主要义务：

（1）除专用合同条款另有约定外，发包人应在合同签订后 14 天内，将发包人代表的姓名、职务、联系方式、授权范围和授权期限书面通知勘察人。

（2）除专用合同条款另有约定外，发包人应在开始勘察前 7 日内，向勘察人提供测量基准点、水准点和书面资料等。

（3）发包人应在收到定金或预付款支付申请后 28 天内，将定金或预付款支付给勘察人。

（4）符合专用合同条款约定的开始勘察条件的，发包人应提前 7 天向勘察人发出开始勘察通知。勘察服务期限自开始勘察通知中载明的开始勘察日期起计算。

（5）发包人应按合同约定向勘察人发出指示。发包人的指示应盖有发包人单位章，并有发包人代表签字确认。在紧急情况下，发包人代表或其授权人员可以当场签发临时书面指示。发包人代表应在临时书面指示发出后 24 小时内发出书面确认函，逾期未发出书面确认函的，该临时书面指示应被视为发包人的正式指示。

（6）发包人应在专用合同条款约定的时间内，对勘察人书面提出的事项作出书面答复；逾期没有作出答复的，视为已获得发包人批准。

（7）发包人应当及时接收勘察人提交的勘察文件；如无正当理由拒收的，视为发包人已接收勘察文件。

（8）发包人接收勘察文件之后，可以自行或者组织专家会进行审查。审查标准应当符合法律、规范标准、合同约定和发包人要求等；审查的具体范围、明细内容和费用分担，应在专用合同条款中约定。

(9) 除专用合同条款另有约定外，发包人对于勘察文件的审查期限，自文件接收之日起不应超过 14 天。发包人逾期未作出审查结论且未提出异议的，视为勘察人的勘察文件已通过发包人审查。

(10) 发包人应在收到中期支付或费用结算申请后的 28 天内，将应付款项支付给勘察人。发包人未能在前述时间内完成审批或不予答复的，视为发包人同意中期支付或费用结算申请。发包人不按期支付的，按专用合同条款的约定支付逾期付款违约金。

(11) 发包人应当组织勘察技术交底会，由勘察人向发包人、监理人和施工承包人等进行勘察交底，对工程勘察意图、勘察文件和施工要求等进行系统的说明和解释。

4. B［**解析**］勘察人应在接到开始勘察通知之日起 7 天内，向发包人提交勘察项目机构以及人员安排的报告，其内容应包括项目机构设置、主要勘察人员和作业人员的名单及资格条件。主要勘察人员应相对稳定，更换主要勘察人员的，应取得发包人的同意，并向发包人提交继任人员的资格、管理经验等资料。

5. BCDE［**解析**］在工程勘察合同履行中发生下列情况之一的，属勘察人违约：①勘察文件不符合法律及合同约定；②勘察人转包、违法分包或者未经发包人同意擅自分包勘察任务；③勘察人未按合同计划完成勘察，从而造成工程损失；④勘察人无法履行或停止履行合同；⑤勘察人不履行合同约定的其他义务。A 项属于发包人违约的情况。

6. B［**解析**］发包人发生违约情况时，勘察人可向发包人发出暂停勘察通知，要求其在限定期限内纠正；逾期仍不纠正的，勘察人有权解除合同并向发包人发出解除合同通知。发包人应当承担由于违约所造成的费用增加、周期延误和勘察人损失等。

7. B［**解析**］发包人发生违约情况时，勘察人可向发包人发出暂停勘察通知，要求其在限定期限内纠正；逾期仍不纠正的，勘察人有权解除合同并向发包人发出解除合同通知。发包人应当承担由于违约所造成的费用增加、周期延误和勘察人损失等。勘察人发生违约情况时，发包人可向勘察人发出整改通知，要求其在限定期限内纠正；逾期仍不纠正的，发包人有权解除合同并向勘察人发出解除合同通知。勘察人应当承担由于违约所造成的费用增加、周期延误和发包人损失等。

●考点再现

$Q_{6\text{-}7}$ 工程勘察合同违约责任处理：

(1) 发包人发生违约情况时，勘察人可向发包人发出暂停勘察通知，要求其在限定期限内纠正；逾期仍不纠正的，勘察人有权解除合同并向发包人发出解除合同通知。发包人应当承担由于违约所造成的费用增加、周期延误和勘察人损失等。

(2) 勘察人发生违约情况时，发包人可向勘察人发出整改通知，要求其在限定期限内纠正；逾期仍不纠正的，发包人有权解除合同并向勘察人发出解除合同通知。勘察人应当承担由于违约所造成的费用增加、周期延误和发包人损失等。

8. C［**解析**］符合专用合同条款约定的开始勘察条件的，发包人应提前 7 天向勘察人发出开始勘察通知。勘察服务期限自开始勘察通知中载明的开始勘察日期起计算。

9. D［**解析**］除专用合同条款另有约定外，主要勘察人员包括项目负责人、勘探负责人、试验负责人等；作业人员包括勘探描述（记录）员、机长、观测员、试验员等。A、B、C

三项属于勘察作业人员。

Day 31

1. C［**解析**］除专用合同条款另有约定外，发包人对于设计文件的审查期限，自文件接收之日起不应超过 14 天。发包人逾期未作出审查结论且未提出异议的，视为设计人的设计文件已通过发包人审查。

2. D［**解析**］发包人应在收到定金或预付款支付申请后 28 天内，将定金或预付款支付给设计人。

3. A［**解析**］符合专用合同条款约定的开始设计条件的，发包人应提前 7 天向设计人发出开始设计通知。设计服务期限自开始设计通知中载明的开始设计日期起计算。

4. ABCD［**解析**］发包人应当组织设计技术交底会，由设计人向发包人、监理人和施工承包人等进行设计交底，对工程设计意图、设计文件和施工要求等进行系统说明和解释。

5. C［**解析**］工程施工合同附件格式中，若履约担保采用保函形式，担保期限是自发包人与承包人签订合同之日起，至签发工程移交证书日止。

6. A［**解析**］合同附件格式包括合同协议书、履约保函和预付款保函格式。履约担保采用保函形式。履约保函的担保期限自发包人与承包人签订合同之日起，至签发工程移交证书日止。

7. A［**解析**］履约保函的担保期限是指，自发包人与承包人签订合同之日起，至签发工程移交证书日止，A 项错误。

8. B［**解析**］预付款担保采用银行保函形式，同样也是采用无条件担保形式。担保期限自预付款支付给承包人起生效，至发包人签发的进度款支付证书说明已完全扣清预付款止。

9. B［**解析**］预付款保函的担保期限自预付款支付给承包人起生效，至发包人签发的进度款支付证书说明已完全扣清预付款止。B 项错误。

10. D［**解析**］专用合同条款是发包人和承包人双方根据工程具体情况对通用合同条款的补充、细化，除通用合同条款中明确专用合同条款可作出不同约定外，补充和细化的内容不得与通用合同条款规定的内容相抵触。

Day 32

1. C［**解析**］承包人施工准备工作满足开工条件后，应向监理人提交工程开工报审表申请开工。

2. B［**解析**］工程施工准备阶段，承包人应负责修建、维修、养护和管理施工所需的临时道路，以及为开始施工所需的临时工程和必要的设施，满足开工要求。

3. A［**解析**］对于发包人提供的材料和工程设备，承包人应根据合同进度计划的安排，向监理人报送要求发包人交货的日期计划。发包人应按照监理人与合同双方当事人商定的交货日期，向承包人提交材料和工程设备，并在到货 7 天前通知承包人。承包人会同监理人在约定的时间内，在交货地点共同进行验收。A 项正确。

4. C［**解析**］对于发包人提供的材料和工程设备，承包人应根据合同进度计划的安排，向监理人报送要求发包人交货的日期计划。发包人应按照监理人与合同双方当事人商定的交货日期，向承包人提交材料和工程设备，并在到货 7 天前通知承包人。承包人会同监理人在

约定的时间内，在交货地点共同进行验收。发包人提供的材料和工程设备验收后，由承包人负责接收、保管和施工现场内的二次搬运所发生的费用。C 项错误。

5. B［**解析**］发包人应负责赔偿工程或工程的任何部分对土地的占用所造成的第三者财产损失，以及由于发包人原因在施工场地及其毗邻地带造成的第三者人身伤亡和财产损失。

6. B［**解析**］承包人对其履行合同所雇佣的全部人员，包括分包人人员的工伤事故承担责任，但由于发包人原因造成承包人人员的工伤事故，应由发包人承担责任。由于承包人原因在施工场地内及其毗邻地带造成的第三者人员伤亡和财产损失，由承包人负责赔偿。

●考点再现

$Q_{5\text{-}6}$ 施工安全管理如下：

（1）承包人对其履行合同所雇佣的全部人员，包括分包人人员的工伤事故承担责任，但由于发包人原因造成承包人人员的工伤事故，应由发包人承担责任。由于承包人原因在施工场地内及其毗邻地带造成的第三者人员伤亡和财产损失，由承包人负责赔偿。

（2）发包人应负责赔偿工程或工程的任何部分对土地的占用所造成的第三者财产损失，以及由于发包人原因在施工场地及其毗邻地带造成的第三者人身伤亡和财产损失。

7. B［**解析**］由承包人责任引起的暂停施工，增加的费用和工期由承包人承担；由发包人原因引起的暂停施工的责任，承包人有权要求发包人延长工期和（或）增加费用，并支付合理利润。

8. C［**解析**］签约合同价指签订合同时合同协议书中写明的，包括暂列金额、暂估价的合同总金额，即中标价。暂估价是指发包人在工程量清单中给定的用于支付必然发生但暂时不能确定价格的材料、工程设备的单价及专业工程的金额。

9. B［**解析**］变更估价原则包括：①已标价工程量清单中有适用于变更工作的子目，采用该子目的单价计算变更费用；②已标价工程量清单中无适用于变更工作的子目，但有类似子目，可在合理范围内参照类似子目的单价，由监理人商定或确定变更工作的单价；③已标价工程量清单中无适用或类似子目的单价，可按照成本加利润的原则，由监理人商定或确定变更工作的单价。

10. C［**解析**］承包人未通知监理人到场检查，私自将工程隐蔽部位覆盖的，监理人有权指示承包人钻孔探测或揭开检查，由此增加的费用和（或）工期延误由承包人承担。

11. B［**解析**］监理人对承包人提交的竣工验收申请报告审查后认为已具备竣工验收条件的，应在收到竣工验收申请报告后的 28 天内提请发包人进行工程验收。

12. BCE［**解析**］承包人应在引起索赔事件发生后 28 天内，向监理人递交索赔意向通知书，并说明发生索赔事件的事由，B 项错误。监理人应在收到索赔通知书或有关索赔的进一步证明材料后 42 天内，将索赔处理结果答复承包人，C 项错误。承包人接受索赔处理结果，发包人应在做出索赔处理结果答复后 28 天内完成赔付，D 项正确，E 项错误。

13. ABD［**解析**］《标准施工招标文件》中的合同条款规定了承包人索赔原因及可补偿内容。选项 A，监理人的指示延误或指示错误，承包人可获得工期、费用和利润补偿。选项 B，发包人提供的材料和工程设备不符合合同要求，承包人可获得工期、费用和利润补偿。选项 C，发包人提供的材料和工程设备提前交货，承包人只能获得费用补偿。选项 D，发包人提前占用工程导致承包人费用增加，承包人可获得工期、费用和利润补偿。选项E，因不可抗力不能按期竣工，承包人只能获得工期补偿。

Day 33

1. D［**解析**］当事人对建设工程实际竣工日期有争议的，按照以下情形分别处理：建设工程经竣工验收合格的，以竣工验收合格之日为竣工日期；承包人已经提交竣工验收报告，发包人拖延验收的，以承包人提交验收报告之日为竣工日期；建设工程未经竣工验收，发包人擅自使用的，以转移占有建设工程之日为竣工日期。
2. A［**解析**］当事人对欠付工程价款利息计付标准有约定的，按照约定处理；没有约定的，按照中国人民银行发布的同期同类贷款利率计息。对于无效合同，当事人对垫资和垫资利息有约定，承包人请求按照约定返还垫资及其利息的，应予支持，但是约定的利息计算标准高于中国人民银行发布的同期同类贷款利率的部分除外；当事人对垫资利息没有约定，承包人请求支付利息的，不予支持。
3. B［**解析**］当事人对建设工程实际竣工日期有争议的，按照以下情形分别处理：建设工程经竣工验收合格的，以竣工验收合格之日为竣工日期，A项错误；承包人已经提交竣工验收报告，发包人拖延验收的，以承包人提交验收报告之日为竣工日期，B项正确；建设工程未经竣工验收，发包人擅自使用的，以转移占有建设工程之日为竣工日期，C、D两项错误。
4. C［**解析**］当事人对建设工程开工日期有争议的，人民法院应当分别按照以下情形予以认定：开工日期为发包人或者监理人发出的开工通知载明的开工日期，A项正确；开工通知发出后，尚不具备开工条件的，以开工条件具备的时间为开工日期，B项正确；因承包人原因导致开工时间推迟的，以开工通知载明的时间为开工日期，C项错误。承包人经发包人同意已经实际进场施工的，以实际进场施工时间为开工日期，D项正确。
5. B［**解析**］当事人对建设工程开工日期有争议的，人民法院应当分别按照以下情形予以认定：开工日期为发包人或者监理人发出的开工通知载明的开工日期；开工通知发出后，尚不具备开工条件的，以开工条件具备的时间为开工日期；因承包人原因导致开工时间推迟的，以开工通知载明的时间为开工日期。承包人经发包人同意已经实际进场施工的，以实际进场施工时间为开工日期。B项正确。
6. D［**解析**］专用合同条款是合同双方当事人根据不同工程的具体情况，通过谈判、协商对相应通用条款的约定细化、完善、补充、修改或另行约定的条款。
7. D［**解析**］合同协议书与下列文件一起构成合同文件，其解释顺序为：①中标通知书；②投标函及投标函附录；③专用合同条款；④通用合同条款；⑤发包人要求；⑥价格清单；⑦承包人建议；⑧其他合同文件。上述文件互相补充和解释，如有不明确或不一致之处，以合同约定次序在先者为准。因此D项正确。

Day 34

1. B［**解析**］合同协议书与下列文件一起构成合同文件：①中标通知书；②投标函及投标函附录；③专用合同条款；④通用合同条款；⑤发包人要求；⑥价格清单；⑦承包人建议；⑧其他合同文件。各文件互相补充和解释，如有不明确或不一致之处，以合同约定次序在先者为准。

2. ABE［**解析**］承包人一般义务包括：①遵守法律；②依法纳税；③完成各项承包工作；④对设计、施工作业和施工方法，以及工程的完备性负责；⑤保证工程施工和人员的安全；⑥负责施工场地及其周边环境与生态的保护工作；⑦避免施工对公众与他人的利益造成损害；⑧为他人提供方便；⑨工程的维护和照管；⑩其他义务。C、D两项属于发包人一般义务。

3. B［**解析**］发包人一般义务包括：①遵守法律；②发出承包人开始工作通知；③提供施工场地；④办理证件和批件；⑤支付合同价款；⑥组织竣工验收；⑦其他义务。A、C、D三项属于承包人一般义务。

4. BCDE［**解析**］监理人无正当理由没有在约定期限内发出复工指示，导致承包人无法复工，属于发包人违约情形。

5. B［**解析**］FIDIC《施工合同条件》基于以（咨询）工程师为核心的管理模式，因此在合同条款中明示的（咨询）工程师的权限较大。B项正确。

6. C［**解析**］指定分包商是指由业主指定完成某项特定工作内容并与承包商签订分包合同的特殊分包商，A项错误。业主有权将部分工程的施工任务或涉及提供材料、设备、服务等工作内容发包给指定分包商实施。由于指定分包商是与承包商签订分包合同，因而在合同关系方面与一般分包商处于同等地位，对其施工过程的监督、协调工作应纳入承包商的管理之中，B、D两项错误。

7. BCDE［**解析**］FIDIC《施工合同条件》中明示的（咨询）工程师权力可概括为以下几方面：①工程质量控制主要表现在：对运抵施工现场的材料、设备质量进行检查和检验等。②工程进度控制主要表现在：审查批准承包商的施工进度计划；指示承包商修改施工进度计划；发布开工令、暂停令、复工令和赶工令。③工程付款控制主要表现在：确定变更工程的估价；批准使用暂定金额和计日工；签发各种付款证书等。④施工合同管理主要表现在：解释合同文件中的矛盾和歧义；批准分包工程（除劳务分包、采购分包及合同中指定的分包商对工程的分包）；发布工程变更指令；签发工程接收证书和缺陷责任证书；审核承包商的索赔；行使合同内必然引申的权力等。A项，（咨询）工程师可以审查承包商提交的施工进度计划，但无权修改，可以指示承包商进行修改。

8. A［**解析**］英国NEC合同文本结构中的主要选项条款是对核心条款的补充和细化，每一主要选项条款均有许多针对核心条款的补充规定，只要将对应序号的补充条款纳入核心条款即可。主要选项条款包括：①选项A：带有分项工程表的标价合同。②选项B：带有工程量清单的标价合同。③选项C：带有分项工程表的目标合同。④选项D：带有工程量清单的目标合同。⑤选项E：成本补偿合同。⑥选项F：管理合同。

9. D［**解析**］美国建筑师学会（AIA）编制了众多的系列标准合同文本，包括：①A系列：业主与施工承包商、CM承包商、供应商之间，以及总承包商与分包商之间的合同文本；②B系列：业主与提供专业服务的建筑师之间的合同文本；③C系列：建筑师与提供专业服务的咨询机构之间的合同文本；④D系列：建筑师行业所用的文件；⑤E系列：合同和办公管理中使用的文件；⑥F系列：财务管理表格；⑦G系列：建筑师企业与项目管理中使用的文件。

第8章　建设工程监理

学习指导

本章主要内容是工程监理。需要理解建设工程监理制度，分析工程监理的法律地位和责任；掌握建设工程监理合同的订立及履行管理；深入了解建设工程监理组织模式和人员职责及编制监理规划和监理实施细则的相关内容；在理解建设工程监理工作内容的基础上，学会灵活使用监理工作主要方式完成监理工作。

建议大家在学习本章内容时，重点记忆委托人、监理人的义务和责任等相关法律条例。考题多为课本原文，且考查细节的题目较多。

日期	考点
Day 35	➢工程监理含义及性质 ➢工程监理的法律地位和责任
Day 36	➢工程监理合同履行管理
Day 37	➢工程监理组织 ➢工程监理规划
Day 38	➢工程监理实施细则 ➢工程监理工作内容 ➢工程监理工作主要方式

Day 35

✔ **考点**：工程监理含义及性质

1. ［单选］（　　）需要与工程监理单位以书面形式订立工程监理合同，明确监理工作的范围、内容、服务期限和酬金，以及双方义务和违约责任。

A. 建设单位　　B. 勘察单位

C. 施工单位　　D. 设计单位

2. ［单选］工程监理是我国（　　）实行的一项制度。

A. 强制　　B. 计划　　C. 推荐　　D. 避免

3. ［单选］工程监理的基本职责是在建设单位委托授权范围内，通过合同管理和信息管理，以及协调工程建设相关方关系，实现对建设工程三大目标的控制。以下不属于建设工程控制目标的是（　　）。

A. 质量　　B. 造价　　C. 进度　　D. 规模

4. ［单选］下列各项中关于工程监理的含义理解正确的是（　　）。

A. 工程监理的行为主体是建设单位，且与工程总承包单位的监督管理相同

B. 工程监理的实施前提是施工单位的委托和授权

C. 在工程监理的实施范围主要在施工阶段

D. 建设工程监理服务的内容指对工程质量、造价和进度进行控制，对合同信息进行管理

5. [单选] 工程监理的性质可概括为服务性、科学性、独立性和公平性四方面。其中，(　　)是工程监理单位公平地实施监理的基本前提。

A. 服务性　　　　B. 科学性

C. 独立性　　　　D. 公平性

6. [单选] 工程监理的性质可概括为服务性、科学性、独立性和公平性四方面。下列各项中关于工程监理服务性的理解，错误的是（　　）。

A. 工程监理人员利用自己的知识、技能等，采用必要的试验、检测手段，为建设单位提供管理等服务

B. 工程监理单位不直接进行工程施工

C. 工程监理单位不直接进行工程设计

D. 工程监理单位向建设单位承包工程造价

考点：工程监理的法律地位和责任

7. [单选] 下列建设工程中，按照《建设工程监理范围和规模标准规定》，不属于必须实行监理的工程和项目的是（　　）。

A. 国家重点建设工程

B. 项目总投资额在 3 000 万元以上的供水、供电等项目

C. 利用外国政府或者国际组织贷款、援助资金的工程

D. 建筑面积在 40 000m^2 以下的住宅建设工程

8. [单选] 下列不属于《建设工程质量管理条例》明确要求必须实行监理的五类工程的是（　　）。

A. 利用外国政府或者国际组织贷款、援助资金的工程

B. 商业贷款的工程

C. 成片开发建设的住宅小区工程

D. 大中型公用事业工程

9. [单选] 下列说法中，关于工程监理单位职责叙述错误的是（　　）。

A. 工程监理单位在实施监理过程中，发现存在安全事故隐患的，应当要求施工单位整改

B. 施工单位拒不整改或者不停止施工的，工程监理单位应当及时向有关主管部门报告

C. 工程监理单位存在安全事故隐患应要求施工单位暂时停止施工

D. 工程监理单位应当审查施工组织设计中的安全技术措施或者专项施工方案是否符合工程建设强制性标准

10. [单选] 根据《建筑法》规定，下列关于工程监理内容表述正确的是（　　）。

A. 工程监理人员认为工程施工不符合工程设计要求的，有权要求施工企业整改

B. 工程监理人员发现工程设计不符合建筑工程质量标准的，应该直接要求设计单位改正

C. 未经监理员签字，建筑材料、建筑构配件和设备不得在工程上使用或安装

D. 工程监理单位在实施监理过程中，发现存在安全事故的，应要求施工单位暂停施工

11. ［单选］下列各项中，工程监理单位应承担的法律责任不包括（　　）。

A. 允许其他单位以本单位名义承揽工程的

B. 工程监理单位将不合格的建设工程、建筑材料按照合格签字的

C. 承包人未能按合同进度计划及时完成合同约定的工作，造成工程延误

D. 超越本单位资质等级承揽工程的

12. ［单选］如果监理工程师出现工作过错，其行为将被视为（　　）违约。

A. 监理员　　B. 监理工程师个人

C. 工程监理单位　　D. 总监理工程师代表

学习笔记

Day 36

考点：工程监理合同履行管理

1. ［单选］委托人应在收到预付款支付申请后（　　）天内，将预付款项支付给监理人。

A. 7　　B. 14

C. 15　　D. 28

2. ［单选］除专用合同条款另有约定外，委托人应在合同签订（　　）天内，将委托人代表的姓名、职务、联系方式、授权范围和授权期限书面通知监理人。

A. 5　　B. 10

C. 14　　D. 56

3. ［单选］工程监理委托人主要义务中，委托人应在收到中期支付申请后的（　　）天内，将应付款项支付给监理人。

A. 2　　B. 7

C. 14　　D. 28

4. ［单选］监理人更换总监理工程师应事先征得委托人同意，并应在更换（　　）天前将拟更换的总监理工程师的姓名和详细资料提交委托人。

A. 14　　B. 21

C. 28　　D. 35

5. ［单选］总监理工程师（　　）天内不能履行职责的，应事先征得委托人同意，并委派代表代行其职责。

A. 1　　B. 3

C. 2　　D. 4

6. ［单选］关于工程监理职责说法正确的是（　　）。

A. 总监理工程师由建设单位选择，并要求其在约定的期限内到职

B. 监理人可自行更换总监理工程师

C. 监理人更换总监理工程师应在更换 14 天前将拟更换的总监理工程师的姓名和详细资料提交委托人

D. 总监理工程师 2 天内不能履行职责的，不用事先征得委托人同意，并委派代表代行其职责

7. ［多选］下列工作内容中，属于工程监理工作内容的有（　　）。

A. 收到工程设计文件后编制监理规划

B. 组织编写质量安全技术措施

C. 签发工程暂停令和复工令且不需要委托人同意

D. 验收隐蔽工程

E. 审查施工承包人提交的竣工结算申请并报委托人

8. ［多选］总监理工程师应当按照（　　）进行监理，对施工质量承担监理责任。

A. 有关技术标准

B. 法律和法规

C. 项目建议书

D. 工程承包合同

E. 设计文件

学习笔记

Day 37

扫码听课

考点：工程监理组织

1. ［多选］下列设立总监理工程师代表的情形包括（　　）。

A. 工程规模较大，地域比较分散

B. 一个工程监理合同中包含多个相对独立的施工合同

C. 工程规模很小，技术要求比较高

D. 工程规模较大，专业较复杂，总监理工程师难以处理多个专业工程

E. 工程规模比较大，地域比较集中

2. ［单选］根据《建设工程监理规范》（GB/T50319—2013），“组织编写工程质量评估报告”属于（　　）应履行的职责。

A. 总监理工程师　　B. 监理员

C. 专业监理工程师　　D. 总监理工程师代表

3. ［单选］下列属于总监理工程师职责的是（　　）。

A. 参加审核分包单位资格

B. 进行工程计量

C. 组织召开监理例会

D. 检查工序施工结果

4. ［多选］下列工作中，总监理工程师不得委托给总监理工程师代表的有（　　）。

A. 组织工程竣工预验收

B. 组织审核竣工结算

C. 组织审查和处理工程变更

D. 组织召开监理例会

E. 签发工程开工令

5. ［单选］按照《建设工程监理规范》，“参与审核分包单位资格”属于（　　）应履行的职责。

A. 总监理工程师代表　　B. 总监理工程师

C. 专业监理工程师　　D. 监理员

6. ［单选］下列监理人员的职责中，属于专业监理工程师职责的是（　　）。

A. 组织召开监理例会

B. 进行工程计量

C. 组织审查和处理工程变更

D. 参与或配合工程质量安全事故的调查

7. ［多选］下列属于监理员应履行的职责有（　　）。

A. 进行工程计量　　B. 进行见证取样

C. 复核工程计量有关数据　　D. 检查工序施工结果

E. 收集、汇总、参与整理监理文件资料

✔ **考点**：工程监理规划

8. ［多选］建设工程监理规划是指导项目监理机构全面开展监理工作的指导性文件，其主要内容有（　　）。

A. 监理组织形式

B. 项目隐蔽工程的验收

C. 监理工作的范围、内容、目标

D. 监理人员岗位职责

E. 工程进度控制

9. ［单选］经工程监理单位技术负责人审核签字后的监理规划，应在召开第一次工地会议前报送（　　）审批确认。

A. 监理单位　　B. 建设单位

C. 总监理工程师　　D. 施工单位

10. ［单选］监理规划应在签订工程监理合同及收到工程设计文件后，由（　　）编制。

A. 总监理工程师组织专业监理工程师

B. 总监理工程师

C. 专业监理工程师

D. 总监理工程师组织监理员

学习笔记

Day 38

扫码听课

✔ 考点：工程监理实施细则

1. ［多选］下列属于监理实施细则主要内容的有（　　）。
   A. 监理工作方法　B. 监理工作措施
   C. 监理工作要点　D. 监理工作制度
   E. 专业工程特点

2. ［单选］（　　）是在监理规划的基础上，针对工程项目中某一专业或某一方面监理工作编制的操作性文件。
   A. 监理概况　B. 监理组织计划
   C. 监理方案　D. 监理实施细则

3. ［单选］在工程监理实施过程中，监理实施细则需要根据实际情况进行补充、修改，并经（　　）批准后实施。
   A. 总监理工程师　B. 建设单位
   C. 施工单位　D. 监理单位总负责人

4. ［多选］关于监理规划、监理实施细则的说法，正确的有（　　）。
   A. 监理规划是在监理实施细则的基础上，针对工程项目中某一专业或某一方面监理工作编制的操作性文件
   B. 监理规划应由总监理工程师组织专业监理工程师编制
   C. 监理实施细则是在监理规划的基础上，针对工程项目中某一专业或某一方面监理工作编制的操作性文件
   D. 对专业性较强、危险性较大的分部分项工程，项目监理机构应编制监理实施细则
   E. 监理实施细则应在相应工程施工前，由专业监理工程师编制

✔ 考点：工程监理工作内容

5. ［单选］下列不属于建设工程三大目标的是（　　）。
   A. 造价　B. 进度
   C. 安全　D. 质量

6. ［单选］有效控制建设工程目标所采取的措施中，（　　）是其他各类措施的前提和保障。
   A. 组织措施　B. 合同措施
   C. 经济措施　D. 技术措施

7. ［单选］下列不属于工程监理目标控制措施中技术措施的是（　　）。
   A. 采用工程网络计划技术、信息化技术等实施动态控制
   B. 对施工组织设计、施工方案等进行审查、论证
   C. 对多个可能的建设方案、施工方案等进行技术可行性分析
   D. 加强各单位之间的沟通协调

8. ［单选］关于工程暂停及复工处理，下列说法错误的是（　　）。
   A. 总监理工程师签发工程暂停令，无须事先征得建设单位同意
   B. 暂停施工事件发生时，项目监理机构应如实记录所发生的情况

C. 施工单位未提出复工申请的，总监理工程师应根据工程实际情况指令施工单位恢复施工

D. 总监理工程师应及时签署复工申请的审查意见，并应报建设单位批准后签发工程复工令

9. ［单选］项目监理机构发现施工单位违反工程建设强制性标准的，及时签发工程暂停令的是（　　）。

A. 总监理工程师　　B. 监理员

C. 专业监理工程师　　D. 总监理工程师代表

10. ［单选］下列关于项目监理机构处理施工单位提出的工程变更的说法，正确的是（　　）。

A. 总监理工程师审查施工单位提出的工程变更申请，提出审查意见

B. 对涉及工程设计文件修改的工程变更，应由监理单位直接要求涉及单位修改

C. 总监理工程师对工程变更费用及工期影响作出评估

D. 项目监理机构应建议建设单位组织设计、施工等单位召开论证工程设计文件的修改方案的专题会议

11. ［单选］建设单位与设计单位的协调属于项目监理机构的（　　）。

A. 内部协调　　B. 近内部协调

C. 近外层协调　　D. 远外层协调

12. ［单选］项目监理机构应审查施工单位报审的专项施工方案，符合要求的，应由（　　）签认后报建设单位。

A. 监理员

B. 总监理工程师

C. 专业监理工程师

D. 总监理工程师代表

✔ **考点**：工程监理工作主要方式

13. ［多选］工程监理机构应根据工程监理合同约定，除检查审查有关文件资料、管理制度、人员资格外，主要采用（　　）方式实行监理。

A. 平行检查　　B. 旁站

C. 巡视　　D. 见证取样

E. 调查

14. ［单选］（　　）是指项目监理机构监理人员对施工现场进行定期或不定期的检查活动。

A. 旁站　　B. 平行检查

C. 巡视　　D. 见证取样

15. ［多选］下列属于平行检验内容的有（　　）。

A. 材料检验　　B. 施工机具是否异常

C. 安全生产落实情况　　D. 工程实体量测

E. 工人违章情况

16. ［多选］采用旁站方式实施监理时，监理人员的工作职责有（　　）。

A. 确定工程的开工时间和结束时间

B. 检查施工单位现场质量管理人员到岗情况

C. 核查进场建筑材料、建筑构配件等的质量检验报告

D. 在现场跟班监督关键部位、关键工序的施工方案及工程建设强制性标准执行情况

E. 做好旁站监理记录和监理日记，保存旁站监理原始资料

学习笔记

本章学习检查表

知识点名称	初次学习		第一次复习		第二次复习	
	做对题目数/总题目数	学习日期	做对题目数/总题目数	复习日期	做对题目数/总题目数	复习日期
工程监理含义及性质						
工程监理的法律地位和责任						
工程监理合同履行管理						
工程监理组织						
工程监理规划						
工程监理实施细则						
工程监理工作内容						
工程监理工作主要方式						

填写建议：

“做对题目数/总题目数”记录该知识点自己做题的情况，比如该知识点总题目数 10 题，做对了其中 7 题，记录为 7/10。

“学习日期”记录自己学习该知识点时的日期，建议把下一次进行复习的日期也写上。

备忘录

参考答案及解析

Day 35

1. A［**解析**］工程监理的实施前提是建设单位的委托和授权。建设单位需要与工程监理单位以书面形式订立工程监理合同，明确监理工作的范围、内容、服务期限和酬金，以及双方义务和违约责任。
2. A［**解析**］工程监理是我国强制实行的一项制度。
3. D［**解析**］工程监理的基本职责是在建设单位委托授权范围内，通过合同管理和信息管理，以及协调工程建设相关方关系，控制建设工程质量、造价和进度三大目标，即“三控两管一协调”。
4. C［**解析**］工程监理的行为主体是工程监理单位。工程监理既不同于政府主管部门的监督管理，也不同于工程总承包单位或施工总承包单位对分包单位的监督管理。A 项错误。工程监理的实施前提是建设单位的委托和授权。B 项错误。工程监理的实施范围主要在施工阶段。工程监理单位在工程勘察、设计、保修等阶段提供的服务活动均为相关服务。C 项正确。工程监理的基本职责是在建设单位委托授权范围内，通过合同管理和信息管理，以及协调工程建设相关方关系，控制建设工程质量、造价和进度三大目标，即“三控两管一协调”。此外，还需履行建设工程安全生产管理的法定职责。D 项错误。

●考点再现

Q $_{1\text{-}4}$　工程监理：

工程监理是指工程监理单位受建设单位委托，根据法律法规、工程建设标准、勘察设计文件及合同，对工程施工质量、造价、进度进行控制，对合同、信息进行管理，对工程建设相关方关系进行协调，并履行建设工程安全生产管理法定职责的服务活动。

工程监理是我国强制实行的一项制度。

《中华人民共和国建筑法》明确规定，国家推行建筑工程监理制度。与国际上一般的工程咨询服务不同，法律法规赋予了工程监理单位工程质量、安全生产管理职责。

工程监理可从以下五个方面进行理解：

（1）工程监理的行为主体是工程监理单位。

（2）工程监理的实施前提是建设单位的委托和授权。建设单位需要与工程监理单位以书面形式订立工程监理合同，明确监理职责范围、内容、服务期限和酬金，以及双方义务和违约责任。

（3）工程监理的实施依据包括法律法规、工程建设标准、勘察设计文件及合同。其中，合同既包括工程监理合同，也包括与所监理工程相关的施工合同、材料设备采购合同等。

（4）工程监理的实施范围主要在施工阶段。工程监理单位在工程勘察、设计、保修等阶段提供的服务活动均为相关服务。

（5）工程监理的基本职责是在建设单位委托授权范围内，通过合同管理和信息管理，以及协调工程建设相关方关系，控制建设工程质量、造价和进度三大目标，即“三控两管一协调”。此外，还需履行建设工程安全生产管理的法定职责。

5. C［**解析**］工程监理的性质可概括为服务性、科学性、独立性和公平性四方面。其中，独立性是工程监理单位公平地实施监理的基本前提。因此C项符合题意。

6. D［**解析**］工程监理人员利用自己的知识、技能和经验，采用必要的试验、检测手段，为建设单位提供管理和技术服务。A项正确。工程监理单位既不直接进行工程设计，也不直接进行工程施工；既不向建设单位承包工程造价，也不参与施工单位的利润分成。B、C两项正确，D项错误。

7. D［**解析**］《建设工程监理范围和规模标准规定》（建设部令第86号）进一步细化了必须实行监理的工程范围和规模标准，其内容包括：①国家重点建设工程。②大中型公用事业工程，即项目总投资额在3 000万元以上的供水、供电、供气、供热等市政工程项目等。③成片开发建设的住宅小区工程。建筑面积在50 000m^2 以上的住宅建设工程必须实行监理；50 000m^{2}以下的住宅建设工程可以实行监理，具体范围和规模标准由省、自治区、直辖市人民政府建设行政主管部门规定。④利用外国政府或者国际组织贷款、援助资金的工程。⑤国家规定必须实行监理的其他工程，主要包括：项目总投资额在3 000万元以上关系社会公共利益、公众安全的基础设施项目；学校、影剧院、体育场馆项目。

8. B［**解析**］《建筑法》规定：国家推行建筑工程监理制度。《建设工程质量管理条例》明确了五类工程必须实行监理：①国家重点建设工程；②大中型公用事业工程；③成片开发建设的住宅小区工程；④利用外国政府或者国际组织贷款、援助资金的工程；⑤国家规定必须实行监理的其他工程。因此B项正确。

9. C［**解析**］《建设工程安全生产管理条例》规定：工程监理单位应当审查施工组织设计中的安全技术措施或者专项施工方案是否符合工程建设强制性标准。工程监理单位在实施监理过程中，发现存在安全事故隐患的，应当要求施工单位整改；情况严重的，应当要求施工单位暂时停止施工，并及时报告建设单位。施工单位拒不整改或者不停止施工的，工程监理单位应当及时向有关主管部门报告。因此C项错误。

10. A［**解析**］《建筑法》规定：工程监理人员认为工程施工不符合工程设计要求、施工技术标准和合同约定的，有权要求建筑施工企业改正。A项正确。工程监理人员发现工程设计不符合建筑工程质量标准或者合同约定的质量要求的，应当报告建设单位要求设计单位改正。B项错误。《建设工程质量管理条例》规定：未经监理工程师签字，建筑材料、建筑构配件和设备不得在工程上使用或者安装，施工单位不得进行下一道工序的施工。C项错误。《建设工程安全生产管理条例》规定：工程监理单位在实施监理过程中，发现存在安全事故隐患的，应当要求施工单位整改；情况严重的，应当要求施工单位暂时停止施工，并及时报告建设单位。施工单位拒不整改或者不停止施工的，工程监理单位应当及时向有关主管部门报告。D项错误。

11. C［**解析**］《建设工程质量管理条例》对工程监理单位的法律责任的相关规定包括以下内容：①工程监理单位有下列行为的，责令停止违法行为或改正，处合同约定的监理酬金1倍以上2倍以下的罚款，可以责令停业整顿，降低资质等级；情节严重的，吊销资质证书的情形包括：a. 超越本单位资质等级承揽工程的；b. 允许其他单位或者个人以本单位名义承揽工程的。②工程监理单位将不合格的建设工程、建筑材料、建筑构配件和设

备按照合格签字的，责令改正，处 50 万元以上 100 万元以下的罚款，降低资质等级或者吊销资质证书；有违法所得的，予以没收；造成损失的，承担连带赔偿责任。C 项属于承包单位的责任，不属于工程监理单位的法律责任。

12. C［**解析**］工程监理单位在履行工程监理合同时，是由具体的监理工程师来实现的，因此，如果监理工程师出现工作过错，其行为将被视为工程监理单位违约，应承担相应的违约责任。工程监理单位在承担违约赔偿责任后，有权在企业内部向有过错行为的监理工程师追偿损失。因此，由监理工程师个人过失引发的合同违约行为，监理工程师必然要与工程监理单位承担一定的连带责任。因此 C 项正确。

Day 36

1. D［**解析**］委托人应在收到预付款支付申请后 28 天内，将预付款项支付给监理人。
2. C［**解析**］除专用合同条款另有约定外，委托人应在合同签订后 14 天内，将委托人代表的姓名、职务、联系方式、授权范围和授权期限书面通知监理人。
3. D［**解析**］委托人应在收到中期支付或费用结算申请后的 28 天内，将应付款项支付给监理人。因此 D 项正确。
4. A［**解析**］监理人应按合同协议书的约定指派总监理工程师，并在约定的期限内到职。监理人更换总监理工程师应事先征得委托人同意，并应在更换 14 天前将拟更换的总监理工程师的姓名和详细资料提交委托人。因此 A 项正确。
5. C［**解析**］总监理工程师 2 天内不能履行职责的，应事先征得委托人同意，并委派代表代行其职责。因此 C 项正确。
6. C［**解析**］监理人应按合同协议书的约定指派总监理工程师，并在约定的期限内到职。A 项错误。监理人更换总监理工程师应事先征得委托人同意，并应在更换 14 天前将拟更换的总监理工程师的姓名和详细资料提交委托人。B 项错误。C 项正确。总监理工程师 2 天内不能履行职责的，应事先征得委托人同意，并委派代表代行其职责。D 项错误。
7. ADE［**解析**］除专用合同条款另有约定外，监理工作包括以下内容：①收到工程设计文件后编制监理规划，并在第一次召开工地会议 7 天前报委托人。根据有关规定和监理工作需要，编制监理实施细则。A 项正确。②审查施工承包人提交的施工组织设计，重点审查其中的质量安全技术措施、专项施工方案与工程建设强制性标准的符合性。B 项错误。③经委托人同意，签发工程暂停令和复工令。C 项错误。④验收隐蔽工程、分部分项工程。D 项正确。⑤审查施工承包人提交的竣工结算申请并报委托人。E 项正确。
8. ABDE［**解析**］总监理工程师应当在办理工程质量监督手续前签署工程质量终身责任承诺书，连同法定代表人出具的授权书，报送工程质量监督机构备案。总监理工程师应当按照法律和法规、有关技术标准、设计文件和工程承包合同进行监理，对施工质量承担监理责任。C 项不符合题意。

Day 37

1. ABD［**解析**］设立总监理工程师代表的情形包括：①工程规模较大、专业较复杂，总监理工程师难以处理多个专业工程时，可按专业设总监理工程师代表；②一个工程监理合同中包含多个相对独立的施工合同，可按施工合同段设总监理工程师代表；③工程规模较大、地域比较分散，可按工程地域设置总监理工程师代表。因此 A、B、D 三项正确。

2. A［**解析**］总监理工程师应履行的职责包括审查施工单位的竣工申请，组织工程竣工预验收，组织编写工程质量评估报告，参与工程竣工验收。因此 A 项正确。

3. C［**解析**］总监理工程师职责：

(1) 确定项目监理机构人员及其岗位职责。

(2) 组织编制监理规划，审批监理实施细则。

(3) 根据工程进展及监理工作情况调配监理人员，检查监理人员工作。

(4) 组织召开监理例会。

(5) 组织审核分包单位资格。

(6) 组织审查施工组织设计、(专项) 施工方案。

(7) 审查开复工报审表，签发工程开工令、暂行令和复工令。

(8) 组织检查施工单位现场质量、安全生产管理体系的建立及运行情况。

(9) 组织审核施工单位的付款申请，签发工程款支付证书，组织审核竣工结算。

(10) 组织审查和处理工程变更。

(11) 调解建设单位与施工单位的合同争议，处理工程索赔。

(12) 组织验收分部工程，组织审查单位工程质量检验资料。

(13) 审查施工单位的竣工申请，组织工程竣工预验收，组织编写工程质量评估报告，参与工程竣工验收。

(14) 参与或配合工程质量安全事故的调查和处理。

(15) 组织编写监理月报、监理工作总结，组织整理监理文件资料。

4. ABE［**解析**］总监理工程师不得将下列工作委托给总监理工程师代表：①组织编制监理规划，审批监理实施细则；②根据工程进展及监理工作情况调配监理人员；③组织审查施工组织设计、(专项) 施工方案；④签发工程开工令、暂停令和复工令；⑤签发工程款支付证书，组织审核竣工结算；⑥调解建设单位与施工单位的合同争议，处理工程索赔；⑦审查施工单位的竣工申请，组织工程竣工预验收，组织编写工程质量评估报告，参与工程竣工验收；⑧参与或配合工程质量安全事故的调查和处理。

●考点再现

Q $_{3\text{-}4}$ 总监理工程师代表只能代替总监理工程师“工作”，而不能“决策”。总监理工程师不得委托给总监理工程师代表的工作多与“决策”有关。

5. C［**解析**］专业监理工程师应履行下列职责：①参与编制监理规划，负责编制监理实施细则；②审查施工单位提交的涉及本专业的报审文件，并向总监理工程师报告；③参与审核分包单位资格；④指导、检查监理员工作，定期向总监理工程师报告本专业监理工作实施情况；⑤检查进场的工程材料、构配件、设备的质量；⑥验收检验批、隐蔽工程、分项工程，参与验收分部工程；⑦处置发现的质量问题和安全事故隐患；⑧进行工程计量；⑨参与工程变更的审查和处理；⑩组织编写监理日志，参与编写监理月报；⑪收集、汇总、参与整理监理文件资料；⑫参与工程竣工预验收和竣工验收。

6. B［**解析**］专业监理工程师应履行下列职责：①参与编制监理规划，负责编制监理实施细

则；②审查施工单位提交的涉及本专业的报审文件，并向总监理工程师报告；③参与审核分包单位资格；④指导检查监理员工作，定期向总监理工程师报告本专业监理工作实施情况；⑤检查进场的工程材料、构配件、设备的质量；⑥验收检验批、隐蔽工程、分项工程，参与验收分部工程；⑦处置发现的质量问题和安全事故隐患；⑧进行工程计量；⑨参与工程变更的审查和处理；⑩组织编写监理日志，参与编写监理月报；⑩收集、汇总、参与整理监理文件资料；参与工程竣工预验收和竣工验收。选项 A、C、D 均为总监理工程师的职责。

●考点再现

Q 5-6　专业监理工程师职责多是将专业能力直接体现在工程实施中。

7. BCD［**解析**］监理员应履行下列职责：①检查施工单位投入工程的人力、主要设备的使用及运行状况；②进行见证取样；③复核工程计量有关数据；④检查工序施工结果；⑤发现施工作业中的问题，及时指出并向专业监理工程师报告。A、E 两项均属于专业监理工程师的职责。

8. ACDE［**解析**］《建设工程监理规范》（GB/T 50319—2013）明确规定，监理规划内容包括：①工程概况；②监理工作的范围、内容、目标；③监理工作依据；④监理组织形式、人员配备及进退场计划、监理人员岗位职责；⑤监理工作制度；⑥工程质量控制；⑦工程造价控制；⑧工程进度控制；⑨安全生产管理的监理工作；⑩合同与信息管理；⑪组织协调；⑫监理工作设施。A、C、D、E 四项正确。

9. B［**解析**］经工程监理单位技术负责人审核签字后的监理规划，应在召开第一次工地会议前报送建设单位审批确认。监理规划经建设单位审批确认后方可实施。因此 B 项正确。

10. A［**解析**］监理规划应在签订工程监理合同及收到工程设计文件后，由总监理工程师组织专业监理工程师编制。因此 A 项正确。

Day 38

1. ABCE［**解析**］《建设工程监理规范》（GB/T 50319—2013）明确规定，监理实施细则内容包括：①专业工程特点；②监理工作流程；③监理工作要点；④监理工作方法及措施。D 项属于监理规划内容。

2. D［**解析**］监理实施细则是在监理规划的基础上，针对工程项目中某一专业或某一方面监理工作编制的操作性文件。对专业性较强、危险性较大的分部分项工程，项目监理机构应编制监理实施细则。因此 D 项正确。

3. A［**解析**］在工程监理实施过程中，监理实施细则可根据实际情况进行补充、修改，并应经总监理工程师批准后实施。

4. BCDE［**解析**］监理规划是项目监理机构全面开展工程监理工作的指导性文件。故 A 项错误。监理规划应在签订工程监理合同及收到工程设计文件后，由总监理工程师组织专业监理工程师编制。故 B 项正确。监理实施细则是在监理规划的基础上，针对工程项目中某一专业或某一方面监理工作编制的操作性文件。对专业性较强、危险性较大的分部分项工程，项目监理机构应编制监理实施细则。故 C、D 两项正确。监理实施细则应在相应工程施工前，由专业监理工程师编制。监理实施细则编制完成后，需要报总监理工程师审核批准后方可实施。故E项正确。

5. C［**解析**］任何工程都有质量、造价、进度三大目标，工程监理单位受建设单位委托，需要协调处理三大目标之间的关系，确定与分解三大目标，并采取有效措施控制三大目标。C项不属于建设工程监理工作的三大目标。

6. A［**解析**］为了有效控制建设工程目标，应从组织、技术、经济、合同等多方面采取措施。组织措施是其他各类措施的前提和保障。

7. D［**解析**］为了有效控制建设工程目标，应从组织、技术、经济、合同等多方面采取措施。其中，技术措施为了对建设工程目标实施有效控制，需要对多个可能的建设方案、施工方案等进行技术可行性分析。因此，需要对各种技术数据进行审核、比较，对施工组织设计、施工方案等进行审查、论证等。此外，在整个建设工程实施过程中，还需要采用工程网络计划技术、信息化技术等实施动态控制。D项属于目标控制措施中组织措施的内容。

8. A［**解析**］总监理工程师签发工程暂停令，应事先征得建设单位同意，在紧急情况下未能事先报告时，应在事后及时向建设单位作出书面报告。工程暂停令是总监理工程师签发，而不是专业监理工程师，故A项错误。暂停施工事件发生时，项目监理机构应如实记录所发生的情况。总监理工程师应会同有关各方按施工合同约定，处理因工程暂停引起的与工期、费用有关的问题，故B项正确。当暂停施工原因解除、具备复工条件时，施工单位提出复工申请的，项目监理机构应审查施工单位报送的工程复工报审表及有关材料，符合要求后，总监理工程师应及时签署审查意见，并应报建设单位批准后签发工程复工令；施工单位未提出复工申请的，总监理工程师应根据工程实际情况指令施工单位恢复施工。因此C、D两项正确。

9. A［**解析**］项目监理机构发现施工单位违反工程建设强制性标准的，总监理工程师应及时签发工程暂停令。

10. D［**解析**］总监理工程师组织专业监理工程师审查施工单位提出的工程变更申请，提出审查意见。A项错误。对涉及工程设计文件修改的工程变更，应由建设单位转交原设计单位修改工程设计文件。B项错误。必要时，项目监理机构应建议建设单位组织设计、施工等单位召开论证工程设计文件的修改方案的专题会议。总监理工程师组织专业监理工程师对工程变更费用及工期影响作出评估，C项错误。

11. C［**解析**］项目监理机构组织协调可分为系统内部（项目监理机构）协调和系统外部协调两大类。系统外部协调又分为系统近外层协调和系统远外层协调。近外层和远外层的主要区别是，建设单位与近外层关联单位之间有合同关系，与远外层关联单位之间没有合同关系。①项目监理机构内部协调，主要是指项目监理机构内部的人际关系协调、组织关系协调和需求关系协调等。②项目监理机构外部协调，主要是指项目监理机构与建设单位的协调、项目监理机构与施工单位的协调、项目监理机构与设计单位的协调、项目监理机构与政府部门及其他单位的协调等。建设单位与设计单位有合同关系，故属于近外层协调。

12. B［**解析**］项目监理机构应审查施工单位报审的专项施工方案，符合要求的，应由总监

理工程师签认后报建设单位。

13. ABCD［**解析**］工程监理机构应根据工程监理合同约定，除检查审查有关文件资料、管理制度、人员资格外，主要采用巡视、平行检查、旁站、见证取样等方式实施监理。

14. C［**解析**］项目监理机构应根据工程监理合同约定，除检查审查有关文件资料、管理制度、人员资格外，主要采用巡视、平行检验、旁站、见证取样等方式实施监理。其中，巡视是指项目监理机构监理人员对施工现场进行定期或不定期的检查活动。巡视检查是监理人员针对施工现场进行的日常检查。因此 C 项正确。

15. AD［**解析**］平行检验是指项目监理机构在施工单位自检的同时，按照有关规定、工程监理合同约定对同一检验项目进行的检测试验活动。平行检验的内容包括工程实体量测（检查、试验、检测）和材料检验等内容。因此 A、D 两项正确。

16. BCDE［**解析**］旁站人员的工作职责主要包括：①检查施工单位现场质量管理人员到岗、特殊工种人员持证上岗及施工机械、建筑材料准备情况；②施工现场跟班监督关键部位、关键工序的施工方案及工程建设强制性标准执行情况；③核查进场建筑材料、建筑构配件、设备和商品混凝土的质量检验报告等，并可在现场监督施工单位进行检验或者委托具有资格的第三方进行复验；④做好旁站记录和监理日志，保存旁站监理原始资料。A 项不属于旁站中监理人员的工作职责。

●考点再现

Q$_{13\text{-}16}$　实施监理工作主要采用的方式都是“监督”。

第 9 章　建设工程风险管理与保险

学习指导

本章主要涉及建设工程风险管理及保险的相关内容。需要辨析工程风险类别，理解工程风险管理内容，选择适当的方法识别和分析评价工程风险，并制定合理应对策略，实施工程风险监控；理解工程保险特征及类型，了解建筑工程一切险、安装工程一切险、职业责任保险、意外伤害保险、工程质量保证保险的责任、范围、期限及保险费率等内容。

建议大家在学习本章内容时，学会选择适当方法识别和分析评价工程风险，区分不同保险的责任范围及除外责任。

日期	考点
Day 39	➢工程风险分类
Day 40	➢工程风险管理内容和方法
Day 41	➢工程保险特征及类型 ➢建筑工程一切险 ➢安装工程一切险
Day 42	➢职业责任保险 ➢意外伤害保险 ➢工程质量保证保险

Day 39

考点：工程风险分类

1. ［单选］工程风险按照（　　）分类能够将工程风险分为高度、中度、低度。
   A. 风险发生的原因　　B. 工程项目参与方
   C. 风险作用的强度　　D. 工程作用的强度

2. ［单选］工程风险按照能否管理分类，可以将风险分为（　　）。
   A. 高度风险、中度风险和低度风险
   B. 业主或投资商风险、承包商风险、咨询单位风险
   C. 可管理风险和不可管理风险
   D. 纯粹风险和投机风险

3. ［多选］下列风险中，不属于按风险发生原因分类的有（　　）。
   A. 经济风险　　B. 社会风险
   C. 投机风险　　D. 纯粹风险
   E. 金融风险

4. ［单选］在工程项目决策阶段，属于业主或开发商承担的风险是（　　）。

A. 合同条件对承包商不平等　　B. 报价策略选择失当

C. 与投资有关的法律风险　　D. 施工方案选择失当

5. ［多选］业主或开发商在项目实施阶段遇到的风险包括（　　）。

A. 项目产品需求变化引起的市场风险

B. 政府或主管部门对工程项目干预太多

C. 国家宏观政策变动引起的政策风险

D. 合同条款不严谨

E. 监理工程师失职

6. ［单选］承包商在签约履约阶段的风险不包括（　　）。

A. 投标失败或失误　　B. 合同条件不平

C. 分包单位管理水平低下　　D. 合同管理不善

7. ［单选］下列建设项目风险中，属于承包商承担的风险是（　　）。

A. 项目选择中蕴藏的风险　　B. 经济风险

C. 工程投资预算不足　　D. 与投资有关的法律风险

8. ［单选］下列情况中，咨询设计服务单位风险不包括（　　）。

A. 咨询服务合同欠公平

B. 分包单位管理水平低下

C. 工程咨询单位编制的投资估算、设计概算不准

D. 业主或开发商不遵循客观规律，对工程提出不合理要求

9. ［多选］下列咨询设计服务单位风险中，来自承包商的风险包括（　　）。

A. 咨询服务合同欠公平

B. 承包商对工程极不负责，导致工程质量安全事故

C. 承包商低价中标，在施工过程中不断提出索赔

D. 承包商缺乏职业道德，偷工减料

E. 咨询设计服务单位的能力和水平不适应

学习笔记

Day 40

✔ **考点**：工程风险管理内容和方法

1. ［单选］工程风险管理的过程包括了：①风险评价；②风险估计；③风险识别；④风险监督；⑤风险应对。其正确的顺序是（　　）。

A. ②①④③⑤　　B. ③②①⑤④

C. ⑤③②①④　　D. ④③①⑤②

2. ［单选］（　　）是风险管理的第一步。

A. 风险评价　　B. 自我保险

C. 风险识别　　D. 风险分散

3. ［单选］风险识别的步骤包括了：①建立工程风险初始清单；②收集和整理相关信息资料；③编制工程风险清单；④进行风险归集和分类。其正确的顺序是（　　）。

A. ③①②④　　B. ②③①④

C. ②①④③　　D. ④②①③

4. ［单选］下列方法中，不属于工程风险识别的是（　　）。

A. 常识、经验和判断法　　B. 核对表法

C. 头脑风暴法　　D. 主观评分法

5. ［单选］工程风险估计的首要任务是分析和估计风险事件（　　）。

A. 产生的结果　　B. 发生的概率与概率分布

C. 影响范围　　D. 发生的时间

6. ［单选］以下方法中，属于确定型风险估计的方法是（　　）。

A. 最大可能原则　　B. 等可能准则

C. 头脑风暴法　　D. 盈亏平衡分析

7. ［单选］在分析风险事件对工程项目目标的影响程度时，标准差越小，风险程度（　　）。

A. 无关　　B. 越小

C. 越大　　D. 不变

8. ［多选］下列方法中，属于工程风险评价的有（　　）。

A. 等风险图法　　B. 头脑风暴法

C. 主观评分法　　D. 蒙特卡洛法

E. 理论概率分布法

9. ［单选］等风险图法的风险评价图中每条曲线代表一个风险事件，曲线距离原点越远，期望损失越大，一般认为风险就（　　）。

A. 越小　　B. 越大

C. 无法估计　　D. 不变

10. ［单选］当工程项目的实施面临巨大风险，又无其他策略可用，主动放弃该项目的行为属于风险应对措施中的（　　）。

A. 风险预防　　B. 风险回避

C. 风险转移　　D. 风险减轻

11. ［单选］下列属于风险转移的情况有（　　）。

A. 建立应急储备

B. 主动放弃一项风险高的项目

C. 要求供应商提供履约担保

D. 选用稳定的供应商

12. ［单选］下列情况中，不属于工程风险减轻的途径的有（　　）。

A. 分离风险

B. 避免潜在风险事件发生

C. 减少风险事件造成的损失

D. 减少风险发生概率

13. ［单选］下列对风险预防的解释，错误的是（　　）。

A. 风险预防是一种被动的风险应对策略

B. 通过具体的规章制度使工作程序标准化属于无形预防措施

C. 无形预防措施包括教育法和程序法

D. 风险预防分为有形和无形两种手段

14. ［单选］工程建设参与方有意识地选择自己承担风险后果，这种风险应对策略属于（　　）。

A. 风险回避　　B. 风险转移

C. 风险自留　　D. 风险预防

15. ［单选］风险利用是仅对（　　）采取的措施。

A. 自然风险　　B. 投机风险

C. 中度风险　　D. 可管理风险

学习笔记

Day 41

考点：工程保险特征及类型

1. ［多选］工程保险属于财产保险范畴，与传统的财产保险相比较，具备的特征有（　　）。
   A. 风险具有特殊性
   B. 保障具有综合性
   C. 保险种类具有单一性
   D. 保险期限具有不确定性
   E. 保险金额具有变动性

2. ［单选］工程保险按照保障范围不同进行分类，不包括（　　）。
   A. 意外伤害保险　　B. 保证保险
   C. 自愿保险　　D. 十年责任险

扫码听课

考点：建筑工程一切险

3. ［单选］下列关于建筑工程一切险的保险责任，错误的是（　　）。
   A. 与承保工程直接相关的意外事故造成工地内的第三者财产损失
   B. 自然磨损造成的被保险财产自身的损失和费用
   C. 维修保养或正常检修的费用
   D. 大气、土地、水污染引起的任何损失、费用和责任

4. ［单选］下列情况中，属于保险公司按照建筑工程一切险第三者责任险承担赔偿责任的是（　　）。
   A. 施工中高空坠物使邻近地区的第三者伤残
   B. 施工人员在工地现场因意外事故受伤
   C. 施工人员因缺乏经验导致施工设备受损
   D. 因原材料缺陷或工艺不善引起的事故

5. ［单选］下列关于建筑工程一切险第三者责任险的除外责任，错误的是（　　）。
   A. 被保险人根据与他人的协议应支付的赔偿或其他款项
   B. 因震动造成的建筑物损失
   C. 领有公共运输执照的车辆、船舶和飞机造成的事故
   D. 与承保工程直接相关的意外事故造成工地内的第三者财产损失

6. ［多选］下列可以作为建筑工程一切险的保险期终止时间的情形有（　　）。
   A. 工程动工日
   B. 保险单规定的终止时间
   C. 建筑工程完毕移交给工程所有人时
   D. 工程所有人开始使用时
   E. 保修期满日

7. ［单选］建筑工程保险费率中采用单独年费率的是（　　）。
   A. 施工用机械、工具及设备　　B. 保证期
   C. 场地清理费　　D. 第三者责任险

考点：安装工程一切险

8. ［单选］下列关于安装工程一切险物质损失部分的责任，错误的是（　　）。

A. 洪水引起的安装工程损失

B. 超电压引起的其他财产损失

C. 碰线造成电气设备本身的损失

D. 空中运行物体坠落引起安装工程损失

9. ［单选］安装工程一切险的除外责任中，由于超负荷、超电压、碰线等电气原因造成的电气设备或电气用具本身的损失，安装工程一切险（　　）。

A. 对电气设备或电器用具本身的损失和电气设备或电气用具以外的其他保险财产损失均不赔偿

B. 只对由此原因造成的电气设备或电气用具本身的损失予以赔偿

C. 只对由此原因造成的电气设备或电气用具以外的其他保险财产损失予以赔偿

D. 只对由此原因造成的电气设备或电气用具本身的损失予以赔偿

10. ［单选］保险设备是已使用过的机器设备，则（　　）时保险责任即告终止。

A. 试车开始　　B. 试车运行

C. 试车结束　　D. 预备试车

学习笔记

Day 42

考点：职业责任保险

1. ［单选］下列关于工程监理责任险中的绝对责任免除范围，错误的是（　　）。

A. 他人责任属于绝对责任免除

B. 被保险人责任属于绝对责任免除

C. 不可抗力属于绝对责任免除

D. 文件、图纸或其他资料的损毁属于绝对责任免除

2. ［单选］下列关于工程监理责任险的赔偿范围，错误的是（　　）。

A. 相关工程事故产生的诉讼和律师费

B. 监理人为减少损失而采取措施支出的必要费用

C. 工程设计单位造成的人身伤亡

D. 因监理人过失造成的工程直接经济损失费

3. ［单选］下列不属于建设工程设计责任险的是（　　）。

A. 年度责任险

B. 单个项目责任险

C. 项目责任险

D. 多个项目险

考点：意外伤害保险

4. ［多选］意外伤害险保险责任的必要构成条件包括（　　）。

A. 被保险人在保险期限内遭受意外伤害

B. 被保险人在责任期限内死亡或残疾

C. 被保险人在责任期限内遭受意外伤害

D. 被保险人所受意外伤害是其死亡或残疾的直接原因或近因

E. 被保险人所受意外伤害是其死亡的原因之一

5. ［多选］意外伤害保险承保的范围有（　　）。

A. 意外事故导致工程本身受损

B. 意外事故导致施工设备受损

C. 被保险人在施工现场被高空坠物致残

D. 被保险人在施工现场由于操作不当死亡

E. 恶劣天气造成的工程损失

6. ［单选］建筑意外伤害保险期限应从工程项目被批准正式开工，且投保人已缴付保险费的次日（或约定起保日）0时起，至施工合同规定的工程竣工之日（　　）时止。

A. 24　　B. 12

C. 0　　D. 48

7. ［单选］下列对建筑意外伤害保险的解释，说法正确的是（　　）。

A. 建筑施工企业可以不为从事危险作业的职工办理意外伤害保险，支付保险费

B. 工程提前竣工的，保险责任自行终止

C. 工程停工期间，保险人仍承担保险责任

D. 已在企业所在地参加工伤保险的人员，从事现场施工时不得参加建筑意外伤害保险

考点：工程质量保证保险

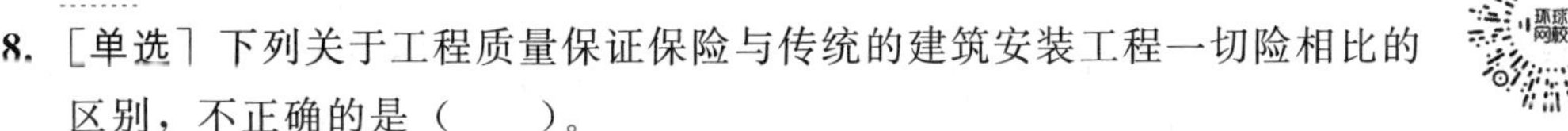

8. ［单选］下列关于工程质量保证保险与传统的建筑安装工程一切险相比的区别，不正确的是（　　）。

A. 工程质量保证保险通常需要在地产开发时按照暂定费率出具暂保单，工程竣工验收后再出具正式保险单

B. 工程质量保证保险直接出具正式保险单

C. 工程质量保证保险的保险金额依据工程竣工结算总造价确定，保额不变

D. 工程质量保证保险保障建筑工程在正常使用情况下，因潜在质量缺陷而造成的建筑物损坏

9. ［单选］对工程竣工时未发现的工程设计、建筑材料、技术缺陷导致后续使用过程中产生的质量问题提供风险保障的保险是（　　）。

A. 安装工程一切险　　B. 建筑工程一切险

C. 意外伤害保险　　D. 工程质量保证保险

学习笔记

本章学习检查表

知识点名称	初次学习		第一次复习		第二次复习	
	做对题目数/总题目数	学习日期	做对题目数/总题目数	复习日期	做对题目数/总题目数	复习日期
工程风险分类						
工程风险管理内容和方法						
工程保险特征及类型						
建筑工程一切险						
安装工程一切险						
职业责任保险						
意外伤害保险						
工程质量保证保险						

填写建议：

“做对题目数/总题目数”记录该知识点自己做题的情况，比如该知识点总题目数 10 题，做对了其中 7 题，记录为 7/10。

“学习日期”记录自己学习该知识点时的日期，建议把下一次进行复习的日期也写上。

备忘录

参考答案及解析

Day 39

1. C［解析］工程风险是指工程项目在决策、设计、施工及竣工验收等阶段可能遭受的风险。为便于识别风险和对不同类型风险采取不同的分析方法和应对措施，可按不同原则和标准，对工程风险进行分类。其中，按风险作用的强度，工程风险可以分为高度风险、中度风险和低度风险。因此 C 项正确。
2. C［解析］工程风险是指工程项目在决策、设计、施工及竣工验收等阶段可能遭受的风险。为便于识别风险和对不同类型风险采取不同的分析方法和应对措施，可按不同原则和标准对工程风险进行分类。其中，按风险是否可管理，可以将工程风险分为可管理风险和不可管理风险。因此 C 项正确。
3. CD［解析］工程风险是指工程项目在决策、设计、施工及竣工验收等阶段可能遭受的风险。为便于识别风险和对不同类型风险采取不同的分析方法和应对措施，可按不同原则和标准对工程风险进行分类：按风险造成的后果分为纯粹风险和投机风险；按风险发生的原因分为自然风险、政治风险、社会风险、经济风险和金融风险。

●考点再现

$Q_{1\text{-}3}$ 工程风险的分类：

- 工程风险
  - 按风险造成的后果分类
    - 纯粹风险
    - 投机风险
  - 按风险发生的原因分类
    - 自然风险
    - 政治风险
    - 社会风险
    - 经济风险
    - 金融风险
  - 按风险是否可管理分类
    - 可管理风险
    - 不可管理风险
  - 按工程项目参与方分类
    - 业主或投资商风险
    - 承包商风险
    - 咨询单位风险
  - 按风险作用的强度分类
    - 高度风险
    - 中度风险
    - 低度风险

4. C［解析］由于项目决策阶段是研究工程建设必要性、技术可行性、经济合理性的关键时期，该阶段涉及的内外部环境复杂，风险因素众多，业主或开发商承担的风险一般包括：

①国家宏观政策、产业政策及区域发展规划变动所引起的政策风险；②项目产品需求、价格和竞争等方面变化引起的市场风险；③国家和地区的居民教育程度和文化水平、风俗习惯等引起的社会文化风险；④与投资有关的法律风险；⑤投资决策组织机制、责任机制、动力机制、控制机制等方面不健全带来的内部决策机制风险等。由于项目决策阶段存在大量不确定因素，业主或开发商很容易做出错误的决定，带来风险损失。因此C项属于业主或开发商承担的风险。

5. BDE［**解析**］项目实施阶段由于涉及范围广、参与者众多、过程复杂等原因，业主或开发商会面临更多风险，包括政府或主管部门对工程项目干预太多、勘察设计工作不到位、合同条款不严谨、承包商缺乏合作诚意、监理工程师失职、材料或设备供应商履约不力等风险。A、C两项属于业主或开发商在项目决策阶段的风险。

6. A［**解析**］中标后，承包商与业主签订合同，并在履约过程中会遇到的风险包括：合同条件不平等或存在着对承包商不利的缺陷；合同管理不善；工程施工管理能力不足或技术不熟练；分包单位管理水平低下等。A项属于承包商在投标阶段的风险。

7. A［**解析**］承包商风险包括以下方面：①在投标阶段，承包商需要做一系列决策，例如，要进入哪个市场？要投标哪个工程项目？投何种性质的标？采用哪些策略来中标等，这些决策无不潜伏着大量风险，包括：投标相关信息取舍失误或信息失真的风险；选择投标中介或代理人不当的风险；投标失败或失误的风险等。②中标后，承包商与业主签订合同，并在履约过程中会遇到的风险包括：合同条件不平等或存在着对承包商不利的缺陷；合同管理不善；工程施工管理能力不足或技术不熟练；分包单位管理水平低下等。③工程完工后，应严格按照规定进行竣工验收，一旦出现问题，承包商可能会面临风险，包括：竣工验收时发现的质量问题；承办商未按规定进行档案资料管理，债权债务处理风险等。

8. B［**解析**］咨询设计服务单位接受业主委托，在工程实施过程中提供勘察、设计、监理、全过程工程咨询等方面的专业服务，同样要面临各种各样的风险。①来自业主或开发商的风险包括：业主或开发商不遵循客观规律，对工程提出不合理要求；咨询服务合同欠公平；可行性研究缺乏严肃性，数据服务于结果，缺乏客观性；对咨询设计服务单位的干预过多；工程投资预算不足，导致咨询设计服务单位存在资金风险。②来自承包商的风险包括：承包商低价中标，在施工过程中不断提出索赔；承包商缺乏职业道德，偷工减料，对工程极不负责，一旦出现这些情况导致质量安全事故，工程监理单位就要承担较大的连带责任。③来自自身职业责任的风险包括：勘察设计单位提供的设计方案不合理，或者存在较大失误；工程咨询单位编制的投资估算、设计概算不准；咨询设计服务单位的能力和水平不适应等。B项属于承包商的风险。

9. BCD［**解析**］受业主或开发商委托的工程监理单位，在合同实施期代表业主或开发商利益，工作中难免会与承包商产生分歧和争端，而承包商出于自身利益考虑，会造成工程监理单位的风险，来自承包单位的风险主要包括：承包商低价中标在施工过程中不断提出索赔；承包商缺乏职业道德，偷工减料，对工程极不负责，一旦这些情况导致质量安全事故，工程监理单位就要承担较大的连带责任。A项属于咨询设计服务单位风险中来自业主或开发商的风险。E项属于咨询设计服务单位风险中来自自身职业责任的风险。

Day 40

1. B［**解析**］工程风险管理流程是：①风险识别；②风险估计；③风险评价；④风险应对；⑤风险监控。

2. C［**解析**］风险管理流程内容包括工程风险识别、工程风险估计、工程风险评价、工程风险应对、工程风险监控。其中，工程风险识别是风险管理的第一步。

3. C［**解析**］工程风险识别是风险管理的第一步，能否将工程潜在的重大风险都识别出来，决定了风险管理效果。可按下列步骤进行工程风险识别：①收集和整理相关信息资料；②建立工程风险初始清单；③进行风险归集和分类；④编制工程风险清单。

4. D［**解析**］工程风险识别需要借助一些分析方法进行更多系统的横向思考。借助这些方法，可提高风险识别效率，且操作规范，不容易产生遗漏。在实际应用中可结合工程项目具体情况，组合使用这些方法：①核对表法；②头脑风暴法；③常识、经验和判断法。D 项属于工程风险评价常用的方法。

5. B［**解析**］工程风险估计的首要任务是分析和估计风险事件发生的概率与概率分布，这是工程风险估计中最为重要的一项工作，也常常是最困难的一项工作。

6. D［**解析**］除常用的风险估计方法外，还有确定型风险估计（盈亏平衡分析、敏感性分析、概率分析等）、不确定型风险估计（悲观准则、乐观准则、等可能准则和遗憾准则等）、随机型风险估计（最大可能原则、最大数学期望原则、最大效用数学期望原则、贝叶斯后验概率法等）。

7. B［**解析**］在分析风险事件对工程项目目标的影响程度时，只考虑风险损失的均值不足以反映真实的风险情况。因此，需要采用风险损失的标准差和变异系数来衡量风险后果的严重性。标准差越小，概率分布就会越密集，风险程度就越小。

8. ACD［**解析**］工程风险评价常用方法有主观评分法、蒙特卡洛法和等风险图法。B 项头脑风暴法属于工程风险识别常用方法。E 项属于工程项目风险估计常用方法。

9. B［**解析**］等风险图中若风险评价图中每条曲线代表一个风险事件，不同曲线风险程度不一样。曲线距离原点越远，期望损失越大，一般认为风险就越大。

●考点再现

Q 8-9　工程风险评价常用方法的记忆口诀是“主观蒙图”。

10. B［**解析**］风险回避是指当工程风险潜在威胁太大，不利后果也很严重，又无其他策略可用时，主动放弃项目或改变项目目标与行动方案，从而规避风险的一种策略。当工程项目的实施面临巨大风险，又没有有效办法控制风险，甚至保险公司也因风险太大拒绝承保时，就应考虑放弃项目实施，避免巨大的人员伤亡和财产损失。因此 B 项正确。

11. C［**解析**］风险转移的目的不是降低风险发生的概率和减轻不利后果，而是通过合同或协议，将风险损失的一部分转移到有能力承受或控制工程风险的个人或组织中。风险转移通常有两种途径：①保险转移。即借助第三方——保险公司来转移风险。这种途径需要花费一定费用将风险转移给保险公司，当风险发生时从保险公司获得经济补偿。与其他风险规避策略相比，工程保险转移风险的效率是最高的。②非保险转移。即通过签订协议进行风险转移。常见的工程风险非保险转移有出售、合同条款、担保和分包等途径。

因此 C 项属于风险转移。

12. B［**解析**］风险减轻是指将工程风险发生的概率或后果降低到某一可接受程度。在制定风险减轻措施时，必须依据工程风险特性，尽可能将工程风险降低到可接受水平，常见途径有减少风险发生概率、减少风险事件造成的损失、分散风险、分离风险等。因此 B 项不是工程风险减轻的途径。

13. A［**解析**］风险预防是一种主动的风险应对策略，常分为：①有形手段。即指在工程建设中，结合具体工程特性采取一定的工程技术手段，避免潜在风险事件发生。用工程技术手段预防风险有下列多种措施：防止风险因素出现；消除已存在的风险因素；将风险因素与人、财、物在时间和空间上隔离等。②无形手段。主要包括教育法和程序法。教育法是通过对工程项目管理人员广泛开展教育，提高参与者风险意识，使其认识到工作中可能面临的风险，了解并掌握处置风险的方法和技术，有效应对工程风险。程序法是指通过具体的规章制度使工作程序标准化，实现工程项目活动的规范化管理，尽可能避免风险事件发生和造成的损失。因此 A 项错误。

14. C［**解析**］风险自留是指工程建设参与方有意识地选择自己承担风险后果的一种风险应对策略。风险自留是一种风险财务技术，工程建设参与方明知可能会发生风险事件，但在权衡各种风险应对策略后，从经济性和可行性考虑，仍将风险自留，当风险损失出现时，则需要依靠工程建设参与方自身财力去弥补。因此 C 项正确。

15. B［**解析**］应对风险的更高层次是风险利用。风险利用仅对投机风险而言，原则上投机风险大部分有被利用的可能，但并不是轻易就能获得成功。因为投机风险具有两面性，有时利大于弊，有时则相反。风险利用就是促进风险向有利的方向发展。因此 B 项正确。

Day 41

1. ABDE［**解析**］工程保险属于财产保险范畴，但与普通的财产保险相比，有以下显著特征：①风险具有特殊性；②保障具有综合性；③被保险人具有广泛性；④保险期限具有不确定性；⑤保险金额具有变动性。

2. C［**解析**］按保障范围不同，工程保险可分为建筑工程一切险、安装工程一切险、职业责任保险、意外伤害保险、保证保险、十年责任险和机动车辆险等。按照实施方式可分为强制保险和自愿保险。

3. A［**解析**］A 项属于建筑工程一切险中第三者责任部分的责任范围。第三者是指除保险人和所有被保险人以外的单位和人员，不包括被保险人和其他承包商所雇佣的在现场从事施工的人员。在工程保险有效期内因发生与承保工程直接相关的意外事故造成工地内及邻近地区的第三者人身伤亡或财产损失，依法应由被保险人承担经济赔偿责任时，均可由保险人按规定赔偿，包括事先经保险人书面同意的被保险人因此而支出的诉讼费用，但不包括任何罚款，其最高赔偿额不得超过保险单明细表中规定的每次事故的赔偿限额或保单有效期内累计赔偿限额。B、C 两项属于物质损失部分的保险除外责任。D 项属于建筑工程一切险总除外责任。

4. A［**解析**］第三者是指除保险人和所有被保险人以外的单位和人员，不包括被保险人和其他承包商所雇佣的在现场从事施工的人员。在工程保险有效期内因发生与承保工程直接相关的意外事故造成工地内及邻近地区的第三者人身伤亡或财产损失，依法应由被保险人承担经济赔偿责任时，均可由保险人按规定赔偿，包括事先经保险人书面同意的被保险人因此而支出的诉讼费用，但不包括任何罚款，其最高赔偿额不得超过保险单明细表中规定的每次事故的赔偿限额或保单有效期内累计赔偿限额。A 项是保险公司应根据第三者责任险承担赔偿责任。

5. D［**解析**］适用于第三者责任保险除外责任的有：①保险单物质损失项下或本应在该项下予以负责的损失及各种费用。②业主、承包商或其他相关方或他们所雇用的在工地现场从事与工程有关工作的职员、工人及其家庭成员的人身伤亡或疾病。③业主、承包商或其他相关方或他们所雇用的职员、工人所有的或由其照管、控制的财产损失。④领有公共运输执照的车辆、船舶和飞机造成的事故。⑤由于震动、移动或减弱支撑而造成的任何财产、土地、建筑物损失或由于上述原因造成的人身伤亡或财产损失。⑥被保险人根据与他人的协议应支付的赔偿或其他款项。但即使没有这种协议，被保险人应承担的责任也不在此限。D 项属于建筑工程一切险第三者责任部分的责任范围。

6. BCD［**解析**］建筑工程一切险责任的终止有以下几种情况，以先发生者为准：①保险单规定的终止时间；②建筑工程完毕移交给工程所有人时；③工程所有人开始使用时。若部分使用，则该部分责任终止。因此 B、C、D 三项符合题意。

7. A［**解析**］施工用机械、工具及设备为单独的年费率。B 项实行整个保证期一次性费率。C 项整个工期内实行一次性费率。D 项实行整个工期一次性费率。

8. C［**解析**］安装工程一切险物质损失部分的责任范围：在保险期限内，安装工程一切险承保保险单中列明的被保险财产在列明的工地范围内，因保险单除外责任以外的任何自然灾害或意外事故造成的物质损失。这些自然灾害或意外事故包括以下两个方面。

(1) 自然灾害。自然灾害是指地震、海啸、雷电、飓风、台风、龙卷风、风暴、暴雨、洪水、水灾、冻灾、冰雹、地崩、山崩、雪崩、火山爆发、地面下陷下沉及其他人力不可抗拒的破坏力强大的自然现象。

(2) 意外事故。意外事故是指不可预料的以及被保险人在主观上既无故意也无过失，而是由于不能抗拒或不能预见的原因所造成物质损失或人身伤亡的突发性事件。

洪水引起的安装工程损失属于自然灾害造成的物质损失；超电压引起的其他财产损失，被保险人在主观上既无故意也无过失；空中运行物体坠落引起安装工程损失属于不能预见的原因造成的物质损失。

由于超负荷、超电压、碰线等电气原因造成电气设备或电气用具本身的损失，安装工程一切险不予负责，只对由于电气原因造成的其他保险财产的损失予以赔偿。

9. C［**解析**］由于超负荷、超电压、碰线等电气原因造成电气设备或电气用具本身的损失，安装工程一切险不予负责，只对由于电气原因造成的其他保险财产的损失予以赔偿。

10. A［**解析**］由于在试车考核期的出险率高往往占整个工程出险的一半，甚至 80% 以上，因此，对于已使用过的机器设备，保险人一般不承保试车考核期。试车开始，保险责任即告终止。因此 A 项正确。

Day 42

1. D［解析］责任免除可划分为绝对责任免除和相对责任免除。绝对责任免除包括不可抗力、他人责任、被保险人责任。相对责任免除包括文件、图纸或其他资料的损毁、灭失，交叉责任等。

2. C［解析］工程监理责任险的保险责任指在保单明细表中列明的保险期限或追溯期内，因过失未能履行监理合同中约定的监理义务或作出错误指令导致所监理的工程发生工程质量事故，给委托人造成经济损失的，依法应由被保险人承担赔偿责任，保险人根据保险合同负责赔偿。赔偿范围包括直接经济损失费相关事故产生的诉讼和律师费，以及为减少损失而采取措施支出的必要费用。C项属于工程设计责任保险的责任范围。

3. B［解析］按其标的不同，工程设计责任险可分为年度责任险、项目责任险和多个项目险三类。年度责任险是指以工程设计单位一年内完成的全部工程设计项目可能发生的赔偿责任作为保险标的的工程设计责任保险。项目责任险是指以工程设计单位完成的某一工程设计项目可能发生的赔偿责任作为保险标的的工程设计责任险。多个项目险是指以工程设计单位完成的多个工程设计项目可能发生的赔偿责任作为保险标的的工程设计责任险。

4. ABD［解析］意外伤害险的保险责任由以下三个必要条件构成，缺一不可：①被保险人在保险期限内遭受意外伤害；②被保险人在责任期限内死亡或残疾；③被保险人所受意外伤害是其死亡或残疾的直接原因或近因。因此A、B、D三项符合题意。

5. CD［解析］建筑意外伤害保险范围应当覆盖施工项目，是指施工单位在施工现场从事施工作业和管理的人员受到的意外伤害，以及由于施工现场施工直接给其他人员造成的意外伤害。已在企业所在地参加工伤保险的人员，从事现场施工时仍可参加施工人员意外伤害保险。建筑意外伤害保险是人员受到意外伤害的人身保险，A、B、E三项是工程或设施的损失，不属于意外伤害保险范围。

6. A［解析］建筑意外伤害保险期限应从工程项目被批准正式开工，且投保人已缴付保险费的次日（或约定起保日）0时起，至施工合同规定的工程竣工之日24时止。提前竣工的，保险责任自行终止。工程因故延长工期或停工的，需书面通知保险人并办理保险期间顺延手续，但保险期间自开工之日起最长不超过五年。工程停工期间，保险人不承担保险责任。

7. B［解析］《建筑法》规定，建筑施工企业必须为从事危险作业的职工办理意外伤害保险，支付保险费。已在企业所在地参加工伤保险的人员，从事现场施工时仍可参加施工人员意外伤害保险。建筑意外伤害保险期限应从工程项目被批准正式开工，且投保人已缴付保险费的次日（或约定起保日）零时起，至施工合同规定的工程竣工之日24时止。提前竣工的，保险责任自行终止。工程停工期间，保险人不承担保险责任。B项正确。

8. B［解析］工程质量保证保险与建筑安装工程一切险相比有许多不同之处。①保险责任不同。建筑安装工程一切险主要保障自然灾害、意外事故等造成的损失；而工程质量保证保险保障建筑工程在正常使用情况下，因潜在质量缺陷而造成的建筑物损坏。②被保险人不同。建筑安装工程一切险的被保险人可以是与工程有利益相关各方，如开发商、总承包单位、分包单位、工程监理单位等；而工程质量保证保险被保险人通常是开发商。③保险单

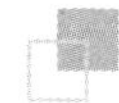

出具方式不同。建筑安装工程一切险是直接出具正式保险单；而工程质量保证保险通常需要在地产开发时按照暂定费率出具暂保单，工程竣工验收后再出具正式保险单。④保险金额不同。建筑安装工程一切险的保险金额随着工程进展而递增；而工程质量保证保险的保险金额依据工程竣工结算总造价确定，保额不变。⑤风险控制措施不同。因此 B 项叙述错误。

9. D［**解析**］工程质量保证保险是指开发商投保，由保险公司根据保险条款约定，对保修范围和保修期限内出现的由于工程质量潜在缺陷导致的投保建筑物损坏履行赔偿义务的一种特殊保险。工程质量保证保险可对工程竣工时未发现的工程设计、建筑材料、技术缺陷导致后续使用过程中产生的质量问题提供风险保障。

第 10 章　建筑信息模型（BIM）与建筑智能化

学习指导

本章主要涉及的是建筑信息模型及智能化相关内容。需要理解 BIM 技术特征，分析 BIM 技术应用价值和发展趋势，掌握 BIM 技术在建设工程规划设计、施工、运营维护全寿命期的应用；了解智能建筑与智慧城市及新一代智能制造技术在建筑中的应用，将智能制造技术与建筑业进一步融合。

建议大家在学习本章内容时，以理解性记忆为主，重点记忆智能建筑与智慧城市内容。

日期	考点
Day 43	➢BIM 技术特征 ➢BIM 技术应用价值 ➢BIM 技术发展趋势
Day 44	➢BIM 技术在规划设计阶段的应用 ➢BIM 技术在工程施工阶段的应用 ➢BIM 技术在运营维护阶段的应用
Day 45	➢智能建筑与智慧城市 ➢新一代智能制造技术在建筑中的应用

Day 43

扫码听课

考点：BIM 技术特征

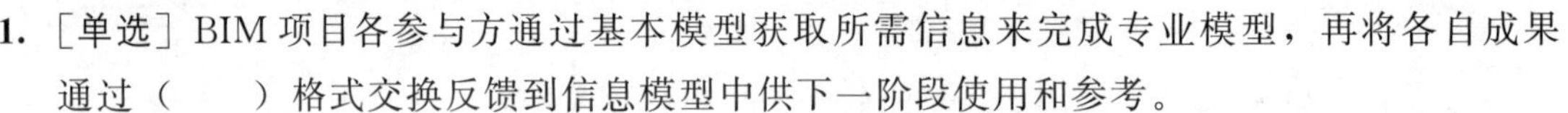

1. ［单选］BIM 项目各参与方通过基本模型获取所需信息来完成专业模型，再将各自成果通过（　　）格式交换反馈到信息模型中供下一阶段使用和参考。

A. IFC　　B. PDF

C. JPG　　D. IDC

考点：BIM 技术应用价值

2. ［单选］BIM 技术的（　　）功能可以为业主在设计阶段提供建筑产品的模拟效果，极大地提高业主对设计方案的理解能力。

A. 可持续性　　B. 协调性

C. 多元化　　D. 可视化

3. ［单选］应用 BIM 技术进行设计和分析，使建筑物可以更好地适应环境变化，提高能源利用效率，从而减少能耗，属于 BIM 技术（　　）方面的应用价值。

A. 有利于缩短工期　　B. 提高业主对市场的反应速度

C. 有利于技术与管理创新　　D. 提高建设设施的可持续性

4. ［多选］下列重要价值中，属于 BIM 技术应用价值的有（　　）。

A. 有利于技术与管理创新

B. 提高生产效率

C. 有利于缩短项目工期

D. 提高建设设施的可持续性

E. 大大降低风险，无须考虑风险因素

考点：BIM 技术发展趋势

5. ［单选］下列不属于 BIM 技术发展趋势的是（　　）。

A. BIM 与 GIS 结合

B. 多维（nD）项目管理模式

C. 实现预制加工工业化与全球化

D. BIM 技术虚拟建设模式还没有被广泛应用在项目管理中

6. ［多选］下列关于 BIM 应用软件发展方向的说法，正确的有（　　）。

A. 不更新现有的 BIM 基础性软件

B. BIM 应用软件与管理软件的集成

C. 新 BIM 应用软件的开发

D. 现有 BIM 软件的二次开发

E. 现有 BIM 软件的完善

7. ［多选］下列属于 BIM 技术未来发展趋势的有（　　）。

A. 制造商启用 3D 产品目录

B. 实现预制加工工业化与全球化

C. BIM 模型自动检测是否符合规范和可施工性

D. 完全实现自动化

E. 多维（nD）项目管理模式

学习笔记

Day 44

✓ 考点：BIM 技术在规划设计阶段的应用

1. ［多选］下列关于 BIM 实施规划的内容，正确的有（　　）。

A. BIM 实施的相应技术措施　　B. BIM 实施的具体内容

C. 投资估算　　D. 实施组织

E. 项目基本情况

2. ［单选］下列说法中，BIM 技术在方案设计阶段的应用不包括（　　）。

A. 分析方案建模　　B. 设计准备

C. 建筑生态模拟　　D. 建筑可视化分析

3. ［单选］下列不属于 BIM 技术在施工图设计阶段的应用的是（　　）。

A. 专业模型深化　　B. BIM 设计成果交付

C. 场地建模　　D. 辅助模型信息深化

4. ［单选］下列说法中，BIM 在施工图设计阶段中专项设计不包括（　　）。

A. BIM 设计成果交付　　B. 幕墙设计

C. 室内设计　　D. 钢结构设计

✓ 考点：BIM 技术在工程施工阶段的应用

5. ［多选］基于 BIM 的深化设计，模型质量控制包括（　　）。

A. 事前质量控制　　B. 工作流程

C. 专业模型深化成果交付　　D. 质量验收

E. 专业模型深化

6. ［单选］下列说法中，BIM 数字化加工模型的注意事项不包括（　　）。

A. 处理好多个应用软件之间的数据兼容性

B. 不需要考虑精度

C. 要考虑到精度

D. 要考虑到容许误差

7. ［多选］下列说法中，基于 BIM 的虚拟建造方面的内容包括（　　）。

A. 基于 BIM 的数字化加工　　B. 基于 BIM 的施工方案模拟

C. 基于 BIM 的深化设计　　D. 基于 BIM 的预制构件虚拟拼装

E. 基于 BIM 的施工进度管理

8. ［单选］以下说法中，BIM 技术应用于施工现场临时设施规划的流程不包括（　　）。

A. 主体模型简化　　B. 模型信息使用

C. 模型信息简化　　D. 模型信息建立

9. ［单选］下列关于 BIM 的施工进度管理的说法，错误的是（　　）。

A. 进行总、分进度计划之间的协调平衡

B. 直观高效地管理有关施工进度信息

C. 实现工程进度静态控制

D. 支持管理者持续跟踪工程实际进度信息

10. ［多选］下列说法中，基于 BIM 的 5D 模拟与方案优化的应用包括（　　）。

A. 施工方案的造价分析及优化
B. 工程量自动计算
C. 优化资金使用计划
D. 合理安排施工进度
E. 运行监控

11. ［多选］下列说法中，BIM 在工程造价管理中的应用价值包括（　　）。

A. 优化资金使用计划
B. 支撑不同维度多算对比分析
C. 支持不同阶段的成本控制
D. 积累和共享造价数据
E. 提高工程造价数据的时效性

12. ［多选］下列说法中，基于 BIM 的工程预算模型的主要特点包括（　　）。

A. BIM5D 辅助工程造价全过程管理
B. 深化设计可降低额外费用产生
C. 工程造价调整更加快捷
D. 优化资金使用计划
E. 基于模型的工程量计算和计价一体化

考点：BIM 技术在运营维护阶段的应用

13. ［多选］下列功能中，属于基于 BIM 的运营维护管理功能的有（　　）。

A. 进度跟踪
B. 维护计划
C. 资产管理
D. 建筑环境分析
E. 空间管理

14. ［多选］下列说法中，基于 BIM 的运营维护管理平台在建筑环境分析方面的功能包括（　　）。

A. 基于 BIM 的专业建筑物系统分析软件，可以验证优化建筑性能
B. 基于 BIM 的专业建筑物系统分析软件，可以分析模拟建筑性能
C. 可以通过开发能源管理功能模块，自动统计分析建筑能耗情况
D. 获取建筑空间中的温度、湿度、CO_2 浓度、光照度、空气洁净度等信息数据
E. 确保空间资源的最大利用率

学习笔记

Day 45

✔ 考点：智能建筑与智慧城市

1. ［单选］建筑高度超过（　　）m 的建筑所设置的应急响应系统，必须配置与上一级应急响应系统信息互联的通信接口。

A. 10　　B. 50

C. 100　　D. 150

2. ［多选］下列系统中，属于智能建筑基本构成的有（　　）。

A. 城市管理系统

B. 信息化应用系统

C. 智能化集成系统

D. 信息设施系统

E. 项目管理系统

3. ［多选］下列属于智慧城市评价指标设计原则的有（　　）。

A. 可操作性　　B. 代表性

C. 人本性　　D. 开放性

E. 系统性

4. ［多选］下列说法中，智慧城市顶层设计的基本过程包括（　　）。

A. 实施路径分析　　B. 架构设计

C. 融合共享　　D. 总体设计

E. 需求分析

5. ［多选］下列说法中，属于能力类一级指标的包括（　　）。

A. 创新能力　　B. 信息资源

C. 机制保障　　D. 信息资源共享

E. 基础设施

✔ 考点：新一代智能制造技术在建筑中的应用

6. ［多选］不同于传统的“设计意图—建筑制图—再现—建造”过程，传统与人机共生下的设计建造流程包括（　　）。

A. 建造　　B. 迭代

C. 建筑制图　　D. 模拟

E. 生形

7. ［单选］新一代智能制造系统最本质的特征是其信息系统增加了（　　）功能。

A. 三维模拟　　B. 认知和学习

C. 3D 打印　　D. 机器人建造

8. ［单选］人机共生下的全新工作模式特征不包括（　　）。

A. 一体化　　B. 体外化

C. 虚拟化/物质化的数字孪生　　D. 信息化

9. ［单选］3D 打印技术基本原理不包括（　　）。

A. 三维模型建立与近似处理

B. 模型切片与路径规划

C. 模型层片加工与叠加

D. 模型分段与叠加

学习笔记

本章学习检查表

知识点名称	初次学习		第一次复习		第二次复习	
	做对题目数/总题目数	学习日期	做对题目数/总题目数	复习日期	做对题目数/总题目数	复习日期
BIM 技术特征						
BIM 技术应用价值						
BIM 技术发展趋势						
BIM 技术在规划设计阶段的应用						
BIM 技术在工程施工阶段的应用						
BIM 技术在运营维护阶段的应用						
智能建筑与智慧城市						
新一代智能制造技术在建筑中的应用						

填写建议：

"做对题目数/总题目数"记录该知识点自己做题的情况，比如该知识点总题目数 10 题，做对了其中 7 题，记录为 7/10。

"学习日期"记录自己学习该知识点时的日期，建议把下一次进行复习的日期也写上。

备忘录

参考答案及解析

Day 43

1. A［**解析**］BIM 项目不同参与方通过基本模型获取所需的信息来完成自己的专业模型，然后将各自成果通过 IFC 格式交换反馈到信息模型中，传递到下一个阶段以供使用和参考。
2. D［**解析**］BIM 技术的可视化功能可以为业主在设计阶段提供建筑产品的模拟效果，极大地提高业主对设计方案的理解能力，使得使用方在项目建设早期即可对建筑效果、性能进行审视和校核，将许多不满意及隐患解决在规划设计阶段。因此 D 项正确。
3. D［**解析**］BIM 技术应用对工程项目参建各方均具有重要价值，主要体现在以下几个方面：①提高生产效率。②提高业主对设计方案的评估能力。③提高业主对市场的反应速度。④提高建设设施的可持续性。⑤为设施管理提供更好的平台。⑥有利于技术与管理创新。其中，应用 BIM 技术进行设计和分析，使建筑物可以更好地适应环境变化，提高能源利用效率，从而减少能耗，提高建设设施的可持续性。因此 D 项正确。
4. ABCD［**解析**］BIM 技术应用对工程项目参建各方均具有重要价值，主要体现在以下几个方面：①提高生产效率；②提高业主对设计方案的评估能力；③有利于缩短项目工期，提高业主对市场的反应速度；④提高建设设施的可持续性；⑤为设施管理提供更好的平台；⑥有利于技术与管理创新。其中，提高建设设施的可持续性体现在：应用 BIM 技术进行设计和分析，使建筑物可以更好地适应环境变化，提高能源利用效率，从而减少能耗，提高建设设施的可持续性。

●考点再现

Q $_{2\text{-}4}$ BIM 应用价值：

（1）提高生产效率。

①利用 BIM 技术可以大大加强各参与方协同工作，提高信息交流的有效性，从而提高决策速度和有效性，减少返工率，提高生产效率，节约成本。

②基于 BIM 模型的工料测量和预算，相比基于 2D 图纸的费用预算更加快速、准确，可节约大量计算时间和人力。

（2）提高业主对设计方案的评估能力。

BIM 的可视化功能可以为业主在设计阶段提供建筑产品的模拟效果，极大地提高业主对设计方案的理解能力，使得使用方在项目建设早期即可对建筑效果、性能进行审视和校核，将许多不满意及隐患（如设计碰撞等）解决在规划设计阶段。

（3）提高业主对市场的反应速度。

采用 BIM 技术可以有效地提高建设速度，缩短项目工期，从而帮助业主更加快速地对于市场变化作出反应。

（4）提高建设设施的可持续性。

应用 BIM 技术进行设计和分析，使建筑物可以更好地适应环境变化，提高能源利用效率，从而减少能耗，提高建设设施的可持续性。

（5）为设施管理提供更好的平台。

利用 BIM 竣工模型，可以迅速、准确、全面地向设施管理机构提供项目设计、采购与施工阶段信息，方便项目设施管理和维护。

（6）有利于技术与管理创新。

①BIM 技术的应用，能带来生产力和企业效率的提升，但在短期内却有可能因为对新技术的消化不够，而引起对工作流程的干扰，导致旧有业务失衡，产生项目风险。

②大约 70%的针对 BIM 技术应用而进行的业务工作流程改造项目，会因为三个原因而失败：a. 缺乏持续有力的中高层领导的支持；b. 不切实际的 BIM 项目目标和期望；c. 项目成员对改变的抗拒。

5. D［**解析**］BIM 技术未来的发展趋势有 BIM 模型自动检测是否符合规范和可施工性、制造商启用 3D 产品目录、多维（*n*D）项目管理模式、实现预制加工工业化与全球化、BIM 与 GIS 结合。其中，未来项目管理的维度将由三维（3D）发展到四维（4D）、五维（5D）甚至是多维（*n*D），虚拟建设模式已不再停留在研究领域而是被广泛应用到项目管理中，并且越来越多的软件涌现出来支撑其应用。

6. BCDE［**解析**］BIM 技术发展趋势可归纳为基于 BIM 的特性及工程建设中遇到的实际问题，更多新的 BIM 应用点将被确定，并带动 BIM 应用软件发展，而 BIM 应用软件将朝着新 BIM 应用软件的开发、现有软件的二次开发和完善及 BIM 应用软件与管理软件的集成三者并行的方向发展。

7. ABCE［**解析**］BIM 技术未来的发展趋势有 BIM 模型自动检测是否符合规范和可施工性、制造商启用 3D 产品目录、多维（*n*D）项目管理模式、实现预制加工工业化与全球化、BIM 与 GIS 的结合发展趋势。

Day 44

1. ABDE［**解析**］BIM 技术实施规划为具体项目执行 BIM 应用设定目的、规范协作流程、确定信息交换机制、明确实施内容并规定交付内容及技术标准。一般来说，其内容包括项目基本情况、实施组织及 BIM 实施的具体内容和相应技术措施。因此 A、B、D、E 四项正确。

2. B［**解析**］思维的随意性和连贯性在建筑设计的方案构思阶段很重要，因此，方便顺手的传统手绘草图仍然不可替代，但 BIM 工具在方案建模、建筑生态模拟、建筑可视化分析方面有其独特作用。而施工进度计划属于 BIM 技术在工程施工阶段的应用。B 项不属于 BIM 技术应用于方案设计阶段的内容。

3. C［**解析**］施工图设计是建筑设计的重要阶段，借助 BIM 技术，施工图设计在信息时代发生了深刻变化。BIM 技术在施工图设计阶段的应用主要包括专业模型深化、辅助模型信息深化、专项设计、BIM 设计成果交付。而 C 项场地建模属于 BIM 技术在设计前期阶段的应用。

4. A［**解析**］BIM 技术在施工图设计阶段的应用，包括专业模型深化、辅助模型信息深化、专项设计、BIM 设计成果交付。其中，专项设计包括室内设计、钢结构设计和幕墙设计。A 项不属于 BIM 在施工图设计阶段应用中专项设计的内容。

5. AD［**解析**］模型质量控制的主要对象为 BIM 模型数据。模型质量控制可分为事前质量控制和质量验收两个环节。

6. B［**解析**］采用 BIM 模型与数字化建造系统的结合来实现建筑施工流程自动化。通过数字化加工，可以自动完成建筑构件的预制，降低建造误差，提高建造生产率。BIM 数字化加工模型的注意事项：①要考虑到精度和容许误差；②选择适当的设计深度；③处理好多个应用软件之间的数据兼容性。B 项不属于 BIM 数字化加工模型的注意事项。

7. BD［**解析**］基于 BIM 的虚拟建造是实际建造过程在计算机上的虚拟仿真实现，以便发现实际建造中存在或者可能出现的问题。基于 BIM 的虚拟建造包括基于 BIM 的预制构件虚拟拼装和施工方案模拟两方面内容。因此 B、D 两项符合题意。

8. C［**解析**］应用 BIM 技术协调施工现场临时设施规划，主要是为解决多阶段平面布置协调中依靠二维图纸堆叠查看的复杂和各阶段平面布置信息不连续问题。其流程主要有：①标准化族库建立；②主体模型简化；③模型信息建立；④平面布置模拟；⑤模型信息使用。因此，C 项不属于 BIM 技术应用于施工现场临时设计规划的流程。

9. C［**解析**］BIM 技术应用，有助于提升工程施工进度计划和控制效率。一方面，支持总进度计划和项目实施中分阶段进度计划的编制，同时进行总、分进度计划之间的协调平衡，直观高效地管理有关施工进度信息。另一方面，支持管理者持续跟踪工程实际进度信息，在 BIM 条件下将实际进度与计划进度进行动态跟踪及可视化模拟对比，进行工程进度趋势预测，为项目管理人员采取纠偏措施提供依据，实现工程进度动态控制。因此 C 项错误。

●考点再现

Q5-9 BIM 技术在工程施工阶段的应用包括基于 BIM 的深化设计与数字化加工、基于 BIM 的虚拟建造、基于 BIM 的施工现场临时设施规划、基于 BIM 的施工进度管理、基于 BIM 的工程造价管理。

10. ACD［**解析**］基于 BIM 的 5D 模拟与方案优化应用包括：①合理安排施工进度；②施工方案的造价分析及优化；③优化资金使用计划。因此，A、C、D 三项正确。

11. BCDE［**解析**］BIM 在工程造价管理中的应用价值主要体现在以下几方面：①提高工程量计算准确性；②更好地控制设计变更；③提高项目策划的准确性和可行性；④积累和共享造价数据；⑤提高工程造价数据的时效性；⑥支持不同阶段的成本控制；⑦支撑不同维度多算对比分析。B、C、D、E 四项体现了 BIM 技术在工程造价管理中的应用价值。

12. ABCE［**解析**］基于 BIM 的工程预算具有以下特点：①基于模型的工程量计算和计价一体化；②工程造价调整更加快捷；③深化设计可降低额外费用产生；④BIM 5D 辅助工程造价全过程管理。因此，A、B、C、E 四项符合题意。

13. BCDE［**解析**］基于 BIM 的运营维护管理指运用 BIM 技术与运营维护管理系统相结合，对建筑空间、设备、资产及软性服务进行科学管理。基于 BIM 的运营维护管理功能包括运行监控、维护计划、资产管理、建筑环境分析、空间管理、应急管理等方面。B、C、D、E 四项属于基于 BIM 的运营维护管理功能。

14. ABCD［解析］基于 BIM 的运营维护管理平台可以获取建筑空间中的温度、湿度、CO_2 浓度、光照度、空气洁净度等信息数据，并通过开发能源管理功能模块，自动统计分析建筑能耗情况。此外，基于 BIM 的专业建筑物系统分析软件，可以分析模拟和验证优化建筑性能。因此，A、B、C、D 四项符合题意。

Day 45

1. C［解析］应急响应系统是指为应对各类突发公共安全事件，提高应急响应速度和决策指挥能力，有效预防、控制和消除突发公共安全事件的危害，具有应急技术体系和响应处置功能的应急响应保障机制或履行协调指挥职能的系统。总建筑面积大于 20 000m^2 的公共建筑或建筑高度超过 100m 的建筑所设置的应急响应系统，必须配置与上一级应急响应系统信息互联的通信接口。因此 A 项正确。
2. BCD［解析］智能建筑以增强建筑物科技功能、提升智能化系统的技术功效和绿色建筑为目标，追求功能实用、技术适时、安全高效、运营规范和经济合理。智能建筑通常由信息化应用系统、智能化集成系统、信息设施系统、建筑设备管理系统、公共安全系统、应急响应系统、智能化系统机房工程等组成。因此，B、C、D 三项正确。
3. ABCE［解析］智慧城市评价指标设计应遵循的原则是：导引性、代表性、人本性、规范性、可操作性、系统性。
4. ABDE［解析］智慧城市顶层设计是指从城市发展需求出发，运用体系工程方法统筹协调城市各要素，开展智慧城市需求分析，对智慧城市建设目标、总体框架、建设内容、实施路径等方面进行整体性规划和设计的过程。智慧城市顶层设计基本过程分为需求分析、总体设计、架构设计、实施路径分析四步。因此，A、B、D、E 四项符合题意。
5. ABCE［解析］智慧城市评价指标体系可分为能力类、成效类两类指标。能力类指标是指对智慧城市建设运营的基础能力评价指标，即城市运用各种资源建设运营智慧城市的基本能力评价指标。智慧城市评价中的能力类一级指标通常包括信息资源、网络安全、创新能力、机制保障和基础设施五方面。D 项信息资源共享属于信息资源的二级指标。
6. ABDE［解析］不同于传统的“设计意图—制图—再现—建造”过程，借助参数化设计方法达成的人机协作，重新建立起从“设计意图”到“建造”之间的连接，最终得到的成果并不是预先给定的，而是从设计目标出发、依照逻辑逐步推演而来的，其中，生形、模拟、迭代、优化与建造形成了传统与人机共生下的设计建造流程比较。因此，A、B、D、E 四项正确。
7. B［解析］新一代智能制造系统最本质的特征是其信息系统增加了认知和学习功能，信息系统不仅具有强大的感知、计算分析与控制能力，更具有学习提升、产生知识的能力。因此 B 项符合题意。
8. D［解析］人机共生下的全新工作模式的特征包括一体化、体外化、虚拟化/物质化的数字孪生。
9. D［解析］3D 打印技术基本原理包括：①三维模型建立与近似处理；②模型切片与路径规划；③模型层片加工与叠加。

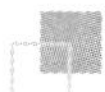

第 11 章　绿色建筑

学习指导

本章主要介绍的是绿色建筑技术体系及评价体系相关内容。需要辨别绿色建筑特征，理解绿色建筑相关政策及标准；围绕建筑节能及可再生能源利用、建筑节地与城市地下空间开发、建筑节水与城市雨水利用、建筑节材与绿色建筑设施设备、室内环境控制与室外环境设计等方面分析绿色建筑技术体系；应用国内外绿色建筑评价体系进行绿色建筑评价。

建议大家在学习本章内容时，重点学习应用国内外绿色建筑评价体系进行绿色建筑评价。

日期	考点
Day 46	➢绿色建筑的特征 ➢绿色建筑相关政策及标准
Day 47	➢建筑节能及可再生能源利用
Day 48	➢建筑节地与城市地下空间开发 ➢建筑节水与城市雨水利用 ➢建筑节材与绿色建筑设施设备
Day 49	➢室内环境控制与室外环境设计 ➢我国绿色建筑评价体系 ➢国外绿色建筑评价体系

Day 46

考点：绿色建筑的特征

1. ［单选］绿色建筑的特征不包括（　　）。

A. 实现人与自然和谐共生

B. 建筑全寿命期绿色化

C. 尽可能地使用一次性资源

D. 提供“健康、适用、高效”的使用空间

2. ［单选］绿色建筑具有的（　　）的特征体现了在建造绿色建筑过程中，不仅要满足人们的使用需求和基本功能，还要改善室内外环境质量，满足人们高品质需求。

A. “四节一环保”

B. 实现人与自然和谐共生

C. 提供“健康、适用、高效”的使用空间

D. 建筑全寿命期绿色化

3. ［单选］绿色建筑“四节一环保”中的“四节”不包括（　　）。

A. 节能　　B. 节地

C. 节水　　D. 节钱

考点：绿色建筑相关政策及标准

4. ［单选］国家《绿色建筑行动方案》要求自2014年起政府投资的国家机关、学校、医院、博物馆、科技馆、体育馆等建筑，直辖市、计划单列市及省会城市的保障性住房，以及单体建筑面积超过（　　）m^2 的机场、车站、宾馆、饭店、商场、写字楼等大型公共建筑全面执行绿色建筑标准。

A. 10 000　　B. 20 000

C. 30 000　　D. 40 000

5. ［多选］《关于加快推动我国绿色建筑发展的实施意见》中提出了针对（　　）星级绿色建筑的财政奖励标准。

A. 四　　B. 三

C. 二　　D. 一

E. 特

6. ［多选］绿色建筑标准体系需要充实和完善的维度包括（　　）。

A. 由单体向区域　　B. 不同地域特点

C. 不同材料类型　　D. 不同建筑类型

E. 全寿命期

7. ［单选］国家强制推广绿色建筑政策的原则不包括（　　）。

A. 因地制宜　　B. 节约成本

C. 成熟技术推广　　D. 避免增加过多工作量

学习笔记

Day 47

考点：建筑节能及可再生能源利用

1. [单选]（　　）是指建筑规划、设计、施工和使用维护过程中，在满足规定的建筑功能要求和室内环境质量的前提下，通过采取技术措施和管理手段，实现提高能源利用效率、降低运行能耗的活动。

A. 低碳建筑　　B. 建筑节能
C. 能源利用　　D. 绿色建筑

2. [单选] 下列属于外墙外保温特点的是（　　）。

A. 不便于二次装修和吊挂饰物　　B. 容易引起热桥
C. 出现裂缝时维修比较困难　　D. 取材容易，施工方便

3. [单选] 下列关于结构保温一体化技术在建筑中应用的说法，错误的是（　　）。

A. 夹心保温
B. 对于寒冷地区的墙体会偏厚
C. 适用范围广
D. 严寒地区的框架部分不会产生热桥现象

4. [多选] 下列关于外墙夹心保温技术在建筑中的应用，说法正确的有（　　）。

A. 可用于寒冷地区　　B. 可用于严寒地区
C. 可用于酷暑地区　　D. 可用于温暖地区
E. 可用于夏热冬暖地区

5. [单选] 地源热泵的原理特点是（　　）。

A. 利用地下浅层地热资源，既能制热又能制冷
B. 利用地下深层地热资源，只能制热
C. 利用地下浅层地热资源，只能制热
D. 利用地下深层地热资源，既能制热又能制冷

6. [单选] 提高（　　）外窗的遮阳能力可以提高窗户隔热性能。

A. 南、北　　B. 东、西
C. 东、北　　D. 南、西

7. [单选] 下列关于实现遮阳目的做法，错误的是（　　）。

A. 设置窗帘　　B. 增设遮阳板
C. 减小阳台面积　　D. 增设遮阳棚

8. [多选] 下列关于提高门窗气密性的做法，正确的有（　　）。

A. 减少门窗框与四周墙体之间缝隙的密闭性
B. 通过密封条固定在窗扇上
C. 设计减少门窗洞口数量
D. 通过密封条固定在门窗框上
E. 增强门窗框与四周墙体之间缝隙的密闭性

9. ［单选］下列关于正置式屋面的应用，说法正确的是（　　）。

A. 价格昂贵　　B. 施工简便

C. 将保温层设置在防水层之上　　D. 使用寿命短

10. ［单选］下列关于架空通风屋面优点的说法，错误的是（　　）。

A. 后期易维修

B. 构造简单

C. 造价低廉

D. 夏季建筑物顶层的温度会比其他楼层的温度低

11. ［多选］在建筑领域应用较广、发展较快的可再生能源主要包括（　　）。

A. 水能　　B. 地热能

C. 风能　　D. 核能

E. 太阳能

学习笔记

Day 48

考点：建筑节地与城市地下空间开发

1. ［单选］城市节地途径方式不包括（　　）。
   A. 适当建造多层、高层建筑
   B. 强调土地集约化利用
   C. 高效利用土地
   D. 减少绿地面积
2. ［单选］下列不属于城市地下空间开发利用类型发展趋势的是（　　）。
   A. 多样化　　B. 深度化
   C. 复杂化　　D. 集中化
3. ［单选］在建房活动中最大限度少占地表面积，并使绿化面积少损失、不损失，提高土地的利用率的是（　　）。
   A. 建筑节地　　B. 建筑节能
   C. 城市地下空间开发　　D. 城市地下空间利用
4. ［单选］下列关于城市地下空间开发利用说法错误的是（　　）。
   A. 地下商业内部空间设计时需要考虑人们行走在其中的切身感受
   B. 城市地下空间可作为电影院、舞厅、剧院等地下文化娱乐设施空间
   C. 地下商业内部空间设计要考虑当地文化特色，实现空间和文化的多样性
   D. 建议利用地下空间作为人们的居住环境

考点：建筑节水与城市雨水利用

5. ［单选］下列不属于建筑节水措施的是（　　）。
   A. 大力推广使用节水型用水器具
   B. 推广使用优质给水管材、水表
   C. 完善热水供应循环系统
   D. 采用太阳能光伏系统
6. ［单选］下列不属于城市典型的集水面的是（　　）。
   A. 屋面　　B. 地面
   C. 水面　　D. 地下

考点：建筑节材与绿色建筑设施设备

7. ［多选］下列关于建筑节材途径的说法，可行的且效果较好的包括（　　）。
   A. 外墙外保温技术
   B. 采用低耐久性混凝土
   C. 高强轻质建筑材料工程应用技术
   D. 采用商品混凝土和商品砂浆
   E. 广泛应用散装水泥

8. ［单选］下列不属于建筑节材技术发展方向的是（　　）。

A. 采用废水利用措施

B. 考虑建筑结构体系节材，利用便于材料循环利用的建筑结构体系

C. 推广应用节材技术

D. 推广应用新型节材建筑体系和建筑部品

9. ［单选］空调设备与系统不包括（　　）。

A. 变风量系统

B. 变制冷剂流量空调系统

C. 冷热电三联供系统

D. 风机水泵变频调速技术

10. ［多选］照明设备控制模式包括（　　）。

A. 光控方式　　B. 声控方式

C. 计时控制方式　　D. 开关控制方式

E. 预约控制方式

学习笔记

Day 49

考点：室内环境控制与室外环境设计

1. ［单选］室内声环境控制最根本的措施是（　　）。
   A. 从声源控制噪声
   B. 从传播途径控制噪声
   C. 从接受者控制噪声
   D. 从介质控制噪声

2. ［多选］按照灯具的布置方式，正常使用的照明系统可分为（　　）。
   A. 分区一般照明
   B. 整体照明
   C. 局部照明
   D. 混合照明
   E. 一般照明

3. ［单选］（　　）照明方式可以应用在大型厂房内，因为工作区与交通区的照度会有差别，不同工段间也有照度差异。
   A. 局部照明
   B. 分区一般照明
   C. 混合照明
   D. 一般照明

4. ［多选］空气调节的基本要求是“四度”。“四度”是指（　　）。
   A. 洁净度　　B. 气流速度
   C. 空气湿度　　D. 空气温度
   E. 空气压力度

5. ［多选］下列关于室内空气污染的控制方法，正确的有（　　）。
   A. 清除　　B. 稀释
   C. 密闭　　D. 节流
   E. 堵源

扫码听课

考点：我国绿色建筑评价体系

6. ［单选］根据《绿色建筑评价标准》绿色建筑评价指标体系中，评价指标的指标选项不包括（　　）。
   A. 加分项　　B. 控制项
   C. 一般项　　D. 评分项

7. ［单选］根据《绿色建筑评价标准》，我国绿色建筑评价内容的评价指标有（　　）类。
   A. 七　　B. 六
   C. 五　　D. 四

8. ［多选］根据《绿色建筑评价标准》，我国绿色建筑评价内容包括安全耐久、健康舒适、（ ）五类评价指标。

A. 室内环境

B. 资源节约

C. 环境宜居

D. 交通便利

E. 生活便利

9. ［单选］下列关于绿色建筑生活便利类评价指标——控制项的说法，错误的是（ ）。

A. 场地人行出入口 500m 内应设有公共交通站点或配备联系公共交通站点的专用接驳车

B. 卫生间、浴室的地面应设置防水层

C. 建筑设备管理系统应具有自动监控管理功能

D. 建筑应设置信息网络系统

10. ［多选］绿色建筑评价中把提高与创新作为加分项，加分项的内容包括（ ）。

A. 场地绿容率不低于 3.0

B. 自行车停车场所应具有自动监控管理功能

C. 进行建筑碳排放计算分析，采取措施降低单位建筑面积碳排放强度

D. 应用建筑信息模型（BIM）技术

E. 按照绿色施工的要求进行施工和管理

11. ［单选］满足全部控制项要求时，绿色建筑等级应是（ ）。

A. 基本级

B. 二星级

C. 三星级

D. 一星级

12. ［单选］绿色建筑的三个等级均应满足《绿色建筑评价标准》全部（ ）的要求。

A. 评分项

B. 控制项

C. 加分项

D. 一般项

考点：国外绿色建筑评价体系

13. ［多选］下列属于日本 CASBEE 评价体系中最核心的基本评价工具有（ ）。

A. 绿色运营与改造设计工具

B. 绿色标签工具

C. 绿色设计工具

D. 绿色规划工具

E. 规划与方案设计工具

14. ［单选］下列关于英国 BREEAM 评价体系的评价方面的内容，错误的是（ ）。

A. 设计与建造

B. 管理与运行

C. 设计与装修

D. 建筑性能

15. ［多选］美国 LEED 评价体系的评估认证等级包括（ ）。

A. 白金级

B. 金级

C. 银级

D. 钻石级

E. 认证级

16. ［单选］美国 LEED 评价体系中，LEED-EB（LEED for Existing Building）是面向（　　）评估。

A. 新建筑

B. 既有建筑营运管理

C. 住宅

D. 业主和租户协同发展

学习笔记

本章学习检查表

知识点名称	初次学习		第一次复习		第二次复习	
	做对题目数/总题目数	学习日期	做对题目数/总题目数	复习日期	做对题目数/总题目数	复习日期
绿色建筑的特征						
绿色建筑相关政策及标准						
建筑节能及可再生能源利用						
建筑节地与城市地下空间开发						
建筑节水与城市雨水利用						
建筑节材与绿色建筑设施设备						
室内环境控制与室外环境设计						
我国绿色建筑评价体系						
国外绿色建筑评价体系						

填写建议：

“做对题目数/总题目数”记录该知识点自己做题的情况，比如该知识点总题目数 10 题，做对了其中 7 题，记录为 7/10。

“学习日期”记录自己学习该知识点时的日期，建议把下一次进行复习的日期也写上。

备忘录

参考答案及解析

Day 46

1. C［**解析**］《绿色建筑评价标准》(GB/T 50378—2019) 强调了绿色建筑的以下特征：建筑全寿命期绿色化，“四节一环保”，提供“健康、适用、高效”的使用空间，实现人与自然和谐共生。其中，“四节一环保”特征表明在设计和建造绿色建筑时，应采用适宜的技术、材料和产品，提高资源的循环利用和使用效率，尽可能地使用清洁可再生能源，避免对自然资源的浪费。C 项不属于绿色建筑特征。
2. C［**解析**］《绿色建筑评价标准》(GB/T 50378—2019) 强调了绿色建筑的以下特征：建筑全寿命期绿色化，“四节一环保”，提供“健康、适用、高效”的使用空间，实现人与自然和谐共生。其中，提供“健康、适用、高效”的使用空间特征体现出了在建造绿色建筑过程中，除应满足人们的使用需求和基本功能要求外，要坚持以人为本的原则，节约能源，改善室内外环境质量，降低环境污染，满足人们高品质需求。这就要求实现绿色建筑技术创新，提高绿色建筑技术含量。因此 C 项符合题意。
3. D［**解析**］“四节一环保”的内容是指节能、节地、节水、节材和保护环境。D 项不属于绿色建筑的“四节”内容。

●考点再现

Q $_{1\text{-}3}$　绿色建筑的特征：

(1) 建筑全寿命期绿色化。

①建筑全寿命期的绿色化。

a. 强调建筑本体各环节绿色化，即在建筑规划、设计阶段就应考虑建筑全寿命期所有环节，对建筑规划、设计、施工、使用、维修、保养、拆除等方面，综合考虑绿色建筑的理念落实和指标要求。

b. 考虑到建筑对环境的影响并不局限于建筑物存在的时间段，还应在上述基础上往前、往后延伸。

②绿色建筑全寿命期理念不仅仅包括建筑全寿命期的各个环节，还应向前延伸到建筑材料的开采到运输、生产过程，鼓励使用绿色建材，向后延伸到建筑物拆除后的垃圾分解或回收利用等环节。

(2)“四节一环保”。

“四节一环保”的内容是指节能、节地、节水、节材和保护环境。

(3) 提供“健康、适用、高效”的使用空间。

在建造绿色建筑过程中，除应满足人们的使用需求和基本功能要求外，要坚持以人为本的原则，节约能源，改善室内外环境质量，降低环境污染，满足人们高品质需求。

(4) 实现人与自然和谐共生。

①“绿色”是自然、生态、生命与活力的象征，代表了人类与自然的和谐共处、协调发展的文化，贴切而形象地表达了可持续发展理念。

②发展绿色建筑的最终目的就是实现人、建筑与自然的协调统一，体现了以人为本的价值理念，是满足人民美好生活需要的高质量建筑。

4. B［解析］国家《绿色建筑行动方案》要求自2014年起政府投资的国家机关、学校、医院、博物馆、科技馆、体育馆等建筑，直辖市、计划单列市及省会城市的保障性住房，以及单体建筑面积超过20 000m^2的机场、车站、宾馆、饭店、商场、写字楼等大型公共建筑全面执行绿色建筑标准。

5. BC［解析］2012年4月，财政部和住房城乡建设部联合发布《关于加快推动我国绿色建筑发展的实施意见》（财建〔2012〕167号），提出了针对二、三星级绿色建筑的财政奖励标准。因此B、C两项正确。

6. ABDE［解析］当前，绿色建筑标准体系正向全寿命期、不同建筑类型、不同地域特点、由单体向区域等多个维度充实和完善。A、B、D、E四项正确。

7. B［解析］国家强制推广绿色建筑政策的原则：因地制宜、控制增量成本、成熟技术推广、避免增加过多工作量。

Day 47

1. B［解析］建筑节能是指建筑规划、设计、施工和使用维护过程中，在满足规定的建筑功能要求和室内环境质量的前提下，通过采取技术措施和管理手段，实现提高能源利用效率、降低运行能耗的活动。

2. C［解析］外墙外保温工程是指将外保温系统通过施工或安装固定在外墙外表面上所形成的建筑构造实体。优点：适用范围广、保温隔热效果好、保护主体结构、改善室内环境等。缺点：一旦出现裂缝等质量问题时维修比较困难。

3. D［解析］结构保温一体化技术在建筑中主要用于框架填充保温墙以及预制保温墙板。它具有适用范围广、夹心保温等优点。但是对于寒冷、严寒地区的墙体会偏厚，框架及节点部分仍易产生热桥现象。因此D项符合题意。

4. AB［解析］外墙夹心保温一般是以24cm砖墙做外墙片，以12cm砖墙做内墙片，也有内、外墙片相反的做法。两片墙之间留出空腔，随砌墙随填充保温材料。夹心保温做法可用于寒冷地区和严寒地区。

5. A［解析］地源热泵是一种利用地下浅层地热资源，既能供热又能制冷的高效节能环保型空调系统。地源热泵通过输入少量的高品位能源（电能），即可实现能量从低温热源向高温热源的转移。

6. B［解析］窗户的隔热是通过尽量阻止太阳辐射直接进入室内，减少对人体与室内的热辐射。提高外窗特别是东、西外窗的遮阳能力，是提高窗户隔热性能的重要措施。可通过增设外遮阳板、遮阳棚，增加阳台的挑出长度，设置窗帘等方式实现遮阳目的。故B项正确。

7. C［解析］窗户的隔热是通过尽量阻止太阳辐射直接进入室内，减少对人体与室内的热辐射。提高外窗特别是东、西外窗的遮阳能力，是提高窗户隔热性能的重要措施。可通过增设外遮阳板、遮阳棚，增加阳台的挑出长度，设置窗帘等方式实现遮阳目的。C项不能实现遮阳目的。

8. BCDE［**解析**］门窗虽然具有良好的保温隔热作用，但门窗的气密性差时会造成热损失，而且这种热损失是不容忽视的。因此，在设计时应减少门窗洞口数量，增强门窗框与四周墙体之间缝隙的密闭性，并通过密封胶或密封条固定在门窗框和窗扇上等措施，增强门窗的气密性。A 项不符合题意。

●考点再现

$Q_{6\text{-}8}$ 提高门窗节能性能的具体方式：

(1) 控制窗墙面积比。

①窗墙面积比是指窗户洞口面积与房间立面单元面积（即房间层高与开间定位线围成的面积）的比值。

②建筑的冷热耗量随窗墙面积比的增加而增加。

(2) 改善窗户的保温性。

①用塑钢塑木玻璃钢等新型复合材质代替原来单一的木钢铝塑等门窗材料，既可以提高产品的美观程度，又能增强门窗围护结构的保温隔热效果。

②通过运用高新技术，将普通玻璃加工成中空玻璃、镀贴膜玻璃（包括反射玻璃、吸热玻璃）、高强度 LOW2E 防火玻璃（高强度低辐射镀膜防火玻璃）、采用磁控真空溅射方法镀制含金属银层的玻璃及智能玻璃，提高玻璃的节能效果。

(3) 提高窗户的隔热性能。

①可通过增设外遮阳板、遮阳棚，增加阳台的挑出长度，设置窗帘等方式实现遮阳目的。

②提高外窗特别是东、西外窗的遮阳能力，是提高窗户隔热性能的重要措施。

(4) 提高门窗的气密性。

在设计时应减少门窗洞口数量，增强门窗框与四周墙体之间缝隙的密闭性，并通过密封胶或密封条固定在门窗框和窗扇上等措施，增强门窗的气密性。

(5) 选用适宜的窗型。

9. D［**解析**］正置式屋面是指隔热保温层在防水层的下面。因为传统屋面隔热保温层的选材一般为珍珠岩、水泥聚苯板、加气混凝土、陶粒混凝土、聚苯乙烯板（EPS）等材料，这些材料普遍存在吸水率大的通病，如果吸水，保温隔热性能大大降低，无法满足隔热要求，所以一定要靠防水层做在其上面，防止水分渗入，保证隔热层干燥，方能隔热保温。这种保温方式是传统屋面保温方式，对保温材料的要求标准较低，价格便宜，但存在施工复杂、使用寿命短、屋面易漏水等缺点。因此 D 项符合题意。

10. D［**解析**］架空通风屋面是在屋面防水层上采用薄型制品架设一定高度的空间，利用屋顶中设置通风的空气层降低屋顶下表面温度，达到屋面隔热降温的目的。架空通风屋面的优点是构造简单、造价低廉、后期易维修，但其隔热效果相对于种植屋面和蓄水屋面而言差很多，尤其是夏季建筑物顶层的温度一般都会比其他楼层的温度高。因此 D 项符合题意。

11. BE［**解析**］可再生能源是指风能、太阳能、水能、生物质能、地热能、海洋能等非化石能源。可再生能源建筑应用是指在建筑物中合理利用太阳能、浅层地热能等非化石能源，改善用能结构，降低常规能源消耗量的活动。目前在建筑领域应用较广、发展较快的可再生能源主要是太阳能和地热能。因此B、E两项正确。

Day 48

1. D［**解析**］城市节地途径有以下几种方式：①适当建造多层、高层建筑，适当提高公共建筑的建筑密度，住宅建筑立足创造宜居环境确定建筑密度和容积率，同时降低建筑密度；②强调土地集约化利用，为今后的持续发展留有余地，增加绿地面积，改善居住环境，充分利用周边的配套公共建筑设施，合理规划用地；③高效利用土地，如开发利用地下空间，采用新型结构体系与高强轻质结构材料，提高建筑空间的使用率，改善城市环境。D项不符合题意。

2. D［**解析**］城市地下空间开发利用类型呈现多样化、深度化和复杂化发展趋势。D项不属于城市地下空间开发利用类型的发展趋势。

3. A［**解析**］建筑节地是指在建房活动中最大限度少占地表面积，并使绿化面积少损失、不损失，提高土地的利用率。故A项正确。

4. D［**解析**］由于地下空间埋深及采光通风条件较差，因此，利用地下空间作为人们的居住环境并不舒适，也不建议采纳。故D项错误。

5. D［**解析**］建筑节水有效措施主要包括以下几方面：①大力推广使用节水型用水器具。节水型用水器具是建筑给排水系统的重要组成部分，是实现建筑节水的重要手段和途径。②完善城市管网供应系统。主要分为加强管网维护，减少跑冒滴漏；减少系统超压出流造成的隐性水量浪费；完善热水供应循环系统。③推广使用优质给水管材、水表。优质给水管材使用年限长，且能兼顾水质；优质水表不仅可以计量用水，还可以进行用水分析。④积极采用废水利用措施，建立中水回用系统，利用中水可替代等量的自来水；建立雨水回用系统，调蓄排放、地面雨水入渗和回收利用屋面雨水。⑤增强节水意识，落实节水措施。D项不属于建筑节水措施。

6. D［**解析**］城市中典型的集水面一般可分为屋面、地面、水面三类。D项不属于城市中典型的集水面。

7. ACDE［**解析**］建筑节材途径是多方面的，效果较好且可行的主要包括以下五个方面：①可取代黏土砖的新型保温节能墙体材料的工程应用技术，如外墙外保温技术、保温模板一体化技术等。②散装水泥应用技术。城镇住宅建设工程限制使用包装水泥，广泛应用散装水泥，如排水管、压力管、水泥电杆、地铁与道路用混凝土构件等水泥制品全部使用散装水泥。③采用商品混凝土和商品砂浆。④高强轻质建筑材料工程应用技术，如高强轻质混凝土等。⑤以耐久性为核心特征的高性能混凝土及其他高耐久性建筑材料的工程应用技术。采用高耐久性混凝土及其他高耐久性建筑材料，可以延长建筑物使用寿命，减少维修次数。因此，A、C、D、E四项符合题意。

8. A［**解析**］建筑节材技术发展可从以下三个方向考虑：第一，考虑建筑结构体系节材，利用便于材料循环利用的建筑结构体系，加强建筑结构监测及发展维护加固关键技术，推广应用新型节材建筑体系和建筑部品；第二，推广应用节材技术，如高强度、高性能建筑材料技术、提高材料耐久性和建筑寿命的技术，有利于节材的建筑优化设计技术，可重复使用和资源化再生的材料生态设计技术和建筑部品化及建筑工业化技术等；第三，为科学管

理节材，开发先进的工程项目管理技术，并制定建筑节材相关标准规范。A 项不属于建筑节材技术发展方向。

9. D［解析］作为绿色建筑环保目标体系中一部分的空调设备与系统包括变风量系统、变制冷剂流量空调系统、冷热电三联供系统。D 项风机水泵变频调速技术属于采暖设备与系统，不属于空调设备与系统。

10. AC［解析］太阳能亮化灯具的控制模式一般分为光控方式和计时控制方式，通常采用光控或者光控与计时组合工作方式。因此 A、C 两项正确。

Day 49

1. A［解析］从声源控制噪声是解决噪声污染问题最根本的措施，因此 A 项正确。

2. ACDE［解析］在照明设计中，照明方式的选择对光质量、照明经济性和建筑艺术风格都有重要影响。合理的照明方式应当既符合建筑使用要求，又与建筑结构形式相协调。正常使用的照明系统，按其灯具的布置方式可分为一般照明、分区一般照明、局部照明、混合照明四种方式。因此 A、C、D、E 四项正确。

3. B［解析］正常使用的照明系统，按其灯具的布置方式可分为一般照明、分区一般照明、局部照明、混合照明四种方式。其中，采光设计时先对房间按功能进行分区，再对每一分区做一般照明，这种照明方式称分区一般照明。例如，在大型厂房内，会有工作区与交通区的照度差别，不同工段间也有照度差异；在开放式办公室内有办公区和休息区之别，两区域对照度和光色的要求均不相同。因此 B 项正确。

●考点再现

$Q_{2\text{-}3}$ 照明设计中灯具的不同布置方式及适用情况：

布置方式	做法	适用情况
一般照明	在工作场所内不考虑特殊的局部需要，以照亮整个工作面为目的的照明方式称为一般照明方式	(1) 适用于工作人员的视看对象位置频繁变换的场所，以及对光的投射方向没有特殊要求或在工作面内没有特别需要提高视度的工作点或工作点很密的场合 (2) 当工作精度较高，要求的照度很高或房间高度较大时，单独采用一般照明就会造成灯具过多、功率过大，导致投资和使用费太高
分区一般照明	同一房间内由于使用功能不同，各功能区所需要的照度值不相同	在大型厂房内、开放式办公室内，分区一般照明不仅可满足各区域的功能需求，还可达到节能的目的
局部照明	为了实现某一指定点的高照度要求，在较小范围或有限空间内，采用距离视看对象近的灯具来满足该点照明要求的照明方式	车间内的车床灯、商店里的点射灯及表现色的合灯等均属于局部照明。由于这种照明方式的灯具靠近工作面，故可在少耗费电能的条件下获得较高照度
混合照明	工作面上的照度由一般照明和局部照明合成的照明方式	适合用于要求高照度或要求有一定的投光方向，或工作面上的固定工作点分布稀疏的场所

4. ABCD［**解析**］在室内空气环境品质中，空气温度、湿度、气流速度和洁净度（俗称“四度”）通常被视为空气调节的基本要求。因此A、B、C、D四项正确。

5. ABDE［**解析**］室内空气品质对居住者、使用者的身体健康有着非常重大的影响。对于室内空气品质的控制方法主要包括：①堵源，即围护结构表层材料选用VOC等有害气体释放量少的材料；②节流，即切实保证空调或通风系统的正确设计、严格的运行管理和维护，使可能的污染源产污量降低到最低程度；③稀释，即保证足够的新风量或通风换气量，稀释和排除室内气态污染物，这也是改善室内空气品质的基本方法；④清除，即采用各种物理或化学方法，如过滤、吸附、吸收、氧化还原等，将空气中的有害物清除或分解掉。除C项外，其余四项均符合题意。

6. C［**解析**］根据《绿色建筑评价标准》（GB/T 50378—2019），我国绿色建筑评价内容包括安全耐久、健康舒适、生活便利、资源节约、环境宜居五方面，即五类评价指标。每一类评价指标均包括控制项和评分项，在此基础上还统一设置了加分项。因此，C项不属于绿色建筑评价指标体系中的指标选项。

7. C［**解析**］根据《绿色建筑评价标准》（GB/T 50378—2019），我国绿色建筑评价内容包括安全耐久、健康舒适、生活便利、资源节约、环境宜居五方面，即五类评价指标。因此C项正确。

8. BCE［**解析**］根据《绿色建筑评价标准》（GB/T 50378—2019）我国绿色建筑评价内容包括安全耐久、健康舒适、生活便利、资源节约、环境宜居五方面，即五类评价指标。因此B、C、E三项正确。

9. B［**解析**］生活便利控制项的内容包括：①建筑、室外场地、公共绿地、城市道路相互之间应设置连贯的无障碍步行系统；②场地人行出入口500m内应设有公共交通站点或配备连接公共交通站点的专用接驳车；③停车场应具有电动汽车充电设施或具备充电设施的安装条件，并应合理设置电动汽车和无障碍汽车停车位；④自行车停车场所应位置合理、方便出入；⑤建筑设备管理系统应具有自动监控管理功能；⑥建筑应设置信息网络系统。B项属于绿色建筑安全耐久类评价指标控制项内容。

10. ACDE［**解析**］我国绿色建筑评价体系将提高与创新作为加分项进行评价，评价总分值100分。加分因素包括：①采取措施进一步降低建筑供暖空调系统的能耗；②采用适宜地区特色的建筑风貌设计，因地制宜传承地域建筑文化；③合理选用废弃场地进行建设，或充分利用尚可使用的旧建筑；④场地绿容率不低于3.0；⑤采用符合工业化建造要求的结构体系与建筑构件；⑥应用建筑信息模型（BIM）技术；⑦进行建筑碳排放计算分析，采取措施降低单位建筑面积碳排放强度；⑧按照绿色施工的要求进行施工和管理；⑨采用建设工程质量潜在缺陷保险产品；⑩采取节约资源、保护生态环境、保障安全健康、智慧友好运行、传承历史文化等其他创新，并有明显效益。B项属于绿色建筑生活便利类评价指标控制项内容。

11. A［**解析**］绿色建筑按等级标准可划分为基本级、一星级、二星级、三星级四个等级。当满足全部控制项要求时，绿色建筑等级应为基本级。因此A项正确。

12. B［**解析**］绿色建筑星级等级应按下列规定确定：①一星级、二星级、三星级三个等级

的绿色建筑均应满足《绿色建筑评价标准》（GB/T 50378—2019）全部控制项的要求，且每类指标的评分项得分不应小于其评分项满分值的 30%；②一星级、二星级、三星级三个等级的绿色建筑均应进行全装修，全装修工程质量、选用材料及产品质量应符合国家现行有关标准的规定；③当总得分分别达到 60 分、70 分、85 分且应满足相应要求时，绿色建筑等级分别为一星级、二星级、三星级。因此 B 项正确。

13. ABCE［**解析**］CASBEE 评价体系由一系列评价工具组成。其中，最核心的是与设计流程（设计前期、中期和后期）紧密联系的四个基本评价工具，分别是规划与方案设计工具、绿色设计工具、绿色标签工具和绿色运营与改造设计工具，分别应用于设计流程各个阶段，同时每个阶段的评价工具都能适用于若干种用途的建筑。故 A、B、C、E 四项正确。

14. C［**解析**］在英国 BREEAM 评价体系中，每一条目下分若干子条目，对应不同得分点，分别从建筑性能、设计与建造、管理与运行三方面进行评价，满足要求即可获得相应分数。故 C 项符合题意。

15. ABCE［**解析**］根据美国 LEED 评价体系评估认证等级的要求，申请项目在满足所有评估前提条件后，评估结果则按评估要点和创新分的满足情况分为四个认证级别。①认证级：满足至少 40%的评估点要求。②银级：满足至少 50%的评估点要求。③金级：满足至少 60%的评估点要求。④白金级：满足至少 80%的评估点要求。因此 A、B、C、E 四项正确。

16. B［**解析**］美国 LEED 评价体系创立之初，仅仅有面向新建筑和楼宇改造工程（LEEC-NC），随着体系的不断完善，逐渐发展为包括六种彼此关联但又有不同侧重的评价标准：①LED-NC（LEED for New Construction），面向新建筑的评估；②LEED-EB（LEED for Existing Building），面向既有建筑营运管理评估；③LEED-CI（LEED for Commercial Interior），面向商业内部装修的评估；④LEED-CI（LEED for Core & Shell），面向业主和租户协同发展的评估；⑤LEED-H（LEED for Home），面向住宅评估；⑥LEED-ND（LEED for Neighborhood Development），面向社区规划与发展评估。因此 B 项正确。

第 12 章　装配式建筑

学习指导

本章内容主要是装配式建筑技术体系及评价方法。需要辨别装配式建筑特征，掌握装配式建筑实施模式，分析装配式建筑发展目标和原则；围绕混凝土结构体系、钢结构体系、木结构体系、组合结构体系、装配化装修体系等方面分析装配式建筑技术体系；理解装配式建筑评价单元及内容、评价时点与方法，并对装配式建筑进行评价。

建议大家在学习本章内容时，区分不同装配式建筑结构，根据常见结构记忆装配式建筑特点及分类。

日期	考点
Day 50	➢装配式建筑特征及实施模式 ➢装配式建筑发展目标和原则
Day 51	➢混凝土结构体系
Day 52	➢钢结构体系 ➢木结构体系 ➢组合结构体系
Day 53	➢装配化装修体系 ➢评价单元及内容 ➢评价时点及方法

Day 50

✔ 考点：装配式建筑特征及实施模式

1. ［单选］（　　）特征体现在装配式建筑将建筑生产的工业化进程与信息化紧密结合，是信息化与建筑产业深度融合发展的结果。

A. 工程化生产　　B. 信息化管理

C. 标准化设计　　D. 一体化装修

2. ［单选］下列装配式建筑的特征，说法错误的是（　　）。

A. 一体化装修　　B. 工厂化生产

C. 非标准化设计　　D. 信息化管理

3. ［单选］对于通用装配式构件，根据构件共性条件，制定统一的标准和模数，开展适用性范围比较广泛的设计，这体现了装配式建筑的（　　）特征。

A. 标准化设计　　B. 工厂化生产

C. 装配化施工　　D. 一体化装修

4. ［单选］企业投资项目的工程总承包宜采用（　　），政府投资项目的工程总承包应当合理确定合同价格形式。

A. 总价合同　　B. 单价合同

C. 成本加固定酬金合同　　D. 成本加可变酬金合同

考点：装配式建筑发展目标和原则

5. ［单选］2016 年 2 月颁布的《中共中央国务院关于进一步加强城市规划建设管理工作的若干意见》明确提出，发展新型建造方式。加大政策支持力度，力争在 10 年左右，使装配式建筑占新建筑的比例达到（　　）。

A. 10%　　B. 20%

C. 30%　　D. 40%

6. ［单选］下列不属于装配式建筑发展基本原则的是（　　）。

A. 坚持市场主导、政府推动

B. 坚持全面推进、深入推广

C. 坚持分区推进、逐步推广

D. 坚持顶层设计、协调发展

7. ［单选］装配式建筑发展的基本原则不包括（　　）。

A. 坚持市场主导　　B. 坚持分区推进

C. 坚持顶层设计　　D. 坚持政府领导

学习笔记

Day 51

考点：混凝土结构体系

1. ［单选］（　　）适用高度高，抗震性能好，框架部分的装配化程度较高的装配式混凝土结构。

A. 装配式钢结构

B. 装配整体式框架结构

C. 装配整体式剪力墙结构

D. 装配整体式框架-现浇剪力墙结构

2. ［单选］装配式混凝土建筑结构中，预制率最高的是（　　）。

A. 全部竖向承重构件、水平构件和非结构构件均采用预制构件

B. 部分竖向承重构件及外围护墙、内隔墙、楼板、楼梯等采用预制构件

C. 竖向承重构件采用现浇结构，外围护墙、内隔墙、楼板、楼梯等采用预制构件

D. 外围护墙、内隔墙、楼板、楼梯等采用预制构件

3. ［单选］装配式混凝土结构抵抗竖向及水平荷载的基本单元主要为（　　）和剪力墙。

A. 钢结构

B. 混凝土

C. 现浇板

D. 框架

4. ［单选］全装配式混凝土结构是指预制混凝土构件靠“干式工法连接”。关于全装配式混凝土结构的说法，错误的是（　　）。

A. 节点和接缝的研究充分

B. 构建制作简单

C. 工期短

D. 成本低

5. ［单选］目前，（　　）是常用的以“湿连接”为主要连接方式的装配式混凝土结构。

A. 半装配混凝土结构

B. 部分装配混凝土结构

C. 装配整体式混凝土结构

D. 全装配混凝土结构

6. ［单选］下列构件不属于装配整体式剪力墙结构基本组成构件的是（　　）。

A. 梁

B. 板

C. 墙

D. 柱

7. ［单选］下列装配整体式框架结构中节点区域现浇的特点是（　　）。

A. 要求预制构件精度较高

B. 预制构件尺寸比较大，运输困难

C. 预制构件非常规整

D. 节点区域钢筋交叉现象比较少见

学习笔记

Day 52

考点：钢结构体系

1. ［单选］钢结构建筑特点不包括（　　）。

A. 质地均匀，塑性和韧性好

B. 生产、安装工业化程度高

C. 现场作业量小

D. 强度高、重量大

2. ［单选］装配式钢结构建筑按结构形式不同划分的类型不包括（　　）。

A. 装配式钢结构住宅

B. 门式刚架轻型房屋

C. 大跨钢结构建筑

D. 微跨钢结构建筑

3. ［单选］轻型门式刚架结构的特点不包括（　　）。

A. 可回收再利用，符合可持续发展要求

B. 结构布置灵活，综合经济效益高

C. 工业化程度高，施工周期短

D. 施工方法简单、易操作

考点：木结构体系

4. ［单选］按照主要承重构件类型不同，胶合木结构分类不包括（　　）。

A. 胶合木梁柱式结构

B. 正交胶合木板式结构

C. 胶合木门架结构

D. 井干式结构

5. ［单选］以下胶合木结构类型中，适用于体育馆、展览馆等大跨度和大空间的公共建筑的是（　　）。

A. 胶合木空间结构

B. 胶合木门架结构

C. 胶合木拱形结构

D. 胶合木梁柱式结构

6. ［单选］以下胶合木结构类型中，适用于体育场、剧场、游乐场和游泳馆等场所的是（　　）。

A. 胶合木空间结构　　B. 胶合木门架结构

C. 胶合木拱形结构　　D. 胶合木梁柱式结构

7. ［单选］木构架柱主要承受竖向荷载，水平方向的地震作用和风荷载由剪力墙承担的木结构形式的是（　　）。

A. 木框架—剪力墙结构　　B. 梁柱式木结构

C. 穿斗式结构　　D. 抬梁式结构

✔ **考点**：组合结构体系

扫码听课

8. ［多选］装配式组合结构的特点有（　　）。

A. 更好地实现艺术表达

B. 可使施工更便利

C. 减少制作和施工安装的协同

D. 降低对施工管理的要求

E. 可使结构优化

9. ［单选］其他装配式组合结构中，比较多见的是（　　）。

A. 钢筋混凝土结构或钢—悬索结构

B. 钢结构支撑体系与张拉膜组合结构

C. 装配式纸板结构与木结构组合结构

D. 装配式纸板结构与集装箱组合结构

学习笔记

Day 53

扫码听课

考点：装配化装修体系

1. [单选]（　　）是指将多种配套的部件或复合产品以工业化技术集成的功能单元。

A. 部品　　B. 部件

C. 配件　　D. 结构

2. [单选] 装配化装修技术特征不包括（　　）。

A. 干式工法装配

B. 管线与结构分离

C. 部品集成定制

D. 湿式工法装配

3. [多选] 装配式墙面部品体系由（　　）构成。

A. 轻质隔墙体系

B. 自饰面墙板体系

C. 架空地面体系

D. 地板体系

E. 实心地面体系

4. [多选] 装配式地面部品体系由（　　）构成。

A. 轻质地面体系

B. 自饰面地面体系

C. 架空地面体系

D. 地板体系

E. 实心地板体系

考点：评价单元及内容

5. [单选] 装配率计算和装配式建筑等级评价以（　　）作为计算和评价单元。

A. 单体建筑　　B. 单层建筑

C. 建筑群　　D. 单元建筑

6. [单选] 在进行装配式建筑评分时，如果实际计算的评价比例小于比例范围中的最小值，则评价分值取（　　）分。

A. 0　　B. 1

C. 2　　D. 3

考点：评价时点及方法

7. [单选]（　　）是装配式建筑评价的最终结果。

A. 项目评价　　B. 预评价

C. 后评价　　D. 最终评价

8. [单选] 装配率为（　　）时，评价为 A 级装配式建筑。

A. 60%～75%　　B. 70%～85%

C. 80%～95%　　D. 85%～95%

9. ［单选］下列不属于装配式建筑应满足的条件的是（　　）

A. 主体结构部分的评价分值不低于 20 分

B. 采用全装修

C. 装配率不低于 40%

D. 围护墙和内隔墙部分的评价分值不低于 10 分

学习笔记

本章学习检查表

<table>
<tr><th rowspan="2">知识点名称</th><th colspan="2">初次学习</th><th colspan="2">第一次复习</th><th colspan="2">第二次复习</th></tr>
<tr><th>做对题目数/总题目数</th><th>学习日期</th><th>做对题目数/总题目数</th><th>复习日期</th><th>做对题目数/总题目数</th><th>复习日期</th></tr>
<tr><td>装配式建筑特征及实施模式</td><td></td><td></td><td></td><td></td><td></td><td></td></tr>
<tr><td>装配式建筑发展目标和原则</td><td></td><td></td><td></td><td></td><td></td><td></td></tr>
<tr><td>混凝土结构体系</td><td></td><td></td><td></td><td></td><td></td><td></td></tr>
<tr><td>钢结构体系</td><td></td><td></td><td></td><td></td><td></td><td></td></tr>
<tr><td>木结构体系</td><td></td><td></td><td></td><td></td><td></td><td></td></tr>
<tr><td>组合结构体系</td><td></td><td></td><td></td><td></td><td></td><td></td></tr>
<tr><td>装配化装修体系</td><td></td><td></td><td></td><td></td><td></td><td></td></tr>
<tr><td>评价单元及内容</td><td></td><td></td><td></td><td></td><td></td><td></td></tr>
<tr><td>评价时点及方法</td><td></td><td></td><td></td><td></td><td></td><td></td></tr>
</table>

填写建议：

“做对题目数/总题目数”记录该知识点自己做题的情况，比如该知识点总题目数 10 题，做对了其中 7 题，记录为 7/10。

“学习日期”记录自己学习该知识点时的日期，建议把下一次进行复习的日期也写上。

备忘录

参考答案及解析

Day 50

1. B［**解析**］装配式建筑的主要特征可概括为“六化”，即标准化设计、工厂化生产、装配化施工、一体化装修、信息化管理、智能化应用。其中，信息化管理体现在装配式建筑将建筑生产的工业化进程与信息化紧密结合，是信息化与建筑产业深度融合发展的结果。因此 B 项正确。

2. C［**解析**］装配式建筑的主要特征可概括为“六化”，即标准化设计、工厂化生产、装配化施工、一体化装修、信息化管理、智能化应用。因此 C 项错误。

3. A［**解析**］装配式建筑的主要特征可概括为“六化”，即标准化设计、工厂化生产、装配化施工、一体化装修、信息化管理、智能化应用。其中，标准化设计是指对于通用装配式构件，根据构件共性条件，制定统一的标准和模数，开展适用性范围比较广泛的设计。因此 A 项正确。

●考点再现

Q *1-3*　装配式建筑特征：

装配式建筑的主要特征可概括为“六化”，即标准化设计、工厂化生产、装配化施工、一体化装修、信息化管理、智能化应用。

1. 标准化设计

（1）对于通用装配式构件，根据构件共性条件，制定统一的标准和模数，开展适用性范围比较广泛的设计。

（2）在装配式建筑设计中，采用标准化设计理念，各构件具有互换性和通用性，满足少规格、多组合原则，且更加经济适用、科学高效。

（3）在标准化设计中融入个性化需求，可以进行多样化组合。

2. 工厂化生产

（1）利用工业化生产方式，实现大量施工现场作业向工厂生产作业转化。

（2）工厂化预制可采用先进的生产工艺、科学的生产管理系统、较高的工厂信息化水平，使得部品部件的质量更加可控。

3. 装配化施工

装配化施工方便快捷，机械化水平高，劳动强度低，施工效率高，质量易于有效控制。

4. 一体化装修

（1）以建筑系统为基础，对结构系统、机电系统和装修系统进行一体化协同设计。

（2）预制构件在生产时，采用技术集成化的部品部件，且在装修面层预埋固定部件，实现在安装过程中避免对已有建筑构件进行打凿和穿孔。

5. 信息化管理

（1）一方面是装配式建筑行业管理的信息化，另一方面是装配式建筑产业链企业基于 BIM 推进工程建设全过程信息化。

(2) BIM 技术应用。

①装配式建筑在设计阶段采用 BIM 技术进行立体化设计和模拟，避免设计错误和遗漏。

②生产中预埋信息芯片，“虚拟构件”有了对应的专属编码（ID），可实现工程建设全过程质量追溯。

③利用 BIM 录入项目技术信息，模拟施工过程，确定场地平面布置，制定施工方案，确定吊装顺序，进而决定预制构件的生产顺序、运输顺序、构件堆放场地等，实现施工过程可视化模拟和可视化管理。

④同时，BIM 又贯穿规划、设计、施工和运营的建筑全寿命期，使建筑数据流在建筑模型中传输，流通到全寿命期所有参与单位，使之实现协同工作，达到“一模到底”。

6. 智能化应用

结合现代智能化信息技术，将各种智能化设备在装配式建筑加以集成，使装配式住宅建筑、公共建筑等实现通信自动化、办公自动化、设备设施自动化，进而形成高效、舒适的建筑环境。

4. A［**解析**］企业投资项目的工程总承包宜采用总价合同，政府投资项目的工程总承包应当合理确定合同价格形式。因此 A 项正确。

5. C［**解析**］2016 年 2 月颁布的《中共中央 国务院关于进一步加强城市规划建设管理工作的若干意见》中明确提出，发展新型建造方式。大力推广装配式建筑，减少建筑垃圾和扬尘污染，缩短建造工期，提升工程质量。制定装配式建筑设计、施工和验收规范。完善部品部件标准，实现建筑部品部件工厂化生产。鼓励建筑企业装配式施工，现场装配。建设国家级装配式建筑生产基地。加大政策支持力度，力争用 10 年左右时间，使装配式建筑占新建建筑的比例达到 30%。

6. B［**解析**］装配式建筑发展基本原则包括：①坚持市场主导、政府推动。适应市场需求，充分发挥市场在资源配置中的决定性作用，更好地发挥政府规划引导和政策支持作用，形成有利的体制机制和市场环境，促进市场主体积极参与、协同配合，有序发展装配式建筑。②坚持分区推进、逐步推广。根据不同地区的经济社会状况和产业技术条件，划分重点推进地区、积极推进地区和鼓励推进地区，因地制宜、循序渐进，以点带面、试点先行，及时总结经验，形成局部带动整体的工作格局。③坚持顶层设计、协调发展。把协同推进标准、设计、生产、施工、使用维护等作为发展装配式建筑的有效抓手，推动各个环节有机结合，以建造方式变革促进工程建设全过程提质增效，带动建筑业整体水平的提升。因此 B 项不属于装配式建筑发展基本原则。

7. D［**解析**］装配式建筑发展基本原则：①坚持市场主导、政府推动；②坚持分区推进、逐步推广；③坚持顶层设计、协调发展。因此 D 项不属于装配式建筑发展基本原则。

Day 51

1. D［**解析**］装配式混凝土结构抵抗竖向及水平荷载的基本单元主要为框架和剪力墙，这些基本单元及其变体组成了各种结构体系。从结构形式上可分为剪力墙结构、框架结构、框架—现浇剪力墙结构等。其中，框架-剪力墙结构体系的优点是适用高度高，抗震性能好，

框架部分的装配化程度较高；其主要缺点是现场同时存在预制和现浇两种作业方式，施工组织和管理复杂，效率不高。因此 D 项符合题意。

2. A［**解析**］按照建筑结构中预制混凝土应用部位不同，装配式混凝土建筑可分为三类：①竖向承重构件采用现浇结构，外围护墙、内隔墙、楼板、楼梯等采用预制构件；②部分竖向承重构件及外围护墙、内隔墙、楼板、楼梯等采用预制构件；③全部竖向承重构件、水平构件和非结构构件均采用预制构件。这三种装配式混凝土结构的预制率由低到高，施工难度逐渐增加，是装配式混凝土建筑发展的过程。因此 A 项预制率最低。

3. D［**解析**］装配式混凝土结构抵抗竖向及水平荷载的基本单元主要为框架和剪力墙。这些基本单元及其变体组成了各种结构体系。从结构形式上可分为剪力墙结构、框架结构、框架—剪力墙结构等。其中，框架—剪力墙结构体系的优点是适用高度高，抗震性能好，框架部分的装配化程度较高；主要缺点是现场同时存在预制和现浇两种作业方式，施工组织和管理复杂，效率不高。因此 D 项正确。

4. A［**解析**］全装配式混凝土建筑整体性和抗侧向作用的能力相对不如装配整体式混凝土结构。"干式工法连接"的节点和接缝的研究尚不充分，暂不适用于高层建筑，但其具有构建制作简单、安装便利、工期短、成本低等优点。因此 A 项错误。

5. C［**解析**］按照建筑结构中主要预制承重构件连接方式的整体性能不同，装配式混凝土建筑可分为装配整体式混凝土结构和全装配混凝土结构两种类型。装配整体式混凝土结构，是预制混凝土构件通过可靠方式进行连接并与现场后浇混凝土、水泥基灌浆料形成整体的装配式混凝土结构，即以"湿连接"为主要连接方式，也是目前常用的装配式混凝土结构类型。因此 C 项正确。

●考点再现

$Q_{4\text{-}5}$　装配式混凝土结构类型：

分类	连接原理	特点
装配整体式混凝土结构	预制混凝土构件通过可靠方式进行连接并与现场后浇混凝土、水泥基灌浆料形成	装配整体式混凝土结构以"湿连接"为主要连接方式，是目前常用的装配式混凝土结构类型
全装配混凝土结构	预制混凝土构件靠"干式工法连接"，即螺栓连接或焊接形式的装配式建筑	(1) 建筑整体性和抗侧向作用的能力相对不如装配整体式混凝土结构 (2) "干式工法连接"的节点和接缝的研究尚不充分，暂不适用于高层建筑 (3) 具有构件制作简单，安装便利，工期短，成本低等优点

6. D［**解析**］装配整体式剪力墙结构基本的组成构件为墙、梁、板等。一般情况下，楼板与屋面采用叠合楼板，墙为预制墙体，墙端部的暗柱及梁墙节点采用现浇。D 项不属于装配整体式剪力墙结构的基本组成构件。

7. C［**解析**］装配整体式框架结构中节点区域现浇的特点是预制构件非常规整，但节点区域钢筋交叉现象比较严重。因此 C 项正确。

Day 52

1. D［**解析**］钢结构建筑特点：①强度高、重量轻；②质地均匀，塑性和韧性好；③生产、安装工业化程度高，施工周期短；④现场作业量小；⑤密闭性能好；⑥抗震及抗动力荷载性能好；⑦具有一定的耐热性；⑧耐火、耐腐蚀性能较差。因此，D 项中的“重量大”不是钢结构建筑的特点。
2. D［**解析**］按结构形式不同，装配式钢结构建筑可分为装配式钢结构住宅、门式刚架轻型房屋、大跨钢结构建筑等。因此 D 项符合题意。
3. D［**解析**］轻型门式刚架结构的特点包括：①重量轻、强度高；②工业化程度高，施工周期短；③结构布置灵活，综合经济效益高；④可回收再利用，符合可持续发展要求。因此，D 项不属于轻型门式刚架结构的特点。
4. D［**解析**］按照主要承重构件类型不同，胶合木结构可分为胶合木梁柱式结构、胶合木拱形结构、胶合木门架结构、胶合木空间结构、正交胶合木板式结构和其他胶合木结构。因此 D 项符合题意。
5. A［**解析**］胶合木空间结构主要适用于体育馆、展览馆等大跨度和大空间的公共建筑。因此 A 项正确。
6. C［**解析**］胶合木拱形结构常用于体育场、剧场、游乐场和游泳馆等场所。因此 C 项正确。
7. A［**解析**］木框架—剪力墙结构中的木构架柱主要承受竖向荷载，水平方向的地震作用和风荷载由剪力墙承担。因此 A 项正确。
8. ABE［**解析**］装配式组合结构的优点包括：①可以更好地实现建筑功能；②可以更好地实现艺术表达；③可使结构优化；④可使施工更便利。装配式组合结构的缺点或局限性包括：①结构计算复杂，有的装配式组合结构无适宜的受力模型和计算软件对应；②不同材料构件的连接设计缺少标准支持；③制作和施工安装需要更紧密的协同；④对施工管理要求高。
9. B［**解析**］钢结构支撑体系与张拉膜组合结构是比较多见的装配式组合结构。

Day 53

1. A［**解析**］部品是指将多种配套的部件或复合产品以工业化技术集成的功能单元。因此 A 项正确。
2. D［**解析**］装配化装修技术特征包括：①干式工法装配；②管线与结构分离；③部品集成定制。因此 D 项不属于装配化装修技术特征。
3. AB［**解析**］装配式墙面部品体系由轻质隔墙体系与自饰面墙板体系构成。因此 A、B 两项正确。
4. CD［**解析**］装配式地面部品体系由架空地面体系与地板体系构成。
5. A［**解析**］装配率计算和装配式建筑等级评价均以单体建筑作为计算和评价单元。因此 A 项正确。
6. A［**解析**］如果实际计算的评价比例小于比例范围中的最小值，则评价分值取 0 分。因此

A 项正确。

7. A ［**解析**］ 项目评价是装配式建筑评价的最终结果。

8. A ［**解析**］ 装配式建筑等级划分应符合相关规定：①装配率为 60%～75%时，评价为 A 级装配式建筑；②装配率为 76%～90%时，评价为 AA 级装配式建筑；③装配率为 91%及以上时，评价为 AAA 级装配式建筑。

9. C ［**解析**］ 装配式建筑应同时满足下列要求：①主体结构部分的评价分值不低于 20 分；②围护墙和内隔墙部分的评价分值不低于 10 分；③采用全装修；④装配率不低于 50%。因此，C 项不是装配式建筑应满足的要求。

思维导图

Day 54

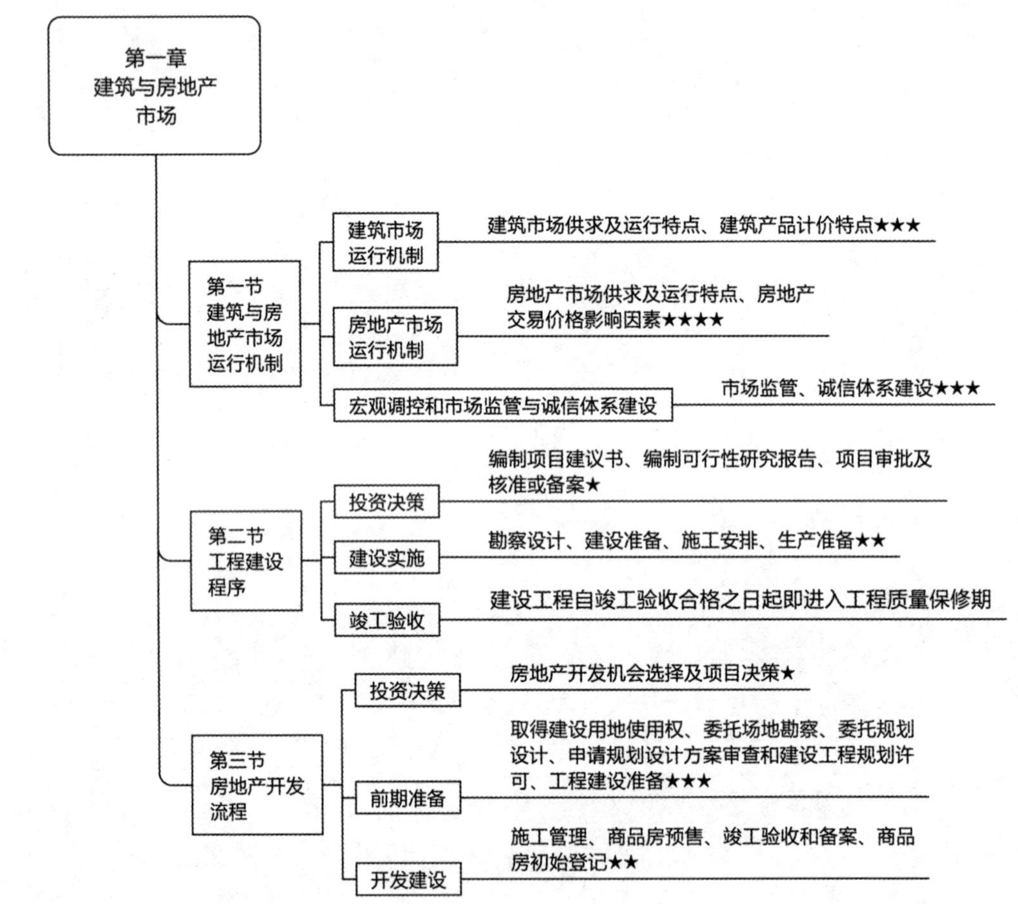

➢温馨贴士

第一节考查诚信体系建设时，一般会将个人诚信体系建设混入工程建设领域诚信体系建设的选项中，务必牢记个人体系建设中带有“个人”字样的内容。

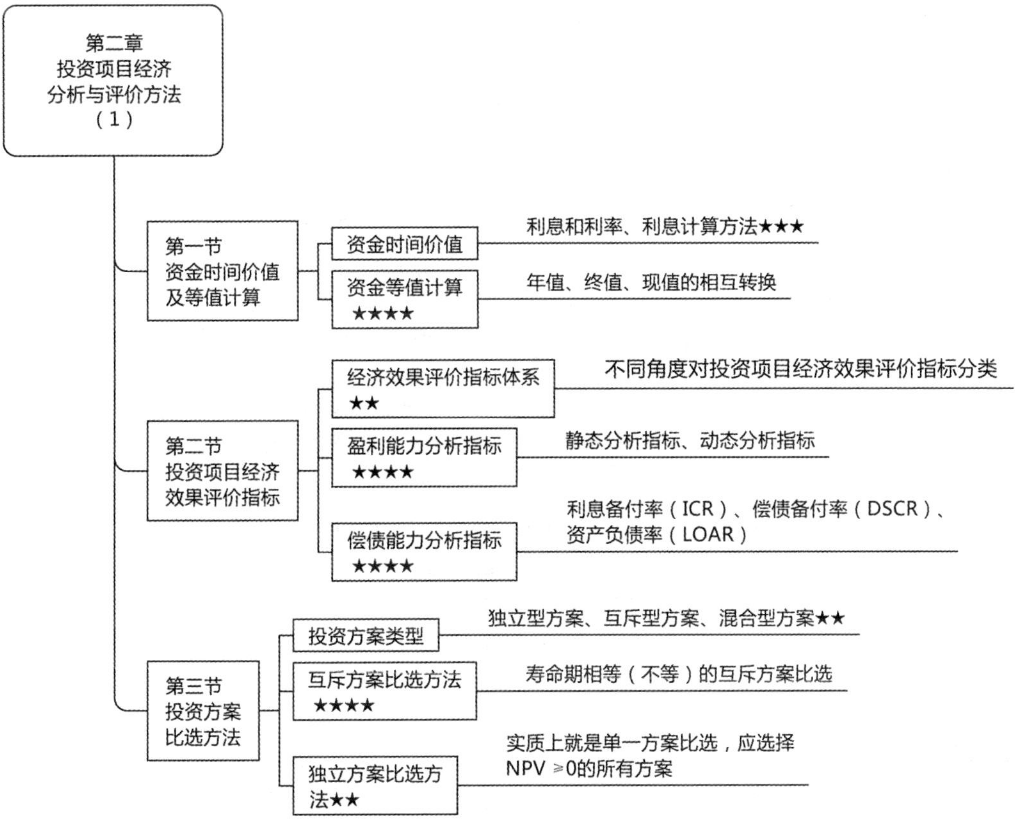

第二章 投资项目经济分析与评价方法（1）

- 第一节 资金时间价值及等值计算
  - 资金时间价值
    - 利息和利率、利息计算方法★★★
  - 资金等值计算★★★★
    - 年值、终值、现值的相互转换
- 第二节 投资项目经济效果评价指标
  - 经济效果评价指标体系★★
    - 不同角度对投资项目经济效果评价指标分类
  - 盈利能力分析指标★★★★
    - 静态分析指标、动态分析指标
  - 偿债能力分析指标★★★★
    - 利息备付率（ICR）、偿债备付率（DSCR）、资产负债率（LOAR）
- 第三节 投资方案比选方法
  - 投资方案类型
    - 独立型方案、互斥型方案、混合型方案★★
  - 互斥方案比选方法★★★★
    - 寿命期相等（不等）的互斥方案比选
  - 独立方案比选方法★★
    - 实质上就是单一方案比选，应选择NPV ≥0的所有方案

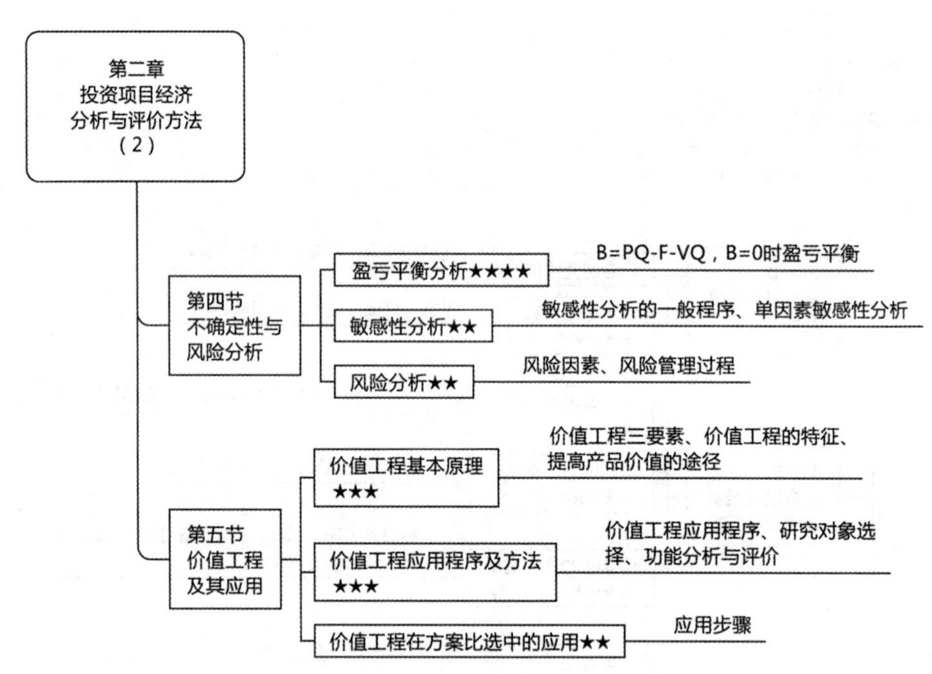

➢温馨贴士

对第一、第三节主要以计算的形式考查，需要记忆资金时间价值公式。净现值公式理解即可，无须记忆。

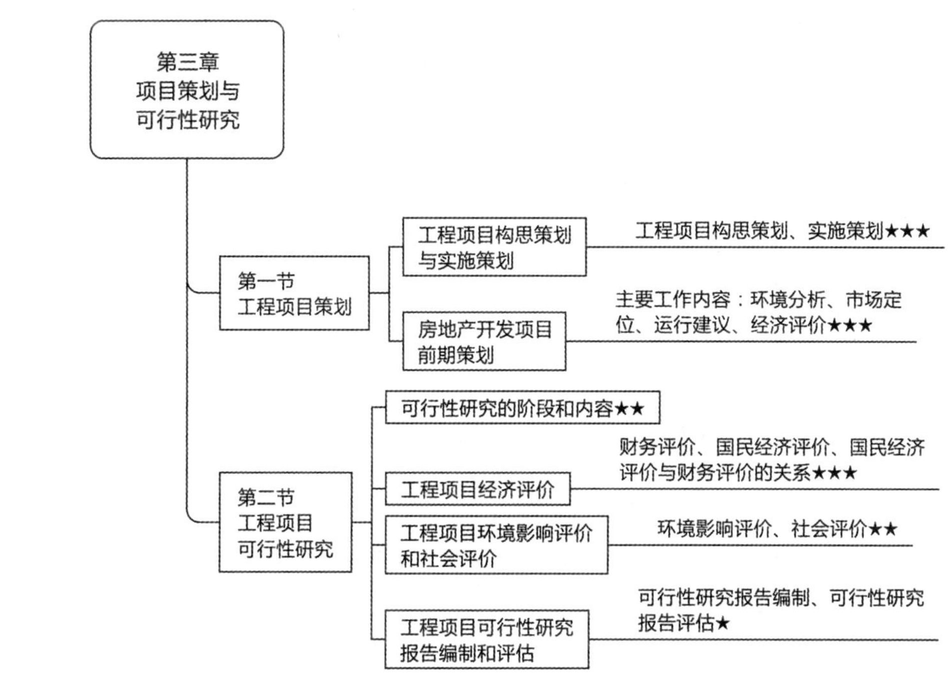

➢温馨贴士

在学习第二节内容时，可以通过表格对比记忆国民经济评价和财务评价的区别及两种评价采用的价格。

Day 55

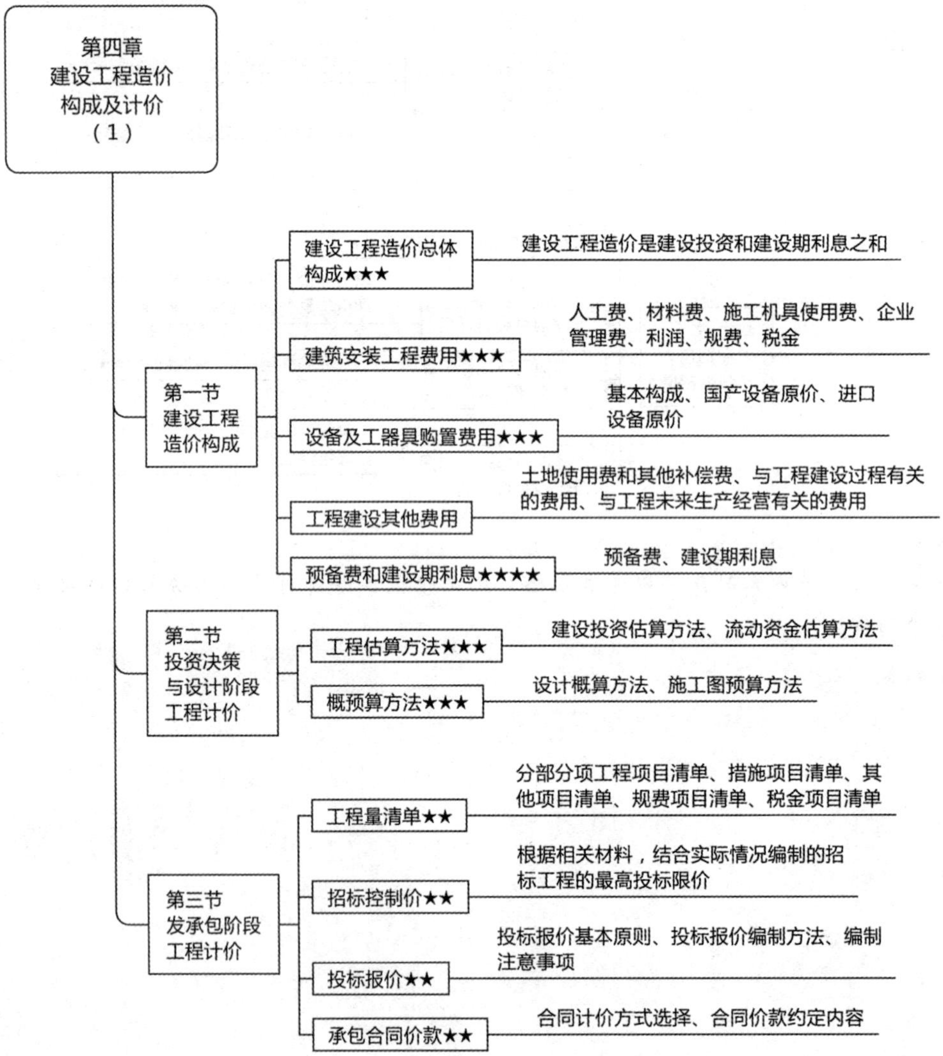

- 第四章 建设工程造价构成及计价（1）
  - 第一节 建设工程造价构成
    - 建设工程造价总体构成★★★：建设工程造价是建设投资和建设期利息之和
    - 建筑安装工程费用★★★：人工费、材料费、施工机具使用费、企业管理费、利润、规费、税金
    - 设备及工器具购置费用★★★：基本构成、国产设备原价、进口设备原价
    - 工程建设其他费用：土地使用费和其他补偿费、与工程建设过程有关的费用、与工程未来生产经营有关的费用
    - 预备费和建设期利息★★★★：预备费、建设期利息
  - 第二节 投资决策与设计阶段工程计价
    - 工程估算方法★★★：建设投资估算方法、流动资金估算方法
    - 概预算方法★★★：设计概算方法、施工图预算方法
  - 第三节 发承包阶段工程计价
    - 工程量清单★★：分部分项工程项目清单、措施项目清单、其他项目清单、规费项目清单、税金项目清单
    - 招标控制价★★：根据相关材料，结合实际情况编制的招标工程的最高投标限价
    - 投标报价★★：投标报价基本原则、投标报价编制方法、编制注意事项
    - 承包合同价款★★：合同计价方式选择、合同价款约定内容

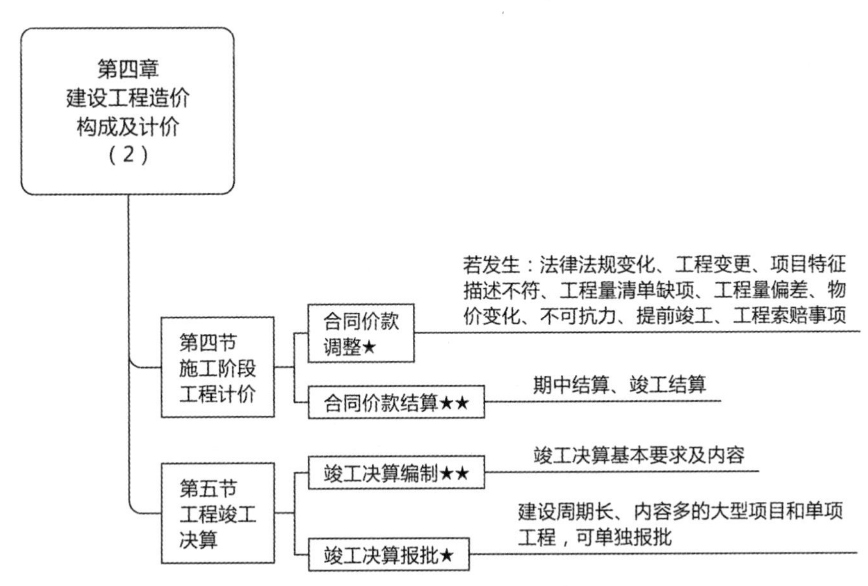

➢温馨贴士

第一节的内容可根据工程造价构成图进行系统记忆。本节内容主要以计算的形式考查，需熟悉概念，理解性记忆相关公式。

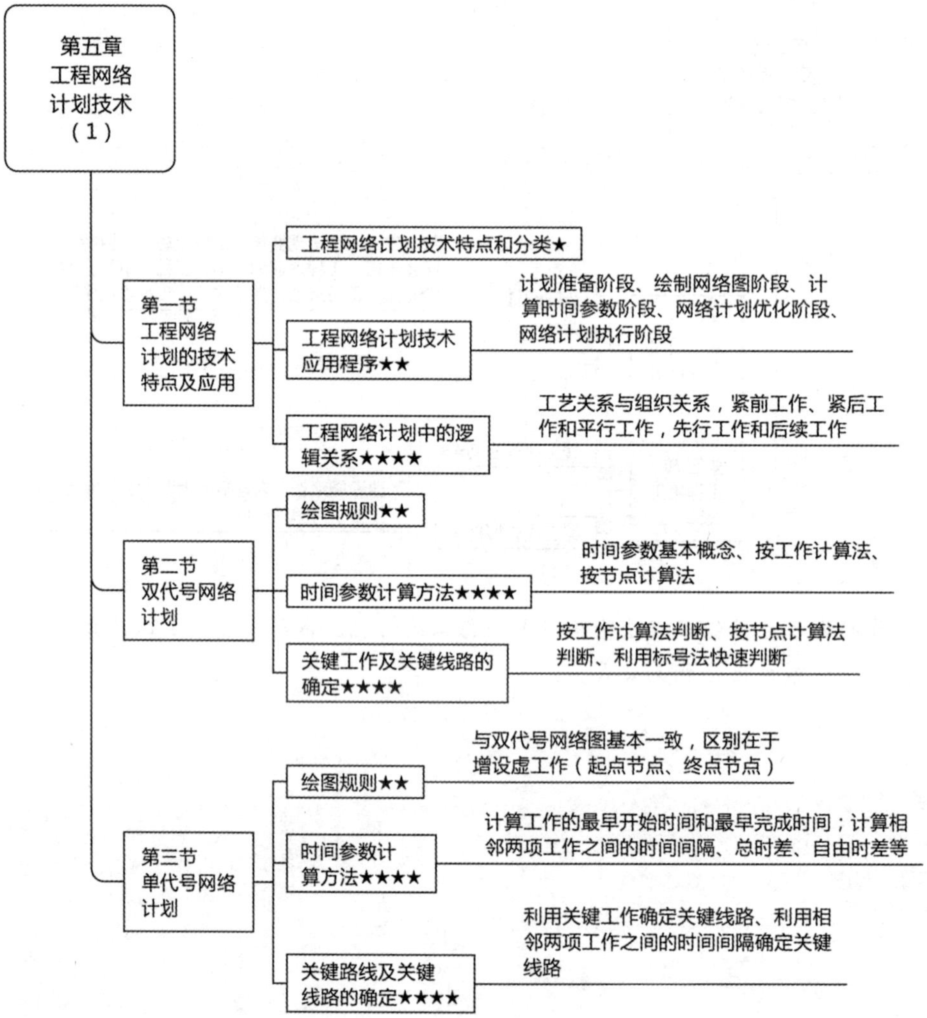

第五章 工程网络计划技术（1）

- 第一节 工程网络计划的技术特点及应用
  - 工程网络计划技术特点和分类★
  - 工程网络计划技术应用程序★★
    - 计划准备阶段、绘制网络图阶段、计算时间参数阶段、网络计划优化阶段、网络计划执行阶段
  - 工程网络计划中的逻辑关系★★★★
    - 工艺关系与组织关系，紧前工作、紧后工作和平行工作，先行工作和后续工作
- 第二节 双代号网络计划
  - 绘图规则★★
  - 时间参数计算方法★★★★
    - 时间参数基本概念、按工作计算法、按节点计算法
  - 关键工作及关键线路的确定★★★★
    - 按工作计算法判断、按节点计算法判断、利用标号法快速判断
- 第三节 单代号网络计划
  - 绘图规则★★
    - 与双代号网络图基本一致，区别在于增设虚工作（起点节点、终点节点）
  - 时间参数计算方法★★★★
    - 计算工作的最早开始时间和最早完成时间；计算相邻两项工作之间的时间间隔、总时差、自由时差等
  - 关键路线及关键线路的确定★★★★
    - 利用关键工作确定关键线路、利用相邻两项工作之间的时间间隔确定关键线路

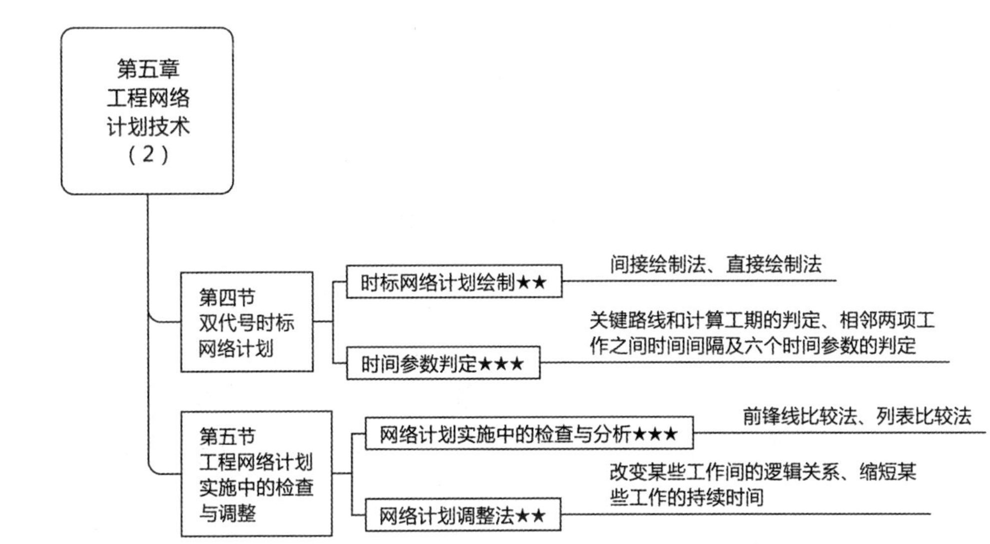

➢温馨贴士

第二节的内容为考试重点，需先记忆各参数的求解方法，并结合例题进一步掌握。本章内容变化不大，一般要求考生能够求解工作自由时差、总时差、最早完成时间、最迟完成时间等。

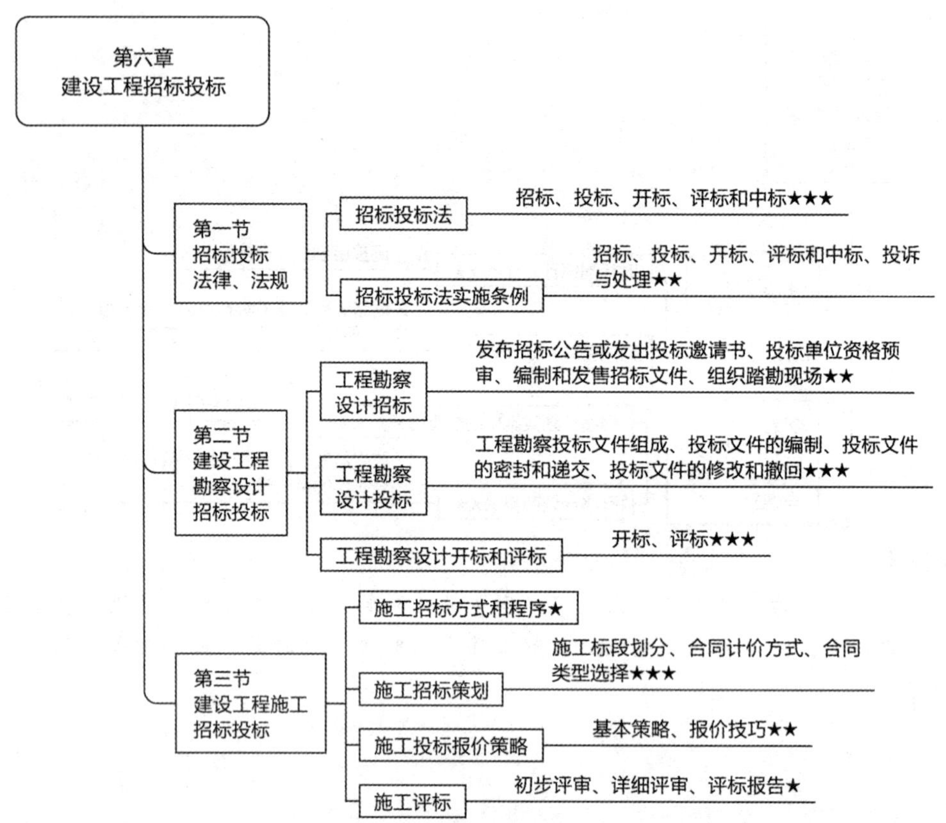

➢温馨贴士

第一节的主要内容是招标、投标、评标的相关法规及常见问题的相关处理方法，需要记忆每个时间节点，对于问题的解决方法可以理解性记忆。

Day 56

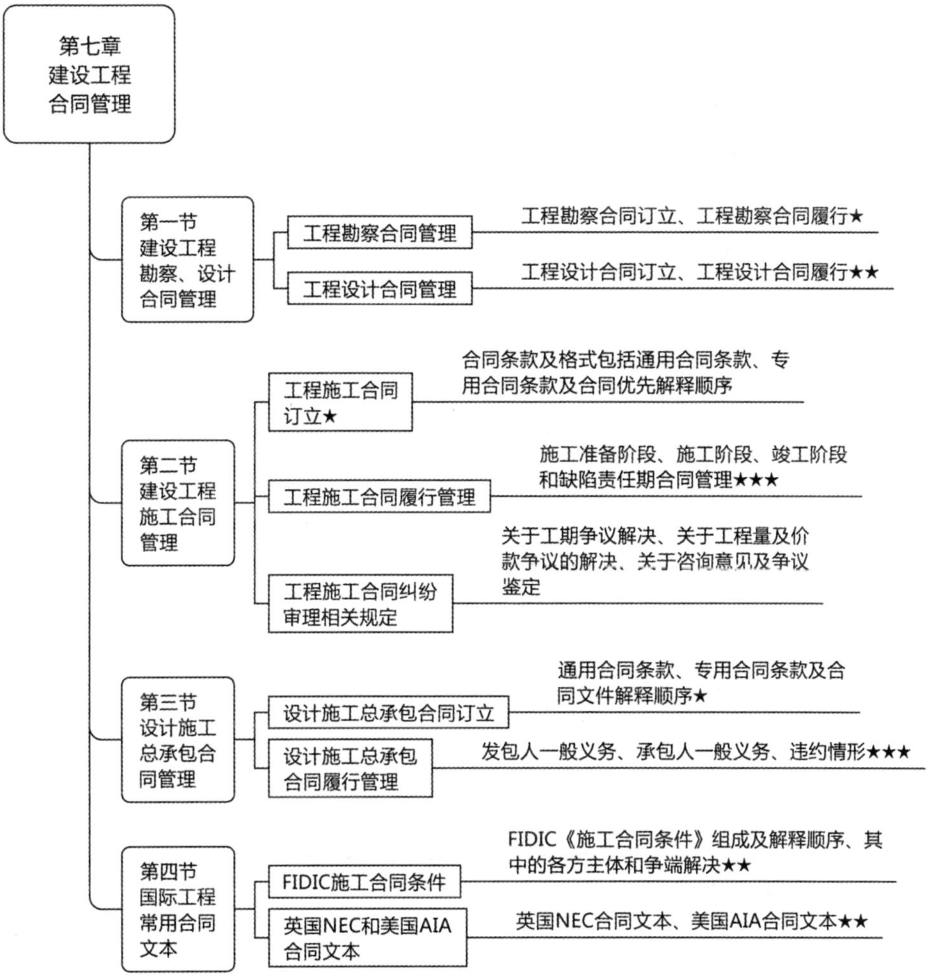

➢温馨贴士

第二节的考查细节较多，需要理解性记忆相关条款。考试中可能会以案例题的形式考查考生对工程合同纠纷审理相关规定的理解。

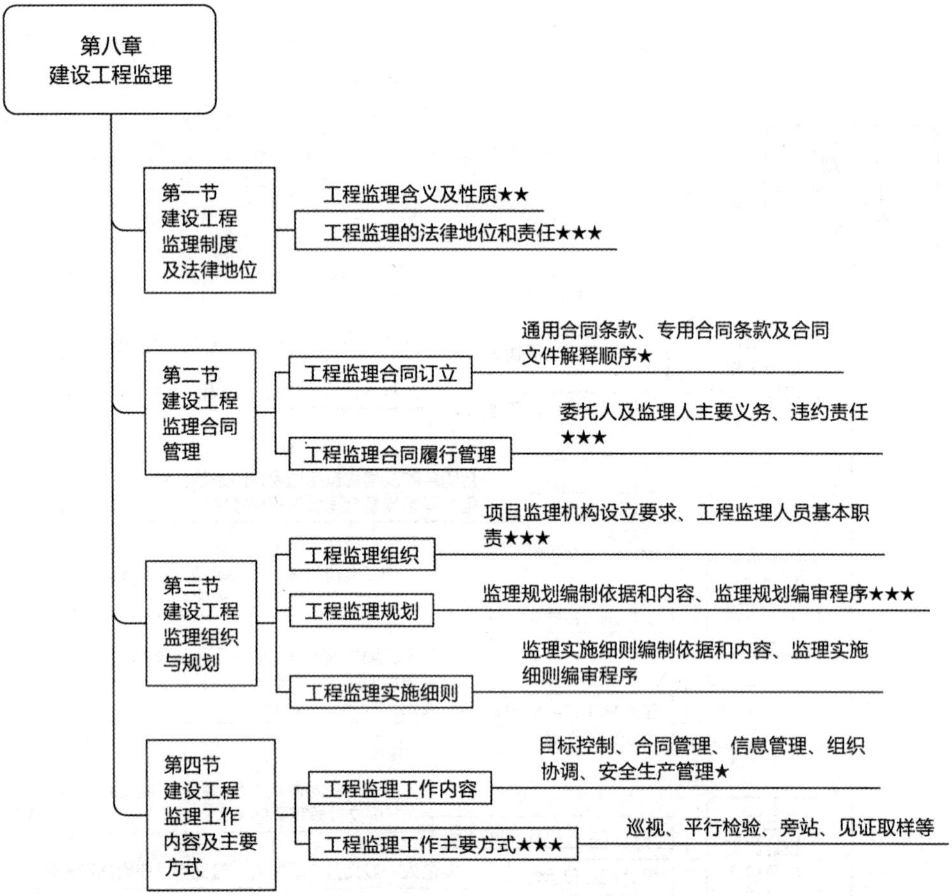

- 第八章 建设工程监理
  - 第一节 建设工程监理制度及法律地位
    - 工程监理含义及性质★★
    - 工程监理的法律地位和责任★★★
  - 第二节 建设工程监理合同管理
    - 工程监理合同订立：通用合同条款、专用合同条款及合同文件解释顺序★
    - 工程监理合同履行管理：委托人及监理人主要义务、违约责任★★★
  - 第三节 建设工程监理组织与规划
    - 工程监理组织：项目监理机构设立要求、工程监理人员基本职责★★★
    - 工程监理规划：监理规划编制依据和内容、监理规划编审程序★★★
    - 工程监理实施细则：监理实施细则编制依据和内容、监理实施细则编审程序
  - 第四节 建设工程监理工作内容及主要方式
    - 工程监理工作内容：目标控制、合同管理、信息管理、组织协调、安全生产管理★
    - 工程监理工作主要方式★★★：巡视、平行检验、旁站、见证取样等

➢温馨贴士

第二节主要考查委托人、监理人的义务，大多以教材原文出现，细节题较多，需要考生熟悉相关条例并理解性记忆。

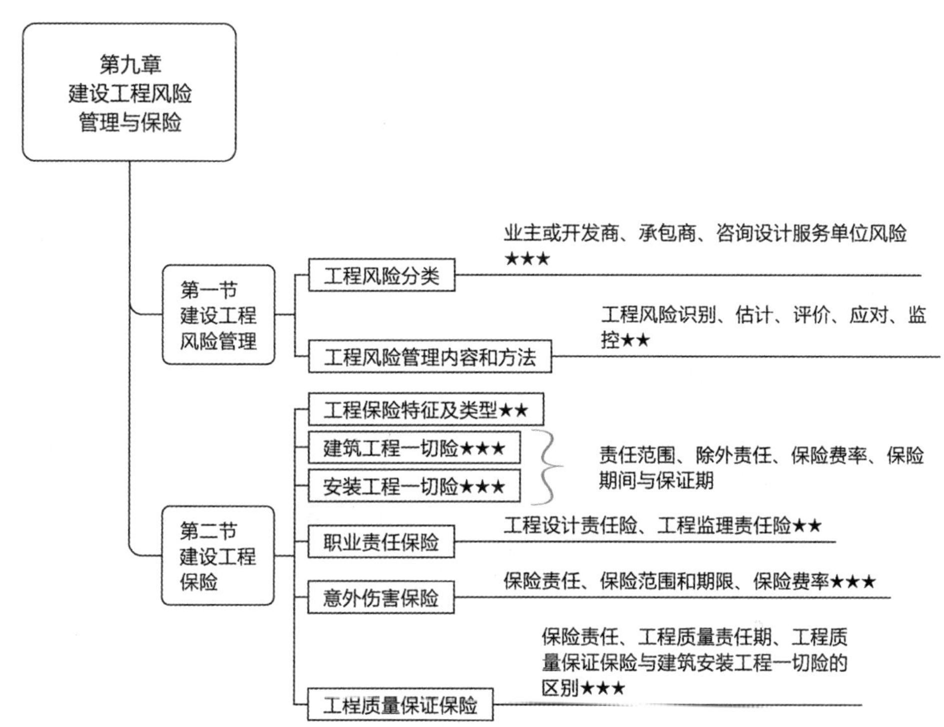

➢温馨贴士

第二节考查工程相关保险的内容，需要区分不同保险的责任范围、除外责任及保险期间。可以通过表格的方式比较记忆每种保险的各项内容。

Day 57

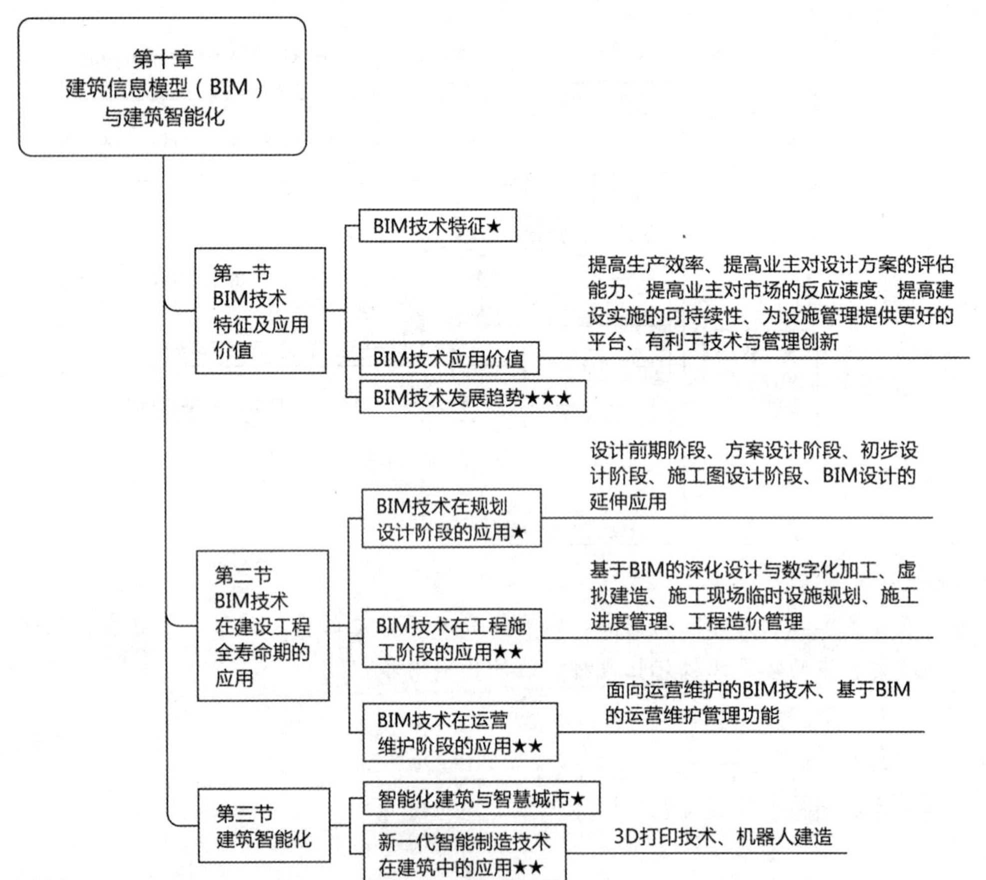

➢**温馨贴士**

第一节BIM技术要素主要有用在哪儿（BIM应用点）、怎么用（BIM应用软件）、规范用法（BIM应用标准）三个方面，需要了解其发展趋势。

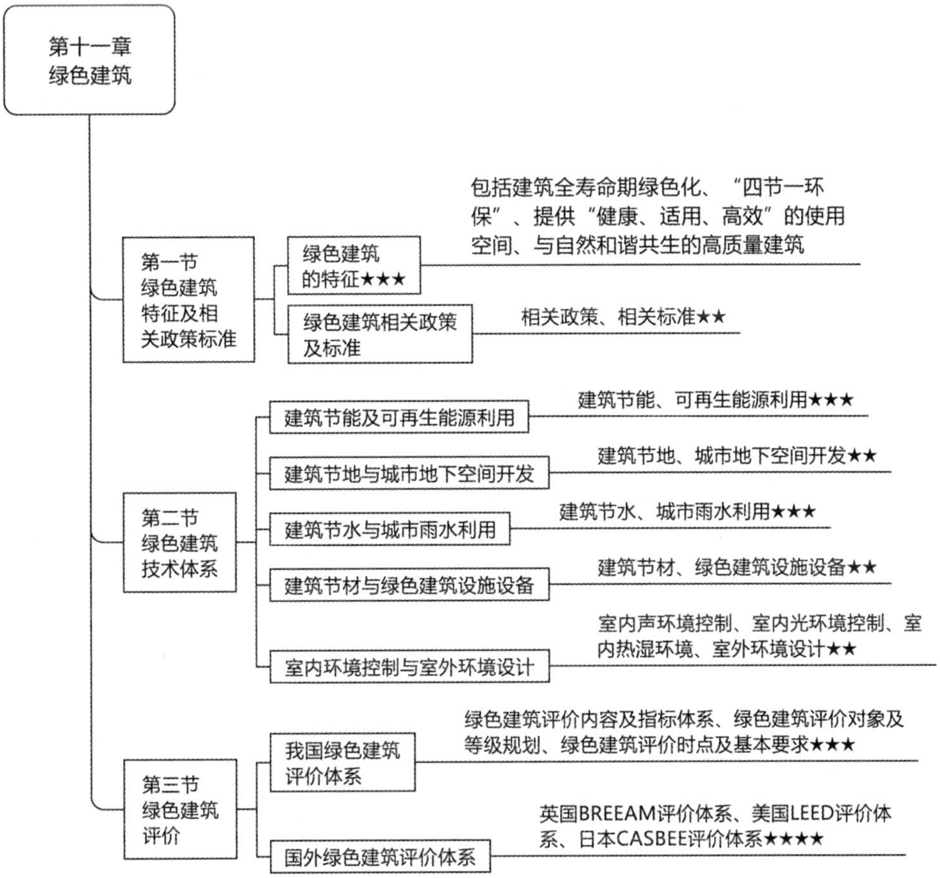

第十一章 绿色建筑

- 第一节 绿色建筑特征及相关政策标准
  - 绿色建筑的特征★★★：包括建筑全寿命期绿色化、“四节一环保”、提供“健康、适用、高效”的使用空间、与自然和谐共生的高质量建筑
  - 绿色建筑相关政策及标准：相关政策、相关标准★★
- 第二节 绿色建筑技术体系
  - 建筑节能及可再生能源利用：建筑节能、可再生能源利用★★★
  - 建筑节地与城市地下空间开发：建筑节地、城市地下空间开发★★
  - 建筑节水与城市雨水利用：建筑节水、城市雨水利用★★★
  - 建筑节材与绿色建筑设施设备：建筑节材、绿色建筑设施设备★★
  - 室内环境控制与室外环境设计：室内声环境控制、室内光环境控制、室内热湿环境、室外环境设计★★
- 第三节 绿色建筑评价
  - 我国绿色建筑评价体系：绿色建筑评价内容及指标体系、绿色建筑评价对象及等级规划、绿色建筑评价时点及基本要求★★★
  - 国外绿色建筑评价体系：英国BREEAM评价体系、美国LEED评价体系、日本CASBEE评价体系★★★★

➢温馨贴士

第二节主要讲解绿色建筑的节水、节能、节地、节材的相关措施，建议考生结合实际生活理解记忆，如节水的方法有废水利用、使用节水型用水器等。

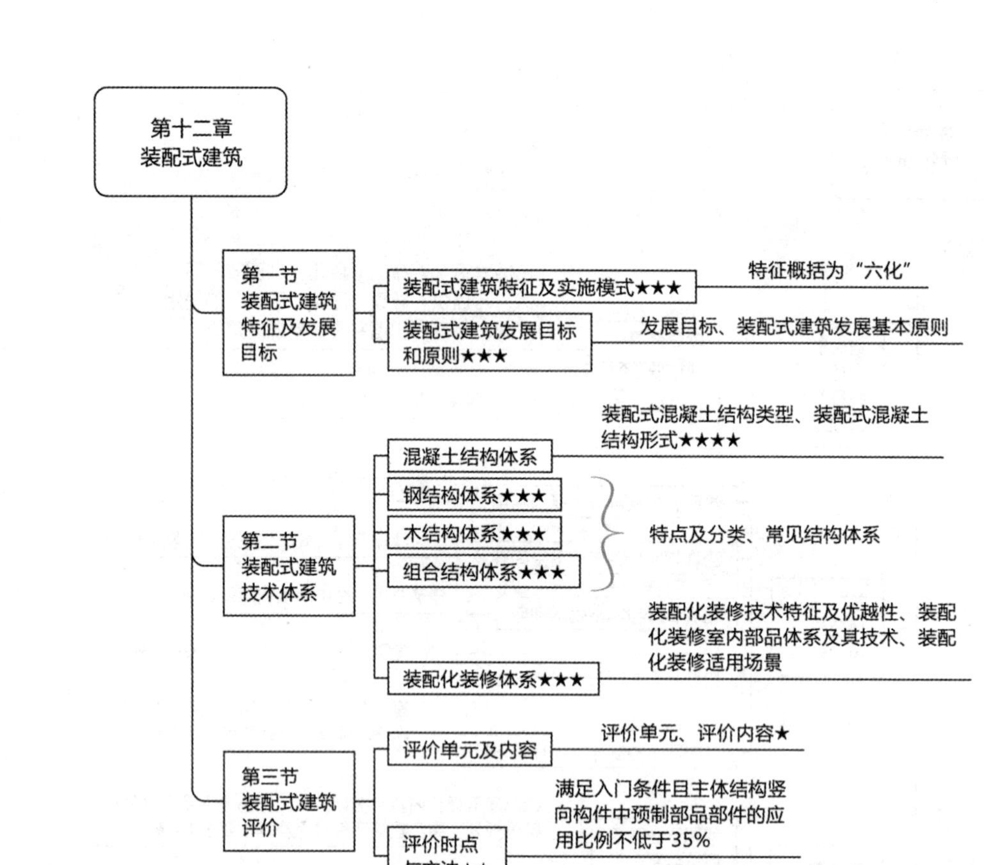

➤温馨贴士

第二节装配式建筑技术体系分为五种结构体系，主要讲解混凝土结构体系、钢结构体系、木结构体系、组合结构体系、装配化装修体系的特点、分类及结构类型。每种结构体系的特点为本节重点考查内容。

全真机考模拟

Day 58 至 ***Day 60***

由于经济师考试形式为机考，为了真实模拟考场环境，现提供三套试卷，需要通过电脑在线进行做题。

【领取及做题步骤】

· 请扫右侧码领取模考卷

· 登录环球网校官网（www. hqwx. com）

· 点击《60 天过经济师》全真机考模拟卷

· 进入界面之后即可开始做题

模考说明

【答题时长要求】3 小时 40 分钟，两门考试中间有 40 分钟休息时间

【时间安排】9：00—10：30，11：10—12：40

亲爱的读者：

如果您对本书有任何**感受、建议、纠错**，都可以告诉我们。我们会精益求精，为您提供更好的产品和服务。

祝您顺利通过考试！

扫码参与有奖调查

环球网校经济师考试研究院